"十三五"江苏省高等学校重点教材

教材编号:2017-2-069

大学生创业教育 实践教程

主　编　葛昕明

扫码加入读者圈
轻松解决重难点

南京大学出版社

图书在版编目(CIP)数据

大学生创业教育实践教程 / 葛昕明主编. —南京：
南京大学出版社，2018.6(2024.8重印)
ISBN 978-7-305-20475-3

Ⅰ.①大… Ⅱ.①葛… Ⅲ.①大学生－创业－高等学
校－教材 Ⅳ.①G647.38

中国版本图书馆 CIP 数据核字(2018)第 149563 号

出版发行 南京大学出版社
社　　址 南京市汉口路 22 号　　邮　编　210093
书　　名 大学生创业教育实践教程
　　　　　DAXUESHENG CHUANGYE JIAOYU SHIJIAN JIAOCHENG
主　　编 葛昕明
责任编辑 潘琳宁　　　　　　　编辑热线　025-83592401
照　　排 南京开卷文化传媒有限公司
印　　刷 广东虎彩云印刷有限公司
开　　本 787 mm×1092 mm　1/16　印张 13.75　字数 327 千
版　　次 2018 年 6 月第 1 版　2024 年 8 月第 5 次印刷
ISBN 978-7-305-20475-3
定　　价 35.00 元

网　　址:http://www.njupco.com
官方微博:http://weibo.com/njupco
微信服务号:njuyuexue
销售咨询热线:(025)83594756

教师扫码免费
申请教学资源

前　言

开展创新创业教育,是当前世界高等教育发展的重大趋势,是新时代我国高等教育的重要创新。

伴随着新一轮科技革命和产业变革的奔腾而至,深刻变化的世界经济对劳动力市场提出了更高的要求,大力培养高灵活性、高适应性和创造性人才迫在眉睫。在此背景下,越来越多的国家和地区开始重视并大力发展创新创业教育,通过专门教育或培训激发学生的想象力和主动性,让其更具创新精神、创业意识和创新创业能力,从而带动传统大学教育体系的转型、高等教育的质量提升和模式创新。

创新创业教育是高等学校人才培养模式的创新、发展和升华。深化高等学校创新创业教育改革,是推进高等教育综合改革、促进高校毕业生更高质量就业的重要举措。面向全体、分类施教、结合专业、强化实践,促进学生全面发展,努力造就"大众创业、万众创新"的生力军,是新时代赋予高等学校的新使命,也对高校开展创新创业教育的课程和教材建设提出了更高的要求。2015年5月,国务院办公厅印发《关于深化高等学校创新创业教育改革的实施意见》,明确到2020年建立健全课堂教学、自主学习、结合实践、指导帮扶、文化引领融为一体的高校创新创业教育体系,提出一系列重要改革举措。

近年来,南京信息工程大学滨江学院坚持培养高素质应用型人才的办学定位,将创新创业教育融入人才培养全过程。深入推进创新创业教育改革,着力构建高校、社会、行业、企业四方耦合的协同育人平台,不断强化创新创业实践,让每个学生都能接受实践锻炼,切实增强学生敢于探索、敢于冒险、敢于成功的精神品质和敢闯会创的能力素质。经过多年探索,学校逐步形成了符合普通高等教育人才培养规律、体现独立学院特点的创新创业教育工作机制,总结凝练了一套行之有效、独具特色的经验做法,取得了良好成效。基于当前我国经济社会发展对创新创业教育的客观需求,为了更好地提升大学生创新创业素养,尤其是实践能力,我们组织了一批工作在大学生创新创业教育一线的教师和创业导师,融合时代发展要求,在认真总结经验的基础上,编辑出版了《大学生创业教育实践教程》。

本书采用模块化结构设计,注重系统性、全面性和实用性,在内容编排上,注重吸收国内外最新理论观点和最新研究成果,尽量选用生活中的典型案例,同时结合大学生群体的实际特点,着重介绍了面向大学生的各级各类创新创业实践项目,融理论、知识、趣味和技能于一体,努力使其达到可读性强、快乐学习、触类旁通的效果。

本书适合作为高等院校各专业开展创新创业教育的通用教材,也可作为拓宽视野、增长知识的自学用书。教师可结合教学对象和授课学时,灵活选择相关内容进行重点讲解。

就像一个人一样,一本教材不可能完美无缺,也不可能包罗万象。由于执笔者的知识结构和学术素养有限,书中难免会有疏漏和错误,期待同行和广大读者批评指正。

目　　录

第一章

创新与创业

本章摘要
ben zhang zhai yao

通过本章学习,了解创新的内涵、创业的内涵和创新创业之间的联系,清楚大学生创新创业教育概念、创新创业在中国的现状和创新创业所应具备的素养,特别要明白大学生创新创业的内涵,同时厘清当前创新创业的政策、大学生创新创业训练计划项目和大学生创新创业竞赛等具体实务。

学习重点和难点
xue xi zhong dian he nan dian

重点:创新创业的内涵、大学生创新创业政策、大学生创新创业教育的目的。

难点:创新与创业的内在联系。

第一节 创新创业的概述

学习目的与要求
xue xi mu di yu yao qiu

通过本节学习,学生应达到如下要求:

1. 掌握创新创业的内涵。
2. 掌握创新与创业的联系。

摩拜单车

造纸术、印刷术、火药和指南针,中国古代的四大发明造福了全世界,对世界经济、文化的发展起到了巨大的推动作用。现如今,中国的科技创新力量再一次让国外惊叹。久居中国的外国留学生们,选出了他们心中的中国"新四大发明",分别是高铁、网购、支付宝和共享单车,甚至期待着将它们带回自己的国家。共享单车作为近两年来的一项新兴事物风靡了中国各大高校和各大城市的大街小巷。

摩拜单车(mobike)就是众多共享单车中的一种。它是北京摩拜科技有限公司研发的无桩借还车模式的智能硬件,解决了人们出行"最后一公里"的难题。2016年4月摩拜单车在上海投入运营,用户可以通过智能手机快速租用和归还单车。此后,摩拜单车进入快速扩张阶段,在中国各大城市快速推广开来,与 ofo 单车一起成为中国共享单车市场上的两大龙头,市场地位难以撼动。2017 年 1 月 4 日,摩拜单车完成 2.15 亿美元的股权融资;2017 年 6 月 16 日,摩拜单车完成一笔超过 6 亿美元的新融资,创造了目前为止共享单车行业的单笔融资最高纪录;2017 年 7 月,"摩拜单车"入选 2016 年度中国媒体十大新词;2017 年 12 月,摩拜单车公司获得"商界卓识奖"。2018 年 4 月 3 日,美团以 27 亿美元的作价全资收购摩拜。

胡玮炜,摩拜单车创始人,1982 年出生于浙江东阳,2004 年毕业于浙江大学城市学院新闻系。在加入摩拜之前,胡玮炜拥有 10 年的汽车科技媒体经历,曾就职于极客公园、腾讯、上汽和新京报,这使她格外关注科技给生活带来的改变。她曾创办科技媒体极客汽车并担任 CEO。胡玮炜是一个极具创新思维的创业者,她能成为摩拜单车的创始人有其偶然性,也有其必然性。有一天,她与投资人和设计师聊天时,天使投资人的一句话使她受到了极大的触动:"哎,你有没有想过跟我们一起做共享单车呢?用手机扫描开锁的那种。"胡玮炜非常激动。其他人因为怕被偷、不知道放哪儿等原因都放弃了,只有胡玮炜坚持了下来,于是她成了摩拜单车的创始人。

一、创新的内涵

1. 创新的定义

创新(innovation)是以新思维、新发明和新描述为特征的一种概念化过程,起源于拉丁语,有三层含义:第一,更新;第二,创造新的东西;第三,改变。韦氏词典(Merriam-webster.com)将其简单地定义为"新想法、新设备或新方法"(new idea, device or method),通常被视为通过应用更好的解决方案,来满足"新的需求,无法说清的需要,或者现有的市场需要"(new requirements, unarticulated needs, or existing market needs)。它是通过更有效的产品、流程、服务、技术或商业模式来实现的,并可以随时提供给市场、政府和社会。"创新"一词可以被定义为一种原创的、更有效的东西,因此,它是"进入"市场或社会的新事物。它与发明相关,但又与发明不同。创新往往通过过程表现出来。

自 1912 年约瑟夫·熊彼特(Joseph Alois Schumpeter)提出"创新"一词以来,创新的概念不断发展。学术界对于创新的概念也是颇具争议,目前没有形成统一的定义,但是普遍认为创新属于经济学的范畴。在此,我们选择一个适用于更广泛意义上的概念:以现有的思维模式提出有别于常规或常人思路的见解为导向,利用现有的知识和物质,在特定的环境中,因为理想化需要或为满足社会需求,而改进或创造新的事物、方法、元素、路径、环境,并能获得一定有益效果的行为。

2. 创新定义的发展

在社会学的视野里,创新就是人们为了发展的需要,运用已知的信息,不断突破常规,发现或产生某种新颖、独特的有社会价值或个人价值的新事物、新思想的活动。

从经济学的角度来看,"创新"一词最早由美籍奥地利政治经济学家约瑟夫·熊彼特提出。1912 年,熊彼特在其德文版《经济发展》一书中,提出"创新理论"(Innovation Theory)一词。此后,这一概念在其著作中不断得到应用和发展,最终在 1942 年形成了一套"创新理论"体系。根据熊彼特的观点,所谓"创新"就是"建立一种新的生产函数",也就是说,把一种从来没有过的相应生产要素和生产条件的"新组合"引入生产。这种函数组合包括五个方面的内容:采用一种新产品,采用一种新的生产方法,开拓一个新市场,获得一个原材料新的供应来源,实现一种新组织。根据他的创新理论,创新是在生产过程中内生的,是一种"革命性"变化,创新同时意味着毁灭,创新必须能够创造出新的价值,创新是经济发展的本质规定,创新的主体是企业家。

从 20 世纪 60 年代开始,随着科学技术革命的飞速发展,美国经济史学家、发展经济学先驱之一华尔特·惠特曼·罗斯托(Walt Whitman Rostow)提出了经济起飞理论(Rostovian take-off model of economic growth),发展了创新的概念,提出了"技术创新",并把"技术创新"提高到创新的主导地位上。

1962 年,伊诺思(J. L. Enos)在其《石油加工业中的发明与创新》一文中首次对"技术创新"下了定义:技术创新是几种行为综合的结果,这些行为包括发明的选择、资本投入保证、组织建立、制定计划、招用工人和开辟市场等。

从 20 世纪七八十年代开始,关于创新概念的研究进一步深入,开始形成系统的理论。厄特巴克(J. M. UMerback)在 70 年代的创新研究中独树一帜,他在 1974 年发表的《产业创新与技术扩散》一文中认为:与发明或技术样品相区别,创新就是技术的实际采用或首次应用。著名经济学家弗里曼从经济学的角度考虑创新这一概念,他在 1982 年的《工业创新经济学》(The Economics of Industrial Innovation)修订本中明确指出:技术创新就是指新产品、新过程、新系统和新服务的首次商业性转化。

进入 21 世纪,随着在互联网影响下的信息技术的快速发展,人们对创新也有了崭新的认识,认为技术创新是科技、经济一体化的过程,是技术进步与应用创新"双螺旋结构"(创新双螺旋)共同作用下催生出来的产物。在一项关于软件行业如何定义创新的工业调查中,由 Crossan 和 Apaydin 给出的以下定义被认为是最完整的,在经济合作与发展组织(Organisation for Economic Co-operation and Development,简称 OECD)手册中创新被定义为:创新是在经济和社会领域生产或采用、同化和利用增值的新颖性,更新和扩大产品、服务和市场,开发新生产方法,建立新的管理制度。这既是一个过程,也是一个结果。

3. 创新的一般特点

创新具有普遍性、永恒性、超前性、艰巨性、社会性等特点。

创新的普遍性指的是创新存在于一切领域,处处可创新、时时可创新和人人可创新。创新的永恒性指的是创新永无止境,永远不会停止,创新永远在路上。创新的超前性指的是创新以求新为灵魂,走在时代的前列,具有超前性。创新的艰巨性指的是创新因其超前性以及不确定的因素和技术难度等表现出巨大的艰巨性。创新的社会性指的是创新的过程就是与社会发展联系的过程。此外,创新还具有无止境、无边界、无权威和无框框等特点。

4. 创新的本质特性

创新具有目的性、新颖性、价值性、先进性、变革性、发展性、再创造和层次性等特性。

创新的目的性指的是创新是为了满足人类和社会发展的需要,而且这一特性贯穿创新过程的始终。新颖性和价值性是创新最大的特点。新颖性包括三个层次:世界新颖性或绝对新颖性;局部新颖性;主观新颖性。价值性与新颖性密切相关,世界新颖性的价值层次最高,局部新颖性次之,主观新颖性更次之。先进性指的是创新与旧事物相比的相对优势。变革性是指创新事实上是对旧事物的变革。发展性即创新是一个不断发展的过程。再创造指的是创新是一个对原有事物、知识、认识和成果重新认识、重新组合和重新创造的过程。层次性指的是创新按照层次划分可以分作初级创新、中级创新和高级创新三个层次。

5. 创新的类型

创新的类型主要包括产品创新、工艺(流程)创新、服务创新和商业模式创新等。

产品创新是指提出一种能够满足顾客需要或解决顾客问题的新产品。工艺(流程)创新是指生产和传输某种新产品或服务的新方式(如对产品的加工过程、工艺路线以及设备所进行的创新)。服务创新是企业为了提高服务质量和创造新的市场价值而发生的服务要素变化,对服务系统进行有目的、有组织地改变的动态过程。商业模式(business model)创新是指向目前行业内通用的为顾客创造价值的方式提出挑战,力求满足顾客不断变化的要求,为顾客提供更多的价值,为企业开拓新的市场,吸引新的客户群。

6. 创新的模式

创新的模式可分为开拓式创新,升级式创新、差异化创新及组合式创新等模式。

开拓式创新是一种全新的技术方案,在技术史上未曾有过先例的创新。这是一种全新的、对于历史进程具有深远影响的创新。它往往伴随着天才人物的灵光乍现,带有一定的偶然性。比如牛顿开创的经典物理学,爱因斯坦开创的相对论,哥伦布发现新大陆,莱特兄弟发明飞机,乔布斯创造了 iphone,制药公司发明新药等。

升级式创新是在原有创新的基础上进行新的升级性的再创新。开拓式创新固然重要,但是我们也看到很多开拓者没有赚到钱、模仿者赚了个盆满钵满的例子。开拓式创新的产品作为早期的产品,往往比较粗糙,且由于处于起步阶段往往价格比较昂贵,而升级式创新起到了完善产品、降低门槛的作用,因此在创新的普及和推广过程中也相当重要。德国人卡尔·佛里特立奇·奔驰在 1885 年研制出世界上第一辆马车式三轮汽车,但是福特却靠 T型车成为当年的美国首富;电脑操作系统最早的发明者是施乐公司,最早将其投入商用的却是苹果公司,而后来比尔·盖茨的 windows 系统几乎统治了个人电脑市场。

差异化创新是针对人们的不同需求,在业务开发与推广上,重视对目标市场的研究和市场需求的细分,努力提供多种业务应用,满足不同目标客户群的个性化需求的创新。差异化创新应该是最常见的一种创新模式,它是由消费者驱动的创新模式。譬如专门给老人使用的手机,专门定位于办公的 thinkpad 笔记本,专门用来越野的 Jeep 车,等等。

组合式创新是将已知的若干事物合并成一个新的事物,使其在性能和服务功能等方面发生变化,以产生出新的价值的创新。譬如当我们给手机装上摄像头的时候,我们就有了"扫一扫"的可能性;当我们给眼镜装上小电脑,它就成了 google glass;当我们给牙刷装上发动机,它就成了电动牙刷。组合式创新同样是一种常见的创新模式,它依赖的不是技术进步,而是对于新需求的敏锐洞察。

二、创业的内涵

1. 创业的定义

何谓创业？维基百科将创业(Entrepreneurship)定义为设计、启动和经营一个新公司的过程,通常这个公司起初都是一个小公司。创办公司的人,我们通常叫做创业者或者企业家(Entrepreneurs)。我们通常将"Entrepreneurs"一词译为企业家。《柯林斯词典》将"Entrepreneurs"一词定义为:someone who starts a new business or arranges business deals in order to make money, often in a way that involves financial risks,其意为为了挣钱而开创新公司或者筹划公司生意的人,某种程度上这种公司和生意包含商业风险。而维基百科对 Entrepreneur 的解释是:someone who designs, launches, and runs a new business,其意为设计、启动和经营一个新公司的人。因此,Entrepreneur 最恰当的翻译应该是创业者。Business Dictionary 将创业的定义描述为"为了盈利而有风险地发展、组织和管理一家企业(business venture)的能力和意愿"。

在创业教育领域的经典教科书《创业创造》(New Venture Creation)里,作者杰夫里·提蒙斯(JeffryA. Timmons)对创业做出了如下定义:创业是一种思考、推理结合运气的行为方式,它为运气带来的机会所驱动,需要在方法上全盘考虑并拥有和谐的领导能力。

在我们通常能够看到的创业教科书里,创业通常意义上是人类社会生活中一项最能体现人的主体性的社会实践活动。它是一种劳动方式,是一种需要创业者组织运用服务、技术、思考、推理、判断的行为。

此外,有关创业的定义还有广义和狭义之分。

从广义的角度来说,所谓创业,一般是指一个人运用自己掌握的知识、技能、资源和发现的信息、机会等,克服思维定势,以创新的思维和艰苦的努力,开辟新的工作途径,开创新的工作局面,争创新的工作业绩,促进事业取得突破性的成就,从而实现自己某种追求或目标的过程。

广义的创业包括岗位创业。岗位创业是指在现有工作岗位上顺应时代发展和岗位目标要求,全面提高自身能力和素质,创造性地发挥自己的聪明才智,通过勤奋努力地工作,在事业上取得开创性的新发展,从而为岗位提供者创造尽可能多的价值。

创业,实质上是一种劳动方式,是一种对自己、对企业、对社会、对国家创造价值与贡献的行为。因此,从这个角度说,人生就是创业。

狭义的创业一般仅指自主创业。自主创业是指创业者个人或创业团队以资源所有者的身份,利用知识、能力和社会资本,通过自筹资金、技术入股、寻求合作等方式,创立新的社会经济单元,并为社会上更多的人创造就业机会。自主创业的主体是投资者和资产所有者。自主创业需要创业者拥有关键资源或者具有整合资源的能力,因此,自主创业比岗位创业更为复杂艰难。狭义的创业概念包括两个方面:创业是人们的一种经济活动,它以创造财富或追求经济效益作为目的指向。创业活动以创办企业为标志,创办企业是创业活动区别于其他经济行为的直接标志和特征。

2. 创业定义的发展

"创业"一词其滥觞可追溯至 20 世纪 30 年代。

1934 年,约瑟夫·熊彼特首次将"创业"与"创新"两个概念联系起来,认为创业的本质就是创新,创业的过程就是创新的过程,创业者通过创新使自由市场经济的内在矛盾得以克服,从而促使经济的增长。

1989 年,霍华德·斯蒂文森(H. H. Stevenson)提出:创业是一个人,不管是独立的还是在一个组织内部,追踪或捕获机会的过程,这一过程与当时控制的资源无关。后又进一步指出:创业可由六个方面的企业经营活动来理解:发现机会、战略导向、致力于机会、资源配置过程、资源控制的概念、管理的概念和回报政策。

1999年,杰弗里·A·蒂蒙斯(Jeffry A. Timmons)提出:创业是一种思考、推理和行为方式,这种行为方式是机会驱动、注重方法与领导相平衡。创业导致价值的产生、增加、实现和更新,不只是为所有者,也为所有的参与者和利益相关者。

1999年,在美国巴布森商学院和英国伦敦商学院联合发起的多国研究者参与的"全球创业检测"项目中,将"创业"定义为:依靠个人、团队或一个现有企业,来建立一个新企业的过程,如自我创业、一个新的业务组织或一个现有企业的扩张。

3. 创业的分类

(1) 按照创业者的身份和目的,创业可以分为生存型创业和机会型创业。

生存型创业属于被动创业,也称为谋生型创业,创业者是迫于生计而不得已选择创业。生存型创业有三个特点:第一,受生活所迫,从事的是低成本、低门槛、低风险、低利润的创业;第二,在现有市场中捕捉机会;第三,选择的是技术壁垒低、不需要很高技能的行业。温州早期的很多企业都属于生存型创业。

机会型创业是创业者抓住机会以实现价值创造而选择的自主创业。与生存型创业相比,机会型创业着眼于新的市场机会,比生存型创业拥有更高的技术含量,因此也有可能创造更大的经济效益,从而改善经济结构。马云当年意识到电商未来的重要性而抓住机会创立阿里巴巴,这属于机会型创业。

(2) 按照企业建立方式,创业可分为母体脱离型创业、独立型创业和企业内部型创业。

母体脱离型创业又称脱胎创业,是公司内部的管理者从公司中脱离出来,新成立一个独立企业的创业活动。脱胎创业原因可以分为几类:第一,母体公司规模扩大,追求生产专业化,分出新的企业;第二,母体公司管理者意见不统一,而把母体分割或解体成多个部分;第三,母体公司资本充足,发现了新的商业机会,投资建立新企业等。

独立型创业是创业者个人或创业团队白手起家进行创业活动。

企业内部型创业是了获得创新性的成果而得到组织授权和资源保证的企业创业活动。

4. 创业的类型

按照创业对市场和个人影响程度,创业可划分为复制型创业、模仿型创业、安定型创业和冒险型创业。

复制型创业是复制现有的成功经营模式和案例而进行的一种创业活动。蒙牛总裁牛根生曾担任伊利副总裁。他离开伊利后,创建蒙牛,这是复制型创业。

模仿型创业是创业者看到他人创业成功而采取模仿学习的方法进行创业。例如以 ofo 和摩拜为代表的共享单车走红后,市场上涌现出各种共享单车。

安定型创业是个人创业精神的最大限度实现,而并不对原有组织结构进行重新设计和调整。安定型创业虽然为市场创造了新的价值,但对创业者而言,本身并没有面临太大的改变,做的也是比较熟悉的工作。例如研发单位的某小组在开发完成一项新产品后,继续在该企业部门开发另一项新品。

冒险型创业是难度较高、失败可能性较大,但是成功后回报惊人的创业活动。惠普公司

1972 年推出第一款手持计算器 HP-35,售价高达 400 美元。当时人们主要使用价格便宜的计算尺。很多人认为这款计算器卖不出去。但是惠普公司创始人比尔·休利特建议为什么不做 1 000 台试试。最终,推出第一年,该计算器卖出 10 万台。可以说没有 HP-35 就没有今天的惠普。

三、创新与创业的联系

1. 创新和创业是相辅相成的,二者密切联系,具有无法割裂的紧密关系

可以说,创新是实现创业的基础和手段,而反过来创业则是创新的载体或媒介。创新作用于创业,创业则反作用于创新。虽然是两个不同的概念,但是两个范畴之间却存在着本质的契合、内涵的相互包容和实践过程的互动发展。创新是指理论、方法或技术等某一方面的发现、发明、改进或新组合。创业是一种思考、推理和行动的方法,在于把握机会,创造性地整合资源,从而创办新的企业或开辟新的事业。如果将创新的思想或成果应用于产业或事业当中,形成崭新的领域和局面就是创业。创新活动的本质内涵体现着它与创业活动性质上的一致性和关联性。事实上,创业就是在创新的基础上,将创新的思想或成果转化为现实生产力的一种社会活动。换言之,创业是具有创新精神的个体与有价值的商业机会的结合,是开创新事业,其本质在于把握机会,创造性地整合资源的创新和超前行动。创业的本质是创新和变革。创新是创业的基础,而创业推动着创新。

2. 创新是创业的本质与源泉

经济学家熊彼特曾提出:"创业包括创新和未曾尝试过的技术。"创业者只有在创业的过程中具有持续不断的创新思维和创新意识,才可能产生新的富有创意的想法和方案,才可能不断寻求新的模式、新的思路,最终获得创业的成功。创新是对人的发展总体的把握,创业则着重于人的价值的具体体现。仅仅具备创新精神是远远不够的,它只是为创业成功提供了可能性和必要的准备,如果脱离了创业实践,缺乏一定的创业能力,创新精神也就成了无源之水、无本之木。创新精神所具有的意义,只有作用于创业实践活动才能有所体现,才有可能最终导致创业的成功。

3. 创新的价值在于创业

任何创新只有用于社会、用于人们的生活才具有现实的意义,创新的价值就在于将创新转变为现实生产力,造福于人类社会。要实现这种转变,根本的途径就是创业。创业者可以是创新者,也可以不是创新者,但创业者必须能够发现社会需求,并将创新与这种社会需求有效地结合;创新者可能是创业者,也可能不是创业者,但其创新的成果必须要经过创业者才能推向社会,实现其价值。

4. 创业推动并深化创新

创业和创新相互影响,相互作用。创业的过程是推动新发明、新产品或是新服务不断涌现的过程,也是创造出新的市场需求的过程。创业在推动新发明、新产品、新服务和新市场的过程中不断推动和深化各方面的创新,因而也就提高了企业或是整个国家的创新能力,推动经济的增长。

大众创业万众创新的理论和现实意义

党的十八大明确提出实施创新驱动发展战略,将其作为关系国民经济全局紧迫而重大的战略任务。党的十八届五中全会将创新作为五大发展理念之首,并进一步指出:坚持创新发展,必须把创新摆在国家发展全局的核心位置,不断推进理论创新、制度创新、科技创新、文化创新等各方面创新,让创新贯穿党和国家一切工作,让创新在全社会蔚然成风。李克强总理在 2015 年政府工作报告中提出,推动大众创业、万众创新,培育和催生经济社会发展新动力。今年 6 月,国务院颁布了《关于大力推进大众创业万众创新若干措施的意见》,明确指出,推进大众创业、万众创新,是培育和催生经济社会发展新动力的必然选择,是扩大就业、实现富民之道的根本举措,是激发全社会创新潜能和创业活力的有效途径。这是认真总结国内外发展实践经验和理论认识的结果,符合当今世界发展实际和创新潮流,具有重要的理论意义和现实意义。

一、大众创业、万众创新揭示了创新创业理论的科学内涵和本质要求。

经济学家熊彼特认为,创新是企业家对生产要素的重新组合。后来,创新的概念和理论不断发展。美国管理学家德鲁克认为,创新是赋予资源以新的创造财富能力的行为,创新主要有两种:技术创新和社会创新。著名经济学家诺思认为,世界经济的发展是一个制度创新与技术创新不断互相促进的过程。相对于创新理论,创业研究起步较晚,目前尚未形成统一的分析框架,一般认为,创业是指一个人发现和捕捉机会并由此创造出新产品或服务的过程,主要标志和特征是创建新企业或新的组织。创业不仅仅局限于创办新企业的活动,在现有企业中也存在创业行为。创业者既可以指新创企业的创办人,也包括现有企业中的具有创新精神的企业家。

在经济学界,创新和创业是两个既有紧密联系又有区别的概念。二者在某种程度上具有互补和替代关系,创新是创业的基础和灵魂,而创业在本质上是一种创新活动。但创业和创新也是有所区别的,从现有的经济理论和研究看,创新更加强调其与经济增长的关系,比较著名的是经济学家索罗对经济增长中技术进步贡献的定量测算。而创业的内涵更丰富,不仅有创新的内容,还涉及就业和社会发展以及公平正义。

影响创新创业的因素有很多,包括国民素质、基础研究水平、科研基础设施条件、体制政策环境等方面,但核心是人的因素,关键是创新型企业的发展壮大。从某种程度上讲,推动创新发展,就是坚持以人为本推进创新,要提高国民的教育水平,充分调动和激发人的创业创新基因。就是坚持以企业为主体推进创新,要大力推动创业企业发展,强化企业作为创新发动机的作用。

大众创业、万众创新的提出把创业、创新与人、企业这几个关键要素紧密结合在一起,不仅突出要打造经济增长的引擎,而且突出要打造就业和社会发展的引擎,不仅突出精英创业,而且突出草根创业、实用性创新,体现了创业、创新、人和企业"四位一体"的创新发展总要求,揭示了创新创业理论的科学内涵和本质要求,为创新创业理论和实践研究开辟了崭新的新天地。

二、大众创业、万众创新反映了人类创新发展历史和经济发展的一般规律。

创新创业究竟应由哪些人来干,如何选择创业者,政府应该干什么,这些是我们在推进创新创业发展中常常碰到的问题。现在,有的人认为,创业是少数"天才式"人物的事情,必须具备这样那样的素质和条件。事实上,这是一种误区。

人类社会发展史实际上就是一部大众创业、万众创新的历史。比如,蒸汽机革命中许多重大技术都是由技工发明的。我国改革开放以来的实践也充分说明了这一点。比如,20世纪80年代初以家庭联产承包制为核心的农村体制改革后,极大激发了农民的创业热情,一大批乡镇企业异军突起,成就了今天以万向集团为代表的一批创业企业。此后,随着经济体制和科技体制改革,又有一大批科研人员和国有企业职工"下海创业",使一大批民营企业异军突起,成就了今天以华为、联想、海尔等为代表的一批创业企业。这其中许多都是"草根创业",是大众创业、万众创新。而且,现在来看,许多成功的企业往往都是"草根"完成的。

因此,推进创新创业必须要改变"选运动员"的方式,应在全社会高扬创新和企业家精神,营造公平竞争的市场环境,让广大人民群众参与创新创业的大潮,使大量优秀人才在创新创业的伟大实践中脱颖而出。

三、大众创业、万众创新是坚持创新发展、实施创新驱动发展战略的关键实现途径。

李克强总理在出席国家科技战略座谈会时指出,实施创新驱动发展战略,要坚持把科技创新摆在国家发展全局的核心位置,既发挥好科技创新的引领作用和科技人员的骨干中坚作用,又最大限度地激发群众的无穷智慧和力量,形成大众创业、万众创新的新局面。要依托"互联网+"平台,集众智搞创新,厚植科技进步的社会土壤,打通科技成果转化通道,实现创新链与产业链的有效对接,塑造我国发展的竞争新优势。要把科技与人民群众的创造力在更大范围、更深程度、更高层次上融合起来,既要"顶天",努力突破核心关键技术,勇攀世界科技高峰,又要"立地",通过大众创业、万众创新将科技成果转化为现实生产力。这就要求我们必须着力提高教育质量,推进科技体制改革,强化创新发展的人才和科技基石,要深入推进大众创业、万众创新,在全社会大力弘扬创新创业精神,使创业企业不断涌现和发展壮大,包括新创办企业和现有企业的创业创新,不断为企业这部创新发动机注入新生力量和活力,汇聚形成经济发展的新动力。

一方面,要大力推动初创企业不断涌现和规模化发展。大量研究表明,初创企业是创新的源泉。历史上许多重大技术和发明的商业化最初都是由这些企业完成的。同时,初创企业也是就业增加的引擎。据美国一个最新的分析报告,近年来在美国新增的20%就业中创业企业占3%。正是那些创业者不断创造出新的产品和服务,深刻改变了我们的生产和生活方式,创造了大量就业机会。当前,也正是那些在清洁能源、生物医药、先进制造、信息技术等领域的创业者,推动着新能源、生物、新一代信息技术等新兴产业发展,解决我们全球面临的资源环境健康等重大挑战。

另一方面,要大力推进现有企业特别是大企业的创业创新。对创业理论和实践的研究表明,尽管许多创业者都是白手起家,但创业也可以在现有企业内部进行。现有企业特别是大企业更需要弘扬创业精神才能赢得更多的利润和企业长久的发展,大企业由于具备人才、技术、品牌、市场等优势,是创新发展的"野战军",在推进大众创业、万众创新中具有举足轻重的地位,不仅表现为大企业可以通过收购中小企业使创新产品快速实现商业化,还表现为大企业本身可以培育、孵化出许多小企业。从我国看,目前许多大企业也正在积极推进创业创新,在大众创业、万众创新中发挥着重要作用。例如,腾讯、金发科技、达安基因等大型企业围绕全产业链需求,有针对性地创办孵化器,孵化培育了大量科技型创业企业并形成集聚效应。海尔提出要把企业员工由原来的雇佣者和执行者,变成创业者和合伙人,大力推进企业内部"自创业",实现企业由出产品到出创客的转变。

四、大众创业、万众创新是推进供给创新的重大结构性改革。

推进供给侧结构性改革,是当前我国经济发展的重大任务。综合来看,供给侧结构性改革,主要是指对要素投入侧和生产侧的重大改革、关键性改革。核心是要通过推进金融、土地等要素改革和生产端的改革,提升企业效益和竞争力,焕发企业家精神,创造出能够激发消费者需求的优质产品和服务,满足新需求,开拓新市场,推动新技术、新产业、新业态蓬勃发展,加快实现发展动力的转换。最重要的是通过政府体制改革,让更多社会资本参与投资,充分激发微观经济主体活力。

大众创业、万众创新,可以大幅增加有效供给,增强微观经济活力,加速新兴产业发展,又可以扩大就业、增加居民收入,还有利于促进社会纵向流动和公平正义,是经济发展的引擎。在当前形势下,要紧紧围绕打造大众创业、万众创新这一中国经济增长的新引擎、新动力,大力推进政府监管、投融资、科技体制等关键环节和生物医药与健康、新能源、节能环保、通用航空、文化旅游等重点领域的改革。比如,要围绕培育小微企业和促进大企业创新,大力推进投融资和资本市场的改革,着力解决企业融资难、融资贵的问题。要大力推进能源电力、物流等体制机制改革,着力降低创业创新成本。要"放水养鱼",推动财税体制结构性改革,降低小微企业的税负水平。在生产侧方面,要放开服务业市场准入,扩大开放,使更多新企业公平进入,增强服务业发展动力作用。要深入推进传统产业创业创新,鼓励广大企业职工积极利用互联网+、大数据等新技术,推进工艺创新和设备更新改造,广泛开展技术革新,加快传统制造业向中高端迈进。要适应当前新技术、新产品、新业态迅猛发展趋势,完善政府管理体制,加强人才、技术、金融等要素支撑,着力营造有利于新兴企业不断涌现和发展壮大,有利于新技术、新产品、新业态快速商业化的良好生态。

不积跬步无以至千里,不积细流无以成江海。当前,全球新一轮科技革命和产业变革蓄势待发,我国经济进入速度变化、结构转型和动力转换的关键时期。面对新的形势,我们必须深入推进大众创业、万众创新,着力营造有利于杰出科学家、发明家、技术专家和企业家不断涌现,大众创业、万众创新蔚然成风的社会环境和文化氛围,让每一个充满梦想并愿意为之努力的人获得成功,实现经济平稳持续增长、国家强盛、人民富裕和社会公平正义。

(原文来源:《经济日报》,作者:王昌林)

第二节 大学生创新创业教育

学习目的与要求
xue xi mu di yu yao qiu

通过本节学习,学生应达到如下要求:

1. 了解创新创业教育内涵、创新创业教育在我国发展状况以及大学生创新创业需要具备的素养。

2. 掌握大学生创新创业教育的目的。

"超级课程表"

余佳文，"超级课程表"、广州超级周末科技有限公司的创始人。自 2013 年以来，他和他的团队开发的"超级课程表"爆红网络，号称上大学用这一个 App 就够了。

2009 年，余佳文进入广州大学华软软件学院读书。第二年 10 月他成立 XTuOne 工作室，并在 2011 年大学三年级时开发了针对大学校园的移动软件——"超级课程表"。2012 年 7 月，他的"超级课程表"获得广州创新谷孵化加速器创始合伙人朱波投资。同年 8 月，他成立了广州周末网络科技有限公司。2013 年 1 月，他的团队获得 360 董事长周鸿祎投资；6 月，项目获得千万级 A 轮融资；10 月，"超级课程表"应用的大学生用户量突破 600 万。2014 年 5 月，大学生用户量突破 1 000 万；7 月，北京分公司成立；8 月，获得阿里巴巴领投的千万级美元 B 轮融资。

余佳文 1990 年出生，广东潮汕人，出生于一个普普通通的家庭。从小他就不是一个传统意义上中规中矩的好孩子，不爱读书，和父母吵架，和老师顶嘴。高中时候，他只喜欢两门课，数学和物理。14 岁的时候，他已经开始做生意。高一的时候，他开始自学编程，并开创了一个高中生社交网站。因此在很多人看来，他很难考上大学，但是余佳文最终在 2009 年考上了广州大学华软软件学院。考上大学的前一年，他的网站盈利，他也因此赚得人生的第一个 100 万。2009 年，他入读广州大学华软软件学院后卖掉了网站。因为在他看来网站赚的是小钱，不能成大事业。

进入大学后，余佳文思维活跃、坐不住的性格很快发挥了作用。他发现，大学课太多，记不住课表；上课发现心动女生，却不敢主动要联系方式。渐渐地，生活中遇到的细节和小烦恼给了他灵感。他找了几个朋友，组建了一支清一色大学生组成的创业团队。自 2011 年开始，他和他的团队开发了"超级课程表"。一开始，其软件并不被看好。但是余佳文和他的团队并不气馁。经过不断努力，他的超级课程表获得了广州创新谷孵化加速器创始合伙人朱波的投资。

截至 2014 年 11 月，余佳文团队开发的"超级课程表"已成功获得多轮融资。"超级课程表"的 App 已覆盖全国 3 000 所大学，拥有 1 000 多万注册用户，用户日均登录量达 200 多万。

一、创新创业教育概述

1. 创新创业教育的定义

创新创业教育可以分为创新教育和创业教育两个范畴。创新教育指的是以培养人们创新精神和创新能力为基本价值取向的教育。创业教育则是以培养人们创业精神和创业能力为基本价值取向的教育。大学生创新创业教育指的是通过开发和提高学生创新创业基本素质和创新创业能力的教育，使学生具备从事创新创业实践活动所必需的知识、能力及心理品质。在国外，创新创业教育更多被称为创业教育（Entrepreneurship education 或 Enterprise education）。维基百科定义如下：创业教育旨在为学生提供知识、技能和动力，鼓励他们在不同的环境下创业成功。从小学、中学直到研究生阶段都有不同形式的创业教育。

1989 年 11 月，联合国教科文组织在北京召开了"面向 21 世纪教育国际研讨会"，与会专家柯林·博尔(Kolin Boll)提交的会议报告在论述"21世纪的教育哲学"问题时,提出了一个全新的概念:未来的人都应该掌握三本"教育护照",一本是学术的,一本是职业性的,第三本是关于事业心和开拓技能的。柯林·博尔认为要把事业心和开拓技能教育的地位提高到与目前学术性和职业性教育同等重要。会议在此基础上提出了"事业心和开拓教育"(Enterprise education)概念,强调教育要培养学生开拓事业的精神和能力,后被译为"创业教育",被称为"第三本教育护照"。联合国教科文组织是这样定义创业教育的:"创业教育,从广义上来说是指培养具有开创性的个人,它对于拿薪水的人同样重要,因为用人机构或个人除了要求受雇者在事业上有所成就外,正在越来越重视受雇者的首创、冒险精神,创业和独立工作能力以及技术、社交、管理技能。"1998年,世界高等教育大会发布的《21世纪的高等教育:展望与行动世界宣言》第七条重申:"为方便毕业生就业,高等教育应主要关心培养创业技能和主动精神,毕业生不再仅仅是求职者,首先将成为工作岗位的创造者。"

2. 创业教育分类

一般而言,创业教育可分为渗透性教育、普及性教育、重点性教育和专业性教育四种教育。

渗透性教育是在各学科、各专业的教育活动中通过有创业氛围的校园文化和创业理念潜移默化地进行创业教育。

普及性教育是通过开展创业精神、创业知识与创业实践的普及性和讲座性的教育进行创业教育。

重点性教育是在各专业中开设"创业经济学""创业管理"等课程进行创业教育。

专业性教育即通过设置创业学专业,开设包括创业精神学、创业知识论、创业实践论等板块教育,从而开展体系化的创业学课程教育。

3. 创业教育的模式

创业教育的模式可分为聚集模式、磁铁模式和辐射模式三种模式。

聚集模式是指集中优势资源和优势力量培养少数创业精英。该模式以哈佛大学商学院为典型代表,具有严格筛选学生、注重学生创业的特质,授课内容高度系统化和专业化,教育所需师资、经费、课程等都由商学院和管理学院负责提供,同时学生也被严格限定在商学院和管理学院内部。这种模式决定能够进行系统而专业的创业教育,其毕业生开展创业的可能性比较高。聚集模式是一种传统的教育模式。

磁铁模式是指创业教育要像磁铁一样具有吸附功能。该模式以麻省理工学院为典型代表,是先在商学院和管理学院成立创业教育中心,继而通过整合所有资源和技术来吸引来自全校范围内的、有着不同专业背景的学生参加创业教育。其理念是,可能从创业教育中获益的人不仅仅来自商学院,也可能来自其他学院。因此,麻省理工学院创业中的使命是:"激发、训练以及指导来自麻省理工学院所有不同部门的新一代创业者。"

辐射模式是指创业教育要具体辐射到每一个人,不仅仅是学生参与,教师也要参与。该模式以康奈尔大学为典型代表,需要根据本专业的特征设置课程,从而保证学生能够结合专业背景进行创业,同时不同学院的学生可以互相选修创业课程,打破学科边界,实现创业资源共享。其理念是不仅要创造良好的创业氛围,为非商学专业学生提供创业教育,还应该鼓励不同学科的教师积极参与创业教育过程。

4. 创业教育的内涵

创新创业教育不能简单地解读为让每一位学生都开展自主创业,更不能解读为要求学生开公司、办企业,创业教育的目的在于培养创新精神和创业素养。

创业教育专家布罗克豪斯认为:"教一个人成为创业者,就如同教一个人成为艺术家一样。我们不能使他成为另一个凡·高,但是我们却可以教给他色彩、构图等成为艺术家必备的技能。同样,我们不能使他成为另一个布朗森,但是成为一个成功的创业者所必需的技能、创造力等却能通过创业教育而得到提升。"

因此,我国开设创业课程的目的在于培养学生的创新精神和创业能力。创新创业教育是一个持续过程,不能在高等教育阶段毕其功于一役,应贯穿于小学教育、中学教育、高等教育、继续教育等各个阶段,循序渐进地开展。西方国家诸如英国、法国、日本等都非常重视创业教育,他们有系统化的创新创业教育体系,创新创业教育贯穿于各级各类教育之中。他们从中小学阶段即开始相关教育,重视从孩提时代就培养学生的创新精神、领导能力、沟通能力、商业和经济意识等。

创新创业教育的核心在于培养创新精神。任何创业行为都是对自我精神的探索和大胆实践,如果没有精神上的冒险和对自我价值的批判反思,就不可能出现真正的创新意识。可以说,创新是一种精神的追求,创业则是一种行为的表现,创新与创业实则是一种表与里的关系。

二、创业教育在中国

西方国家开展创业教育之滥觞可追溯至 20 世纪 40 年代的美国。1947 年,哈佛大学商学院迈赖斯·迈斯(Myles Mace)创造性地为 MBA 学生开设了一门崭新的课程——创业教育课程:《新创企业管理》(Management of New Enterprise),共有 188 名 MBA 学生修读了这门课程。这是创业教育在高等学校的教学中首次出现,后来被创业教育研究领域的学者公认为美国大学的第一门创业学课程。20 世纪 70 年代,创业教育已成为美国高校的共识,美国高等院校创业教育如雨后春笋纷纷涌现。

我国高校创业教育起步较晚,创业教育课程、理论和方法的研究处于引进、吸收和本土化的探索阶段。

1998 年 5 月,清华大学学生开国内高校之先河,在国内第一个发起并主办了首届"创业计划大赛",其发起人王科和徐中分别是这次比赛的组织者和参与者,他们在此过程中创立的"视美乐"被誉为中国第一家大学生高科技公司,其核心技术产品为"多媒体投影机",在高校大学生中引发极大反响。

1998 年 12 月 24 日,教育部发布《面向 21 世纪教育振兴行动计划》,该行动计划提出加强对教师和学生的创业教育,采取措施鼓励他们自主创办高新技术企业。同时指出,调整学校布局,优化资源配置,加强创业教育和职业道德教育,实行更加灵活的教学模式,努力办出特色,更好地为地区经济和社会发展服务。

1999 年,清华大学仿照国外案例,为 MBA 学生开设了"创新与创业管理"方向的课程,此外还为全校本科生开设了"高新技术创业管理"的课程。

1999 年 6 月 13 日,教育部发布《中共中央国务院关于深化教育改革全面推进素质教育的决定》，提出高等教育要重视培养大学生的创新能力、实践能力和创业精神，普遍提高大学生的人文素养和科学素质。

同年，共青团中央、中国科协、全国学联举办，清华大学承办的全国首届"挑战杯"大学生创业大赛成功举办，汇集了近400件作品。大赛掀起了一股创业热潮，视美乐和易得方舟等公司脱颖而出。易得方舟总裁鲁军为清华大学经济硕士研究生，1999年7月办理停学，成为清华大学停学创业的第一人。

2000年1月，教育部印发《教育部关于贯彻落实〈中共中央、国务院关于加强技术创新，发展高科技，实现产业化的决定〉的若干意见》（教技〔2000〕2号），提出"允许大学生、研究生（包括硕士、博士研究生）休学保留学籍创办高新技术企业，增强提高学生创业意识和实践能力"。

2002年，教育部确定了清华大学、北京航空航天大学、中国人民大学、上海交通大学、西安交通大学、武汉大学、黑龙江大学、南京财经大学、西北工业大学等高校为创业教育试点学校，率先开展创业教育试点工作，探索可行的方法和模式，这标志着我国高校创新创业教育进入了多元探索阶段。后来几所高校逐步形成了"课堂式创业教育"、"实践式创业教育"以及"综合式创业教育"三种创业教育模式。

2003年11月，共青团中央、中华全国青年联合会等部门开展了中国青年创业国际计划（YBC），该项目参考了英国的青年创业国际计划（Youth Business International，简称YBI）扶助青年创业的模式。

此外，自1998年起，我国引入了KAB（Know About Business）、SIYB（Start and Improve Your Business）创业项目。KAB创业教育项目的核心内容之一是国际劳工组织为培养大中学生的创业意识和创业能力而专门开发的课程体系。SIYB创业培训项目是国际劳工组织为了促进就业，支持发展中国家中小企业的发展，以创业促就业，而专门组织开发的一系列培训课程。KAB项目和SIYB项目共同构成一个完整的创业培训体系。自2005年8月起，共青团中央、全国青联通过国际合作在中国大学中开展KAB创业教育（中国）项目，旨在吸收借鉴国外经验的基础上，探索出一条具有我国特色的创业教育之路。

2010年4月，教育部在北京召开推进高等学校创新创业教育和大学生自主创业工作视频会议。教育部副部长陈希指出，推进高等学校创新创业教育和大学生自主创业工作，是贯彻落实党的十七大提出的"提高自主创新能力、建设创新型国家"和"以创业带动就业"发展战略的重大举措，是适应国家经济社会发展、加快经济发展方式转变的必然要求，是高等教育改革和发展的迫切需要。

2010年5月，教育部下发《关于大力推进高等学校创新创业教育和大学生自主创业工作的意见》（教办〔2010〕3号），要求高等学校创新创业教育要面向全体学生，融入人才培养全过程。同时，在大力推进高等学校创新创业教育工作、加强创业基地建设和落实和完善大学生自主创业扶持政策等方面对高校提出了要求。此意见将创新创业结合起来，提出了"创新创业教育"的概念，并指出创新创业教育是一种新的教育理念和模式。

2011年6月，《国务院关于进一步做好普通高等学校毕业生就业工作的通知》（国发〔2011〕16号），要求高校落实和完善创业扶持政策，加强创业教育、创业培训和创业服务。同时提出完善创业教育课程体系，将创业教育课程纳入学分管理。

2012年，教育部颁布了《创业教育课程教学大纲》，要求各高校要积极创造条件，面向全体学生单独开设"创业基础必修课程",实施创新创业教育,促进高校毕业生就业创业。

2013年,教育部《教育部关于做好2014年全国普通高等学校毕业生就业工作的通知》(教学[2013]14号)中,教育部要求各地要积极推动地方政府、产业园区、大学科技园、高校建设大学生创业园和创业孵化基地,进一步推进"高校学生科技创业实习基地""大学生创业示范基地"建设,为创业大学生提供低成本的生产经营场所和企业孵化服务。同时提出各地各高校要建立和完善创新创业教育课程体系,坚持理论与实践相结合,积极开展创新创业竞赛、模拟创业等实践活动,鼓励更多大学生参与"创新创业训练计划"和新一轮"大学生创业引领计划",多渠道、多方式培养学生创新意识和创业能力。

2014年9月,国务院总理李克强在夏季达沃斯论坛上,提出了要在960万平方公里土地上掀起"大众创业、万众创新"的号召,"双创"一词由此开始走红。2017年4月27日,联合国大会根据中国"大众创业、万众创新"理念,通过决议确定每年的4月21日为"世界创意和创新日",并呼吁世界各国支持大众创业、万众创新。由此,创新创业对新时代经济发展的巨大推动作用成为共识,大学生创新创业教育也成为各大高校关注的重点,各大高校纷纷编写相关教程,开设创新创业课程必修课或选修课。

2015年5月,国务院颁布了《关于深化高等学校创新创业教育改革的实施意见》(国办发〔2015〕36号),提出了高校创新创业教育的总体目标:自2015年起全面深化高校创新创业教育改革。2017年取得重要进展,形成科学先进、广泛认同、具有中国特色的创新创业教育理念,形成一批可复制、可推广的制度成果,普及创新创业教育,实现新一轮大学生创业引领计划预期目标。到2020年建立健全将课堂教学、自主学习、结合实践、指导帮扶、文化引领融为一体的高校创新创业教育体系,人才培养质量显著提升,学生的创新精神、创业意识和创新创业能力明显增强,投身创业实践的学生显著增加。

三、创新创业素养

迈入21世纪,人类社会进入了以知识、信息和技术为基础,以创新创业为动力的知识经济时代。传统的高投入、高耗能的粗放型经济发展方式已难以为继,需要从要素驱动和投资驱动转向创新驱动和创业驱动,需要更多市场的力量。因此,在我国经济发展进入增速换挡和转型升级新常态的背景下,我国经济要转型升级,制造业要向中高端迈进,就要大力推进大众创业、万众创新,把千千万万中国人的聪明才智发挥出来,鼓励广大创业者开发新产品、应用新技术和创造新需求,把人的积极性更加充分地调动起来,进而培育新市场和打造新业态,为我国经济快速发展注入源源不断的动力和活力。2014年,李克强总理在夏季达沃斯论坛上发出了"大众创业、万众创新"的口号,创新创业成为国家发展的重要战略。深入贯彻落实党中央创新创业战略,成为中国特色社会主义新时代的重大课题。

2014年6月,习近平总书记在中国科学院第十七次院士大会、中国工程院第十二次院士大会上引用"苟日新,日日新,又日新"的名言,强调我国要坚定不移地创新、创新、再创新,加快创新型国家建设步伐。党的十八大以来,实施创新驱动发展战略成为关系国民经济全局紧迫而重大的战略任务,对我国特色社会主义的建设和中华民族伟大复兴都具有重要的战略意义。党的十九大报告指出,我国进入决胜全面建成小康社会的关键时刻,小康社会的建成离不开创新型国家的建设和创新型人才的培养。

当今，在大众创业、万众创新的大环境下，创新和创业成为一个人们普遍关注的话题，而大学生作为创新创业的主力军，在大学就应该有所准备，具备创新创业所需要的素养，即创新思维、冒险精神、创业意识、创业精神和创业品质等。

创新思维，又称创造性思维，是一种具有开创意义的思维活动，指的是发明或发现一种新方式用以处理某件事情或表达某种事物的思维过程。它是一种帮助人类开拓认识新领域和创造新成果的思维活动，其表现为发明新技术、形成新观念、提出新方案和决策、创建新理论等。创新思维具有独创性或新颖性、灵活性、艺术性和非拟化、对象的潜在性、风险性等特征。创新思维的具体表现为理论思维、多向思维、侧向思维、逆向思维、联想思维和形象思维等。创新思维的主要作用表现在三个方面：首先增加人类知识总量，不断推进人类认识世界的水平；其次，不断提高人类认识能力；再次，为实践开辟新局面。

冒险精神是打破常规，敢于开创和反叛的精神，它要求冒险者不盲从盲信，敢于反叛传统，敢于超越常规，敢于质疑书本，敢于大胆猜测。创新创业需要冒险精神，某种程度上可以说没有冒险就没有创新创业。培养大学生冒险精神就是培养大学生的质疑精神、求异思维能力、反叛精神、超越精神和奉献精神。冒险精神可分为本性冒险型和认知冒险型。本性冒险型的冒险精神出于天性，而认知冒险型则是在后天实践中培养起来的。

创业意识是指从事创业活动的个体在创业实践活动过程中的思想基础和意识倾向，包括创业的需要、动机、兴趣、理想、信念和世界观等心理成分。创业意识是创业者从事创业活动的思想基础，在创业的实践中起着指引和支配作用，决定着创业者的态度和行为的方向。创业意识教育是创业教育的核心内容，主要培养大学生创业的动机、兴趣、理想、信念和世界观等。创业意识主要包括商机意识、转化意识、战略意识、风险意识和勤奋意识。

创业精神，又被称为企业家精神，指的是在创业者的主观世界中，那些具有开创性的思想、观念、个性、意志、作风和品质等。创业精神有五大要素，包括激情、适应性、积极性、领导力和雄心壮志。创业精神主要包括创造精神、自主精神、创新精神、敬业精神、冒险精神和团队精神。创业精神的特征主要包括严谨的科学性、高度的综合性、整体的普遍性、超越历史的先进性、鲜明的时代性等。

创业品质是创业所需要的心理品质，反映了创业者的意志和情感。其主要体现在创业者的独立性、敢为性、坚韧性、克制性、适应性、合作性等方面。创业品质主要包括诚信、自信、勇气、领袖精神、社交能力、合作能力、创新精神、魄力和敏锐眼光等。诚信是创业立足之本，自信是创业的动力，勇气是创业成功的基石。

拓展阅读
tuo zhan yue du

创新思维能力测试

创造性人才在管理中越来越重要，这类人才能够创造性地完成工作，不会被困难吓倒，不会因为条件不具备而放弃努力。在寻找创新、开发、管理方面的人才时，必须考虑人才的创新能力。

下列10个题目，如果符合你的情况，则回答"是"，不符合则回答"否"，拿不准则回答"不确定"。

（1）你认为那些使用古怪和生僻词语的作家，纯粹是为了炫耀。

（2）无论什么事情，要让你产生兴趣，总比让别人产生兴趣要困难得多。

（3）对那些经常做没把握事情的人，你不看好他们。

（4）你常常凭直觉来判断事情的正确与错误。

（5）你善于分析问题，但不擅长对结果进行综合、提炼。

（6）你审美能力较强。

（7）你的兴趣在于不断提出新的建议，而不在于是否能说服别人去接受这些建议。

（8）你喜欢那些一门心思埋头苦干的人。

（9）你不喜欢提那些显得无知的问题。

（10）你做事总是有的放矢，不盲目行事。

评分标准：

题号后分别为"是"、"不确定"与"否"的得分，将各题得分相加

（1）1、0、2　（2）0、1、4　（3）0、1、2　（4）4、0、2　（5）1、0、2

（6）3、0、1　（7）2、1、0　（8）0、1、2　（9）0、1、3　（10）0、1、2

结果分析：

得分22分以上，说明被测试者有较强的创新思维能力，适合从事环境较为自由、没有太多约束、对创新性有较高要求的职位，如美编、装潢设计、工程设计、软件编程人员等。

得分22—10分，说明被测试者善于在创造性与习惯做法之间找到平衡，具有一定的创新意识，适合从事管理工作，也适合从事其他与人打交道的工作，如市场营销。

得分10分以下，说明被测试者缺乏创新思维能力，属于循规蹈矩的人，做人总是有板有眼、一丝不苟，适合从事对纪律性要求较高的职位，如会计、质量监督员等职位。

第三节　大学生创新创业实践

学习目的与要求

通过本节学习，学生应达到如下要求：

1. 了解大学生创新创业政策、项目和竞赛。

2. 掌握国家和江苏创业的相关政策。

破译360董事长周鸿祎手机号的刘靖康

刘靖康，南京大学软件学院2010级毕业生，他是网友眼中用7000张同学的照片做出南京大学各院系"标准脸"的标准哥，是破解了周鸿祎的手机号的网络红人，是利用邮箱漏洞入侵老师邮箱而引起争议的技术大神。最近，他又因360°全景相机爆红网络。

刘靖康，1991年出生于广东省中山市，从初中到高中都是中山市第一中学重点班的学生，不但成绩优秀，而且打小就是古怪发明家。他从小酷爱电脑，是班级的电脑课代表。他曾经有许多古怪的创意，如用打火机的光在墙上画画、简易3D转换技术、摄像头识别人体动作等。高中时，他参加全国中小学生电脑制作大赛并获得奖项，并因这个奖项获得20分

加分,得以顺利进入南京大学学习。

2012年7月,他用7 000张同学的照片做出南京大学各院系"标准脸",引发网友热烈围观,被网友成为"标准哥"。8月,他因为偶然"破译"了周鸿祎的手机号码并问候了周董事长而一鸣惊人,成为人们眼中的网络达人。此后,李开复先生邀请刘靖康加入"创新工场",并在南京与他面谈。

2012年12月,刘靖康发布了一篇名为《如何通过入侵老师邮箱拿到期末考卷和修改成绩》的日志,声称可以通过邮件漏洞入侵老师邮箱拿到期末考卷和修改成绩。此日志引起巨大争议,后刘靖康删除日志。此外,他还参与了许多App的开发,如"超级课程表""大学助手"等,开发了"名校直播"、xAd(一种支持3D模型、图片或悬浮的3D文字等多种形式的广告植入技术)、"V直播"等。

2014年大学毕业后,刘靖康和90后小伙伴们自主研发出了360°全景相机。这款相机用3个超广角镜头实现了360°影像覆盖,影像除了支点所处的位置会有一个小黑点外,相机所处的整个空间都能被拍摄进去。此款相机拿到2 000多万的订单,还拿到IDG资本100万美元的投资。

一、大学生创新创业政策

1. 国家层面政策

党的十八大报告提出,引导劳动者转变就业观念,鼓励多渠道多形式就业,促进创业带动就业。党的十九大报告也指出,激发和保护企业家精神,鼓励更多社会主体投身创新创业。建设知识型、技能型、创新型劳动者大军,弘扬劳模精神和工匠精神,营造劳动光荣的社会风尚和精益求精的敬业风气。为鼓励和推动大学生创新创业,国家出台一系列政策推动我国大学生创新创业进入了崭新的阶段。

(1)税收优惠。

持人社部门核发的《就业创业证》的高校毕业生在毕业年度内创办个体工商户、个人独资企业的,3年内按每户每年8 000元为限额依次扣减其当年实际应缴纳的营业税、城市维护建设税、教育费附加和个人所得税。

高校毕业生创办的小型微利企业,按国家规定享受相关税收支持政策。

符合条件的自主创业的大学生,可在创业地按规定申请创业担保贷款,贷款额度为10万元。

鼓励金融机构参照贷款基础利率,结合风险分担情况,合理确定贷款利率水平,对个人发放的创业担保贷款,在贷款基础利率基础上上浮3个百分点以内的,由财政给予贴息。

(2)免收有关行政事业性收费。

毕业2年以内的普通高校学生从事个体经营(除国家限制的行业外)的,自其在工商部门首次注册登记之日起3年内,免收管理类、登记类和证照类等有关行政事业性收费。

(3)创业担保贷款和贴息。

对大学生创办的小微企业新招用毕业年度高校毕业生,签订1年以上劳动合同并交纳社会保险费的,给予1年社会保险补贴。

对大学生在毕业学年(即从毕业前一年7月1日起的12个月)内参加创业培训的,根据其获得创业培训合格证书或就业、创业情况,按规定给予培训补贴。

(4) 免费创业服务。

有创业意愿的大学生,可免费获得公共就业和人才服务机构提供的创业指导服务,包括政策咨询、信息服务、项目开发、风险评估、开业指导、融资服务、跟踪扶持等"一条龙"创业服务。

(5) 取消高校毕业生落户限制。

高校毕业生可在创业地办理落户手续(直辖市按有关规定执行)。

(6) 创新人才培养。

创业大学生可享受各地各高校实施的一系列"卓越计划"、科教结合协同育人行动计划等,同时享受跨学科专业开设的交叉课程、创新创业教育实验班等,以及探索建立的跨院系、跨学科、跨专业交叉培养创新创业人才的新机制。

(7) 开设创新创业教育课程。

自主创业大学生可享受各高校的各类专业课程和创新创业教育资源,以及面向全体学生开设的有关研究方法、学科前沿、创业基础、就业创业指导等方面的必修课和选修课,享受各地区、各高校资源共享的慕课、视频公开课等在线开放课程,并可获得相应的学习认证和学分认定。

(8) 强化创新创业实践。

自主创业大学生可共享学校面向全体学生开放的大学科技园、创业园、创业孵化基地、教育部工程研究中心、各类实验室、教学仪器设备等科技创新资源和实验教学平台。参加全国大学生创新创业大赛、全国高职院校技能大赛,和各类科技创新、创意设计、创业计划等专题竞赛,以及高校学生成立的创新创业协会、创业俱乐部等社团,以提升创新创业实践能力。

(9) 改革教学制度。

自主创业大学生可享受各高校建立的自主创业大学生创新创业学分累计与转换,学生开展创新实验、发表论文、获得专利和自主创业等可以折算为学分,学生参与课题研究、项目实验等活动可认定为课堂学习。

学校为有意愿有潜质的学生制订创新创业能力培养计划,以创新创业档案和成绩单等客观记录并量化评价学生开展创新创业活动的情况。优先支持参与创业的学生转入相关专业学习。

(10) 完善学籍管理规定。

有自主创业意愿的大学生,可享受高校实施的弹性学制。学校放宽学生修业年限,允许调整学业进程、保留学籍休学创新创业。

(11) 创业指导服务。

自主创业大学生可享受各地各高校对自主创业学生实行的持续帮扶、全程指导、一站式服务,以及地方、高校两级信息服务平台为学生实时提供的国家政策市场动向等信息,和创业项目对接、知识产权交易等服务。可享受各地在充分发挥各类创业孵化基地作用的基础上,因地制宜建设的大学生创业孵化基地和相关培训、指导服务等扶持政策。

2. 江苏省自主创业扶持政策

(1) 资金补贴。

创业培训补贴：对具有创业意愿和培训愿望并具备一定创业条件的城乡各类劳动者(含毕业前 2 年的在校大学生)，参加经人社、财政部门认定的培训项目并取得合格证书的，按规定给予创业培训补贴。具体补贴对象和标准由市县确定。

一次性创业补贴：对首次成功创业并带动其他劳动者就业，正常经营 6 个月以上，依法申报纳税的普通高等学校学生(在校及毕业 2 年内)和复员转业退役军人、从事非农产业创业的农民、登记失业人员和就业困难人员所创办主体给予一次创业补贴。

创业场地租金补贴：补贴对象为初次创业租用各类创业孵化基地的普通高等学校学生(在校及毕业 2 年内)和复员转业退役军人、从事非农产业创业的农民、登记失业人员和就业困难人员。补贴标准由市县根据当地实际情况确定，创业主体享受创业租金补贴期限不超过 3 年。

创业带动就业补贴：普通高等学校学生(在校及毕业 2 年内)和复员转业退役军人、从事非农产业的农民、登记失业和就业困难人员初次创办经营主体，初创主体吸纳其他劳动者就业并与之签订一年以上期限劳动合同，并按规定为其他劳动者缴纳社会保险费的，可享受创业带动就业补贴。

创业基地运营补贴：对依法成立达到相应建设服务标准并在人社部门备案，为初次创业经营主体提供服务的城乡各类创业孵化基地、创业培训(实训)基地，以及利用自有住房初次创业、生产或服务运营正常的创业者，可给予创业基地运营补贴。创业基地被评为省级创业示范基地的，给予每家不超过 100 万元的一次性补助。

创业孵化补贴：补贴对象为市县认定的各类创业孵化基地。补贴标准由市县根据创业孵化基地实际孵化成功(基地内注册登记并孵化成功，搬离基地后继续经营 6 个月以上)户数等因素确定。

创业项目补贴：补贴对象为科技含量高、具有潜在经济社会效益的大学生优秀创业项目。创业项目被评为省级大学生优秀创业项目的，给予每个 10 万元的一次性补助。

社会保险补贴：对在工商部门首次注册登记起 3 年内创业失败，企业注销后登记失业并以个人身份缴纳社会保险费 6 个月以上的人员，可按实际纳税总额的 50%、最高不超过 1 万元的标准给予一次性补贴。

(2) 金融信贷。

创业担保贷款：贷款对象包括个人创业者和小微企业。鼓励各地将个人贷款最高额度从 10 万元调整为不低于 30 万元；合伙经营或创办企业的，可适当提高贷款额度；小微企业创业担保贷款额度由经办银行根据企业实际招用符合条件的人数合理确定，最高不超过 200 万元。

小微创业贷：省市共同出资设立江苏小微企业创业创新发展融资基金，为工商银行江苏省分行推出的"小微创业贷"提供增信和风险补偿，支持小微企业获得低成本、高效率贷款。单户融资额度，原则上以法人名义申请的最高不超过 500 万元，以个人名义申请的最高不超过 300 万元。贷款期限原则上控制在 1 年以内，最长不超过 2 年。

科技贷款资金池：主要用于引导银行业金融机构向江苏省境内注册并具有独立法人地

位,具备较强创新性和较高技术水平,拥有良好市场前景和经济社会效益的科技型中小企业发放贷款。

扶贫小额贷款:适用对象:苏北地区纳入"十三五"全省新一轮扶贫建档立卡范围且有劳动能力、增收项目、贷款意愿和一定还贷能力的低收入农户;黄桥茅山革命老区以当地扶贫标准确定并建档立卡的低收入农户。农户贷款应主要用于发展种、养、加和流通等生产性、服务性增收项目。单户贷款额度不超过2万元。贷款期限最长1年。农户在规定贷款期限内归还贷款的享受50%贴息。

(3)税收优惠。

自主创业税收优惠的优惠对象:在人社部门公共就业服务机构登记失业半年以上的人员;零就业家庭、享受城市居民最低生活保障家庭劳动年龄内的登记失业人员;毕业年度内高校毕业生;自主就业退役士兵。

自主创业税收优惠的扣减额度:在3年内按每户每年9 600元为限额依次扣减其当年实际应缴纳的增值税、城市维护建设税、教育费附加、地方教育附加和个人所得税。

企业吸纳税收优惠的优惠对象:商贸企业、服务型企业、劳动就业服务企业中的加工型企业和街道社区具有加工性质的小型企业实体。

企业吸引税收优惠的扣减额度:在3年内按实际招用人数予以每人每年5 200元定额依次扣减增值税、城市维护建设税、教育费附加、地方教育附加和企业所得税。新招用自主就业退役士兵的,定额标准为每人每年6 000元。

二、大学生创新创业训练计划项目

大学生创新创业训练计划项目,简称"大创",是我国教育部、各省教育厅和各大高校组织的一个大学生创新创业项目的孵化平台。其实施的目的是改革人才培养模式,强化创新创业能力训练,增强高校学生的创新能力和在创新基础上的创业能力,培养适应创新型国家建设需要的高水平创新人才。其渊源可追溯到2011年颁布的《教育部财政部关于"十二五"期间实施"高等学校本科教学质量与教学改革工程"的意见》(教高[2011]6号)和2012年颁布的《教育部关于批准实施"十二五"期间"高等学校本科教学质量与教学改革工程"2012年建设项目的通知》(教高函[2012]2号)。

横向来看,"大创"分为创新训练项目、创业训练项目以及创业实践项目三类。创新训练项目是本科生个人或团队,在导师指导下,自主完成创新性研究项目设计、研究条件准备和项目实施、研究报告撰写、成果(学术)交流等工作。创业训练项目是在导师指导下,本科生团队中每个学生在项目实施过程中扮演一个或多个具体的角色,完成编制商业计划书、开展可行性研究、模拟企业运行、参加企业实践、撰写创业报告等工作。创业实践项目是学生团队在学校导师和企业导师共同指导下,采用前期创新训练项目(或创新性实验)的成果,提出一项具有市场前景的创新性产品或者服务,以此为基础开展创业实践活动。

纵向来看,"大创"可以分为校级创新创业训练计划项目、省级创新创业训练计划项目和国家级创新创业训练计划项目。校级创新创业训练计划项目由各大高校组织,省级创新创业训练计划项目由各省教育厅组织,国家级则由教育部组织。国家级创新创业训练计划项目大学生创新创业训练计划面向中央部委所属高校和地方所属高校,中央部委所属高校直接参加,地方所属高校由地方教育行政部门推荐参加。江苏省大学生创新创业训练计划项目是根据《江苏省深化高等学校创新创业教育改革实施方案》(苏政办发[2015]137号)要求开展的,分为创新训练计划项目和创业训练计划项目。每年开展时间为3月份。创新训练计划项目分为重点项目、一般项目、指导项目和校企合作基金项目。2017年江苏大学生创新创业训练计划项目立项5 000项。重点项目被推荐参加国家级大学生创新创业训练计划遴选。创业训练计划项目分为两类:创业训练项目和创业实践项目。为确保省级创新创业训练计划实施目标和项目水平,各高校推荐申报的创新训练重点项目和创业训练项目应按照不低于平均1万元/项的标准予以资助,创业实践项目按照不低于平均5万元/项的标准予以资助,创新训练一般项目按照不低于平均0.6万元/项的标准予以资助,指导项目按照不低于平均0.3万元/项的标准予以资助,校企合作基金项目按照不低于平均0.5万元/项的标准予以资助。

三、大学生创新创业竞赛

大学生创新创业竞赛主要包括"挑战杯"全国大学生课外学术科技作品竞赛和中国大学生创业计划大赛,"创青春"全国大学生创业大赛、中国"互联网"大学生创新创业大赛和全国大学生电子商务"创新 创意 创业"挑战赛等。

1. "挑战杯"竞赛

"挑战杯"竞赛在中国共有两个并列项目,一个是"挑战杯"中国大学生创业计划大赛,简称"小挑";另一个则是"挑战杯"全国大学生课外学术科技作品竞赛,简称"大挑"。"挑战杯"全国大学生课外学术科技作品竞赛是一项具有导向性、示范性和群众性的全国竞赛活动。自1989年首届竞赛举办以来,被誉为当代大学生科技创新的奥林匹克盛会,在广大高校乃至社会上产生了广泛而良好的影响。"挑战杯"中国大学生创业计划竞赛则被誉为中国大学生创业创新类比赛的奥林匹克盛会,最早于1998年在清华大学举行,2003年教育部正式成为主办方。

2. "创青春"全国大学生创业大赛

"创青春"全国大学生创业大赛,简称"创青春",是"挑战杯"中国大学生创业计划大赛的改革提升。"创青春"自2014年组织开展以来,每两年举办一次,下设3项主体赛事:创业计划竞赛、创业实践挑战赛和公益创业赛。创业计划竞赛面向高等学校在校学生,以商业计划书评审、现场答辩等作为参赛项目的主要评价内容。创业实践挑战赛面向高等学校在校学生或毕业未满5年的高校毕业生,且已投入实际创业3个月以上,以经营状况、发展前景等作为参赛项目的主要评价内容。公益创业赛面向高等学校在校学生,以创办非营利性质社会组织的计划和实践等作为参赛项目的主要评价内容。

3. "互联网十"大学生创新创业大赛

中国"互联网十"大学生创新创业大赛,旨在深化高等教育综合改革,激发大学生的创造力,培养造就"大众创业、万众创新"的生力军;推动赛事成果转化,促进"互联网十"新业态形成,服务经济提质增效升级;以创新引领创业、创业带动就业,推动高校毕业生更高质量创业就业。大赛采用校级初赛、省级复赛、全国总决赛三级赛制。在校级初赛、省级复赛基础上,按照组委会配额遴选优秀项目进入全国决赛。

4. 全国大学生电子商务"创新 创意 创业"挑战赛

全国大学生电子商务"创新、创意、创业"挑战赛,简称电子商务"三创"大赛,是面向全国高校(含港澳台地区)的大学生竞赛项目。该赛事自 2009 年开始举办,以"创新、创意、创业"为主题,营造出产学研紧密结合的大学生实训实战氛围。通过该挑战赛,激励大学生创新、创意、创业的热情,建立高校教育教学与社会经济发展紧密联系的立交桥。

此外,有助于培养大学生创新精神和创业意识的比赛还包括全国大学生数学建模竞赛、全国大学生电子设计竞赛、美国大学生数学建模竞赛等。

拓展阅读 tuo zhan yue du

中共南京市委南京市人民政府

印发《关于建设具有全球影响力创新名城的若干政策措施》的通知

宁委发〔2018〕1 号

各区委和人民政府,市委各部委,市府各委办局,市各直属单位:

现将《关于建设具有全球影响力创新名城的若干政策措施》印发给你们,请认真贯彻执行。

中共南京市委
南京市人民政府
2018 年 1 月 2 日

关于建设具有全球影响力创新名城的若干政策措施

为贯彻党的十九大精神和习近平新时代中国特色社会主义思想,落实省委推进"两聚一高"新实践、加快建设"强富美高"新江苏的要求,按照市委实施创新驱动"121"战略、推动高质量发展的部署,培育和集聚一批名校名所名企名家名园区,打造综合性科学中心和科技产业创新中心,构建一流创新生态体系,推动具有全球影响力的创新名城建设,现提出如下若干政策措施。

一、强化战略科技引领。设立重大科技创新平台专项,重点支持国家重大科技基础设施、国家实验室、国家研究中心等平台建设,对特别重大的科创平台和多学科交叉研究平台可"一事一议",给予特殊支持。成立南京创新名城建设理事会,建立专家咨询委员会。支持在宁高校院所等单位参与国际大科学计划或大科学工程,最高给予国际资助经费 20% 的奖励,总额不超过 1 000 万元。积极整合地方资源,支持在宁高校院所申报国家科技重大专项、国家重点研发计划项目。支持在宁企业参与或承担国家科技重大专项,按照实际到账国拨经费给予 1∶1 支持。面向本市经济社会发展重大需求特别是民生需求,围绕人工智能、大数据、生命科学等前沿领域和民生科技,设立市级重大科技专项。

二、支持名校名所与名城融合发展。通过构建融合发展平台,加强名校名所与地方双向融通,既让高校院所的创新成果走出来,也让地方的创新需求走进去。鼓励高校院所围绕南京经济社会发展需要,依托优势学科和国家级平台,建立新型研发机构;围绕主导产业,设立和发展急需专业,培养紧缺人才,实现产学研融合。对与国际名校合作在宁举办特色学院和高端服务机构,最高给予 1 亿元支持。支持国内外研发机构、知名跨国公司等在宁落户或设立研发机构,最高给予 3 000 万元支持。设立紫金山科技创新基金会,募集社会资金用于科技创新活动。定期举办紫金山科学家国际峰会。

三、推动科技成果和新型研发机构落地。探索建立成果转移转化新机制,促进科技成果、新型研发机构落地。鼓励新型研发机构建立人才(团队)持有多数股份,政府科技创新基金、投资平台和社会资本等多方参股的股权结构,政府股权收益部分不低于 30% 奖励高校院所,政府科技创新基金、投资平台所占股权可按协议约定转让。对新型研发机构按绩效择优给予每家每年最高 500 万元奖励。引进国内外知名科技服务业企业总部、地区总部及具有独立法人资格的机构(企业),按照投资总额及服务效能,最高给予 1 000 万元奖励。对实行连锁经营的科技服务企业,允许企业总部及下属分支机构统一在市级部门办理工商登记和经营审批手续。支持省技术产权交易市场在宁设立分中心,一次性给予最高 100 万元奖励。建立国际技术转移专项基金,支持引进国际先进技术、成果和项目。对科技成果转移转化收入 50 万元以上的科研人员,根据其对地方经济贡献,实行一定比例奖励。对促成向本市企业转化科技成果的技术转移机构,按照年度合同登记认定的技术交易额的 2% 给予最高 50 万元奖励,主要用于奖励对技术转移做出突出贡献的团队。

四、大力发展创新型产业集群。支持高新园区和符合本市主导产业方向的企业建设省级以上产业(技术)创新中心,按国家或省拨经费给予 1:1 共同支持。围绕主导产业建设市级以上公共技术服务平台,根据运行绩效给予最高 500 万元奖励;对标志性重大项目、关键核心技术攻关、重点行业国际国内标准制定、重大兼并重组、重大商业模式创新等按"一事一议"方式给予支持。

五、着力培育创新型领军企业。设立创新型企业培育专项,针对企业不同成长阶段分类精准施策。支持初创期科技企业发展,自获利年度起,三年内对本市经济发展贡献全部奖励企业。着力培育科技型中小企业,对通过评价的企业,根据企业研发费用情况,给予最高 10% 普惠奖励。支持高新技术企业发展,对进入市培育库的企业给予最高 20 万元奖励,进入省培育库的再按省支持标准给予 1:1 共同支持,获得高新技术企业认定的给予 50 万元奖励。对瞪羚企业、独角兽企业、拟上市企业,开设绿色通道,实行"一企一策"。支持研发服务企业发展,参照国家给予高新技术企业的政策给予支持。鼓励企业建立研发准备金制度。建立企业研发机构绩效考核制度,最高给予 200 万元奖励。支持企业牵头组建国家级产业技术创新战略联盟,给予 200 万元奖励。鼓励企业收购或投资设立海外研发机构,最高给予 500 万元奖励。国有企业科技研发投入、收购创新资源支出、创新转型项目培育期三年内亏损等视同考核利润,允许高层次人才薪酬、创新奖励、中长期激励在工资总额外单列。支持创新产品首购首用首保。

六、全力建设一流科技产业园区。支持高新园区集聚发展、特色发展和创新发展,逐步将园区主导产业集聚度提高到 60% 以上,纳入高新园区的考核体系。按照不低于省级高新区的标准推进市级高新园区建设,做到人权、事权、财权相匹配。高新园区实施产业准入负面清单制度,进一步完善科技型中小企业服务职能。对高新园区内科技型企业跨区转移,实行一窗办理,执行相应的跨区分成税收政策。对参与高新园区管理的社会化管理团队,按绩效考核最高给予 500 万元奖励。对列入省级众创社区备案试点的给予 500 万元建设资助。建立孵化器、加速器、众创空间绩效考核奖励制度,纳入省级以上孵育计划的予以省拨经费

1：1共同支持；在三年孵化期内每成功培育一家高新技术企业(含技术先进型服务企业)，给予载体运营机构20万元奖励。鼓励高校院所联合在宁企业建立面向大学生的"科创实验室"，每个实验室最高给予30万元支持。

七、加快形成创新创业空间新格局。以高新园区为主阵地，加大创新空间集聚力度，形成市域创新空间新格局。国家重大科技基础设施、国家实验室、国家研究中心等平台建设，可参照公益性科研机构用地采取划拨方式供应。对须采取出让方式供应的，出让起始价可按不低于同区域科研用地基准地价的20%执行。经市政府职能部门认定的新型研发机构，落地在高新区范围内的，土地出让起始价可按不低于区域科研基准地价的20%执行(但不得低于相应《全国工业用地出让最低价标准》)；允许高校利用存量土地新建新型研发机构，土地性质不变；落地在高校周边的，可按不低于区域科研基准地价的50%执行；利用存量工业厂房的，可按原用途使用五年，五年过渡期满后，经评估认定，可再延续五年。经市政府职能部门认定的科技成果转化和产业化项目，符合本市主导产业方向，须使用工业用地的，可按不低于区域《全国工业用地出让最低价标准》的70%确定土地出让起始价。高新园区国有平台建设的科技公共服务平台，根据是否允许分割转让，地价按对应基准地价的50%执行。分割转让比例不得超过50%，可转让部分，直接转让的比例不得超过30%，其余部分鼓励采用先租后让方式，在承租机构或企业的税收、就业、研发投入等指标达到设定要求后，再办理转让手续。新型研发机构和科技公共服务平台，可统筹配建不超过项目总建筑面积15%的配套服务设施，配套服务设施按主用途供地。上述有地价优惠的项目，除明确可以分割转让的以外，土地不得分割转让，所建房屋不得转让、销售。项目竣工后确有剩余土地与房产，以及受让人终止项目不再需要土地与房产的，应由园区平台按约定的价格标准并考虑资金成本优先回购，也可经市政府职能部门同意转让给符合条件的研发机构和企业。

八、努力打造国际化创新创业人才高地。大力集聚科技顶尖专家，对全球顶尖人才领衔的高端创业创新团队或项目实行"一事一议""特事特办"，资助额度上不封顶。对入选省顶尖人才顶级支持计划的，按1：1的比例，给予引才企业最高1亿元配套资助。实施"345"海外高层次人才引进计划，用五年时间，重点引进30名急需紧缺的外国专家、40个海外高端创新团队，挂牌建设50个支持柔性引才的海外专家工作室，给予用人单位最高500万元资助。持续推进"创业南京"英才计划。设立市级企业青年工程师科研基金，重点支持企业青年工程师瞄准行业和市场需求开展技术研发。设立博士和博士后科技创新创业基金，支持企业创建国家、省级博站和市级"准博站"。实施青年大学生"宁聚计划"，每年吸纳20万以上大学生在宁就业创业，实行一条龙服务，积极落实就业创业扶持政策。调整优化落户政策，研究生以上学历及40岁以下的本科学历人才，凭毕业证书办理落户手续；技术、技能型人才，凭高级工及以上职业资格证书办理落户手续。加大高层次人才激励力度，对新型研发机构、高新技术企业的相关人员以及技术经理人、人才经纪人、天使投资人等年薪收入在50万元以上的，根据其对本市经济贡献给予奖补。建立市场化社会化人才认定机制，引入人才"举荐制"，由龙头企业、新型研发机构、科技中介、金融投资等领军人才组成"举荐委员会"，被举荐人才可享受相应举荐层次政策待遇；为非共识性人才在宁创新创业开辟绿色通道。建立多主体供给、多渠道保障、租购并举的人才安居政策体系，采用租赁补贴、购房补贴以及购买共有产权房，承租人才公寓、公共租赁房等安居方式，为青年大学生、科技研发等各类人才提供安居保障。支持"双一流"高校、推进"两落地一融合"成效显著的高校院所,加快建设人才公寓。

九、健全科技金融服务和财政支持体系。大力吸引天使投资、创业投资落户,对新注册在本市的天使投资、创业投资企业,根据实缴注册资本(1 000 万元以上)和实际募集资金规模等给予最高 1 500 万元奖励,重大项目可"一事一议"。设立专项奖励资金和风险补偿资金池,对投资本市种子期、初创期科技企业的天使投资、创业投资企业、孵化器、加速器,按实际投资额和投资损失每年分别给予最高 500 万元投资奖励和最高 600 万元风险补偿。通过政府科技创新基金广泛吸引各类社会资本参与设立多种形式的基金,政府科技创新基金出资收益部分最高 50% 用于奖励人才(团队),参股天使投资形成的股权 5 年内可原值向天使投资其他股东和创业团队转让。创新国资创投管理机制,允许符合条件的国有创投企业建立跟投机制,按照市场化方式确定考核目标及相应的薪酬水平;试行国有创投企业在国有资产评估中使用估值报告;对国资参股的投资项目发生非同比例增减资,而国资未参与增减资的经济行为,由企业股东会决策。加大财政投入力度,五年内市区财政至少安排专项资金100 亿元,并建立市场化运作的科技创新基金 100 亿元,主要用于支持国家重大科技创新平台和重大科技专项、"两落地、一融合"、创新型产业和企业培育、园区载体和创新空间建设、人才引进培育、社会创投机构集聚、创新环境营造等方面。

十、营造开放包容的优良环境。打造国际化氛围最佳的城市,建设国际学校和国际社区,建立人才健康绿色通道,接轨国际医疗服务体系。举办"赢在南京"系列国际创新创业活动,获奖并落地本市的项目最高可给予 100 万元奖励;对在高新园区落户的获奖项目,给予政府科技创新基金投资扶持,并建立风险容错机制;进一步扩大外资市场准入领域,提供更为便捷高效的服务;简化企业研发费用税前加计扣除申报手续,提高税收服务效能;支持科技创新类国际组织在宁设立总部、分支机构,一次性给予最高 100 万元奖励;引导高校院所、社会组织与国际机构合作建立国际科技创新联盟,建设科技创新类国际组织集聚区。打造信息流动最快的城市,推动南京国家级互联网骨干直联点优化升级和网络边缘智能化建设,推进重点公共场所、园区、高校等公共区域免费 WiFi 全覆盖,力争在全国首批部署 5G 商用,打造国际先进的未来网络创新基地和产业高地。高水平建设知识产权强市,建设中国(南京)知识产权保护中心,建立专利预审员制度。对提供专利等知识产权质押融资的金融机构,给予实际融资额度的 2% 风险补助。对省级以上知识产权服务集聚区,给予 1 000 万元支持。推动在宁公证机构拓展业务范围,开展知识产权相关公证服务。建立知识产权侵权查处快速反应机制,建立知识产权违法侵权举报制度,对查证属实的,给予投诉举报人一定奖励。完善知识产权法庭司法保护职能。对授权的发明专利、PCT 专利给予奖励。打造创新文化最包容的城市,设立南京创新奖,表扬创新贡献突出单位和个人;弘扬企业家精神,实施创新型企业家培训计划;建立健全创新尽职免责机制;强化信用激励和约束,建立"红、黑"名单制度,营造更为优良的创新信用环境。

加强党对创新名城建设的组织领导,充分调动全市上下的积极性、主动性、创造性,形成推进创新名城建设的强大合力。市有关部门、各区(园区)要围绕创新名城建设,抓紧制定一批配套政策文件,形成可操作的具体实施计划和工作方案。加大各项政策落实力度,建立专项工作推进和督查机制,确保创新名城建设取得实效。

本章小结

本章主要从创新创业内涵与联系、大学生创新创业教育和大学生创新创业实践等三个方面探讨了创新创业的相关情况。随着我国改革开放和经济的快速发展,经济结构调整和产业升级为大学生创业构建了良好的平台,大学生可以根据自己的特长,选择适合于自己的创业之路。

参考文献及材料

1. 李伟,张世辉,李长智,等. 创新创业教程[M]. 北京:清华大学出版社,2015.

2. 席升阳. 我国大学生创业教育的观念、理念与实践[M]. 北京:科学出版社,2008.

3. 彭刚. 创业教育学[M]. 南京:江苏教育出版社,1995.

4. 郁义鸿,李志能. 创业学[M]. 上海:复旦大学出版社,2000.

5. 谢志远. 大学生创业教育本土化的探索与实践[M]. 杭州:浙江大学出版社,2011.

6. 李时椿. 大学生创业与高等院校创业教育[M]. 北京:国防工业出版社,2004.

教学过程

章节	内容	时间	授课方法	教具
课程导入	小调查:你想过创业吗?	5分钟	课程测试	PPT
第一节 创新创业概述	创新的内涵	10分钟	讲授	PPT
	创业的内涵	10分钟	讲授	PPT
	创新与创业的联系	10分钟	讲授	PPT
第二节 大学生创新创业教育	创新创业教育概述	10分钟	讲授	PPT
	创业教育在中国	10分钟	讲授	PPT
	创新创业素养	10分钟	讲授	PPT
第三节 大学生创新创业实践	大学生创新创业政策	10分钟	讲授	PPT
	大学生创新创业训练计划项目	10分钟	讲授	PPT
	大学生创新创业竞赛	10分钟	讲授	PPT

第二章

创业机会

通过本章学习,了解创业机会的概念、来源及识别方法;掌握创业机会评估的标准及方法。

学习重点和难点
xue xi zhong dian he nan dian

重点:创业机会的识别,创业机会的评估。
难点:创业机会的评价标准,创业机会的评价方法。

第一节　什么是创业机会

学习目的与要求
xue xi mu di yu yao qiu

通过本节学习,学生应达到如下要求:
1. 了解创业机会的基本内涵。
2. 了解创业机会的本质与构成要素。

每个人都想创业,究竟什么是创业? 机会人人都懂,什么是创业机会? 是不是简单的"创业"加"机会"? 剖析创业机会的内涵、明晰创业机会的构成要素是创业的第一步。

一、机会和创业

1. 机会

在创业研究中,"机会"一词英语通常用"opportunity"表示。"opportunity"由词根"op——面临"和"port——港口(引申为通道、路径)"组合而成;在汉语中,"机会"的解释是"恰当的时候"、"时机"。因此,机会可以表述为从事某项活动的有利通道和恰当时机。机会当然包含创业机会,用逻辑学术语来说,机会(opportunity)是"属概念",而创业机会(entrepreneurial opportunity)是"种概念","属概念＋内涵＝种概念,即"机会＋创业＝创业机会"。

2. 创业

创业从本质上要求认识甚至创造新事物的商业用途，识别人们愿意拥有或使用新事物的机会，并积极采取行动把机会转变成可行的、有利可图的事业或企业。创业通常是指基于创新的新企业创建活动，创业主要指创新，创新是创业的重要方面。因此，除了新的市场以外，新事物可以是新的组织（即创建新企业），创业就是开创新业务、创建新组织，通过重新整合各种资源来寻找机会。创业的基本活动就是新进入某个领域，既可以指把新的产品或服务或者已有产品或服务引入新的市场或者已有市场，也可以指通过风险投资创建新的企业。Morris、Lewis 和 Sexton 归纳了创业定义中出现频率最高的词语，它们分别是"开创新业务"、"创建新企业"、"创造新的资源组合"、"创新"、"捕捉机会"、"承担风险"和"创造价值"。刘常勇认为，创业是指"创建新企业""在组织内部设立新的单位""提供新的产品或服务"。魏江等把创业概括为 Schumpeter 所提出的"实现组合的过程"和 Gartner 所提出的"创建新企业"。"全球创业观察"（2002）把创业定义为依靠个人、团队或现有企业来创建新企业的过程，如创建新的业务组织或者扩大现有企业。

综合以上众多有关创业概念的观点，并参照部分学者提出的创业"核心概念"、"次外围概念"和"广义概念"，本书把创业定义为创业者通过利用或创造创业要素（如创业机会、创业资源等）来创建新企业或开创新事业（如公司创业或企业成长）的一系列价值创造活动。这一系列活动构成一个过程，涉及不同的创业要素，前提是承担风险，目标是创造价值，最终表现形式是创建新企业或开创新事业。首先，创业是创建新企业的活动，即围绕创建新企业的一切活动都是创业活动，如识别和评价机会、组建团队、制定创业计划、进行融资、确定新组织的法律形式，等等。其次，创业就是在既有企业内部开创新事业的活动（公司创业或企业成长）。其中，公司创业是公司内部的个体或群体共同创建新的业务机构、推动组织战略更新和创新的过程（Sharma 和 Chrisman，1999），而企业成长则表现为企业量的扩大、质的发展、组织变革、战略调整等。

二、创业机会的本质与构成要素

1. 本质

机会是从事某项活动的有利通道和恰当时机，创业是创建新企业或开创新事业的活动。结合对"机会"、"创业"的分析，根据"属概念＋内涵＝种概念"、"定义可反映研究对象的本质，表明概念所反映的对象是什么，是一事物区别于其他事物的属性总和"等逻辑学基本原理，创业机会的本质是创建新企业或开创新事业活动中的有利通道和恰当时机。

2. 构成要素

有利通道和恰当时机的出现需要一定的条件，而孕育创业的条件应该包括以下要素：

（1）某个细分市场存在或新形成了某种持续性需求。

（2）拟创业者开发或持有有助于满足前述市场需求的创意。

（3）创业者有能力、有资源，可实施所持有的创意。

（4）创业者将自己的创意转变为具体的产品或服务，不需要大规模的资金（所谓轻资产）和大的团队（所谓小团队）。

当这四个要素都得到满足之时，才可认为客观上存在或形成了某种创业机会。

注意,商机不等同于创业机会。如果这种商机是不可持续的、昙花一现的,则创业者还没有起步行动,这样的商机就可能已经消失了。针对特定的商机,创业者如果没有与之匹配的创意,这样的商机也不能被视为创业机会,因为缺乏创意。

如果创业者虽然有与特定市场需求相匹配的创意,但实施相应的创意需要较大规模的资金(所谓重资产)和团队(所谓大团队),则这样的商机也不能被视为创业机会。创业者起步之初,多数缺的是资金和众多的追求者。因此,需要配备重资产、大团队,或是企业规模要达到一定阈值才能实现的商机,创业者如果硬是要跟进,多数会以失败收场。

所以,创业机会的内涵是一定条件下有利于创建新企业或开创新事业活动的有利通道和恰当时机,是包括商机、创意、轻资产、小团队四种要素的有机组合。

拓展阅读
tuo zhan yue du

商机把握与李嘉诚创业

从推销员到总经理

一个有信用的人,比起一个没有信用、懒散、乱花钱、不求上进的人,自必有更多机会。"这是李嘉诚给年轻人的忠告,同时也是他的座右铭。

李嘉诚统领长江实业、和黄集团、香港电灯、长江基建等集团公司,是全球华人首富,全世界华人最成功的企业家。他14岁投身商界,22岁正式创业,半个多世纪的奋斗始终以"超越"为主题:从超越平凡起跑,为超越对手努力,达到巅峰,超越巅峰,实现自我,超越自我,于是世人称之为"超人"。李嘉诚不仅是创业精英、商界巨头,而且在其创业发展路上,成功并购了多家公司,是资本运作的顶尖高手。可以说,李嘉诚创业之路就是一条成功并购之路,其创业和成长与兼并和收购其他公司企业密不可分。李嘉诚的人生经历和创业之路备受世人关注。

1940年日军侵华,李嘉诚随父母从家乡潮州逃难到香港,当时他才14岁。李嘉诚的父亲本为教师,到香港后一时找不到工作,举家投靠家境颇为富裕的舅父庄静庵。可是不久父亲就患上了严重的肺病,临终时,他没有交代什么遗言,反而问李嘉诚有什么愿望。李嘉诚当即承诺:"日后一定会令家人有好日子过。"

父亲病逝后,作为长子的李嘉诚为养家糊口放弃学业,开始在一家茶楼当跑堂,从此踏进纷繁复杂的社会,开始了顽强拼搏的人生旅程。

贫困的生活使李嘉诚过早地成熟了。在往来茶楼的客人中,最让李嘉诚羡慕的是实业家。他发奋向上的愿望越来越强烈,发誓也要做一位实业家。可是,像他这样没有后台、没有本钱的毛头小伙该怎样才能投身实业呢?李嘉诚17岁那年,大胆地迈出了新的一步。他找到一份为塑胶厂当推销员的工作,便辞掉了茶楼里的活。

李嘉诚深知,要想成为一个出色的推销员,首要是勤奋,其次是头脑灵活。在日后的推销生涯中,李嘉诚便充分发挥了这个"窍门"。当其他同事每天只工作8小时的时候,李嘉诚就工作16个小时,天天如是。李嘉诚对"打工"的看法是:"对自己的分内工作,我绝对全身心投入,从不把它视为赚钱糊口、向老板交差了事,而是将之作为自己的事业。"就这样,李嘉诚只花了一年时间,业绩便超越其他6位同事,成为全厂营业额最高的推销员,他当时的销售业绩,是第2名的7倍。

由于李嘉诚推销有术,别人做不成的生意他能做成,他所在的工厂效益也越来越好。生产同类产品的厂家发现,竞争胜负的关键竟然在一名小小的推销员身上,便设法花大代价把李嘉诚挖过去。李嘉诚的老板得到消息,唯恐李嘉诚真的成了别人手中的工具,于是抢先下手,将18岁的李嘉诚擢升为部门经理,并破例分给他20%的红股。一年后,他当上了销售公司总经理。李嘉诚的快速擢升还有一段插曲:他在厂里当销售员时,再忙也要到夜校进修。他在会考合格后打算去读大学,老板为挽留这个人才,便索性把他提升到总经理的岗位上了。

"长江"最初的风波

经过这短短一役,李嘉诚开始估量自己的实力,他相信若自立门户,成绩可能更好。1950年,22岁的李嘉诚终于辞去总经理一职,尝试创业。当时,李嘉诚的资金十分有限,两年多来的积蓄仅有7 000港元,实不足以设厂。他向叔父李奕及堂弟李澍霖借了4万多元,再加上自己的积蓄,总共5万余港元资本,在港岛的皇后大道西,开设了一家生产塑胶玩具及家庭用品的工厂,并取荀子《劝学篇》中"不积小流,无以成江海"之意,将厂名定为"长江"。

起初,李嘉诚只知不停地接订单及出货,忽略了质量控制,致使产品愈来愈粗劣。结果不是延误了交货时间,就是引起退货并要赔偿,工厂收入顿时急跌。加上原料商纷纷上门要求结账还钱,银行又不断催还贷款,"长江"被逼到破产的边缘。这使李嘉诚明白自己实在是操之过急,低估了当老板的风险。

如何才能挽救绝境中的长江塑胶厂?李嘉诚靠的是"信义"二字——与客户有信,与员工有义。他召集员工大会,坦言自己在经营上的失误,衷心向留在厂里的所有员工道歉,同时保证,一旦工厂度过这段非常时期,随时欢迎被辞退的工人回来上班。之后,李嘉诚穿梭于众多银行、原料供应商及客户之间,逐一赔罪道歉,请求他们放宽还款期限,同时拼尽全力,为货品找寻客户,用蚀本价将次货出售,筹钱来购买塑胶材料和添置生产机器。到1955年,高筑的债台终于拆掉,业务渐入佳境,没多久还开设了分厂。

1957年年初的一天,李嘉诚阅读新一期的英文版《塑胶》杂志,偶然看到一小段消息,说意大利一家公司利用塑胶原料制造塑胶花,全面倾销欧美市场,这给了李嘉诚很大灵感。他敏锐地意识到,这类价廉物美的装饰品有着极大的市场潜力,而香港有大量廉价勤快的劳工正好可以用来从事塑胶花生产。他预测塑胶花也会在香港流行。李嘉诚抓住时机,亲自带人赴意大利的塑胶厂去"学艺",在引入塑胶花生产技术的同时,还特意引入外国的管理方法。返港后,他把"长江塑胶厂"改名为"长江工业有限公司",积极扩充厂房,争取海外买家的合约。

在"长江"的客户中,有个美籍犹太人马素曾订了一批塑胶产品,打算运到美国销售,后来不知何故临时取消合同。李嘉诚并没有要求赔偿,他对马素说:"日后若有其他生意,我们还可以建立更好的关系。"马素深感这位宽厚、年轻的创业者,是个可做大事的人,于是不断向美国的行家推销"长江"的产品。自此,美洲订单如雪片般飞来。李嘉诚由此进一步感悟到"吃亏是福"的道理。

投资房地产业

创业五年后,"长江"逐渐成为全世界数一数二的大型塑胶花厂。李嘉诚被行内人士冠以"塑胶花大王"的雅号。而李嘉诚租用的那所厂房的业主也趁机把租金大幅度提高,这反而促成了李嘉诚自建物业的决心。

1958年,李嘉诚投得北角英皇道的地皮,兴建一幢12层高的工业大厦,留下数层自用,把其余的单位出租。大厦落成后,香港物业价格随即大升。李嘉诚发觉房地产大有可为,于是开始部署把资金投放到地产市场。恰好此时有个经销塑胶产品的美国财团,为了得到充足的货源,愿意以300万港元的高价买下长江塑胶厂。李嘉诚心里盘算,他的厂子最多只值100万港元,就是再经营三五年,也不一定能赚到200万港元。于是,毅然卖掉塑胶厂,用这笔资金买进房地产。之后不久,房价果然暴涨,先人一步的李嘉诚一下子从千万富翁跨入了亿万富翁的行列!

20世纪60年代中期,内地发生"文化大革命",香港也人心惶惶,房地产经历几年狂炒后,一落千丈,许多富翁争相廉价抛售产业逃离香港。李嘉诚正在建筑中的楼盘也被迫停工,因为那时即使建成也没人去买。如果按当时的房地产价格计算,李嘉诚可以说是全军覆没!但李嘉诚独具慧眼,认为土地价格将会有再度回升的一天,决定实行"人弃我取"的策略,用低价大量收购地皮和旧楼,在观塘、柴湾及黄竹坑等地兴建工厂大厦,全部用来出租。不出三年,果然风暴平息,大批当年离港的商家纷纷回流,房产价格随即暴涨,李嘉诚趁机将廉价收购来的房产高价抛售,这一次李嘉诚从中获得200%的高额利润。抛售后,他转购具有发展潜力的楼宇及地皮。这次他的策略是只买不卖,全都用来兴建楼宇。70年代初,他已拥有楼宇面积共达630万平方英尺,出租物业超过35万平方英尺,每年单是收租,已达400万港元。

1971年6月,李嘉诚正式成立了负责地产业务的"长江置业有限公司"。1972年7月,李嘉诚把"长置"易名为长江实业(集团)有限公司,自任董事长兼总经理。这年11月,"长实"在香港挂牌,在市面公开发售。到1976年,李嘉诚公司的净产值达到5个多亿,成为香港最大的华资房地产实业。

兼并收购"蛇吞大象"

"长实"在地产业屡出大手笔。先是拿出6 000多万元资金购买物业及地皮,并积极兴建高级住宅与商业楼宇。到1976年,又动用2亿3000万港元,买入美资集团、希尔顿酒店及凯悦酒店,开创了华资在港吞并美资机构的先河。李嘉诚收购了美资饭店后,正赶上香港旅游业有史以来的黄金时期,果然大赚一笔,为他下一步与英资集团竞争创造了条件。

而李嘉诚历时两年半之久,全面进军"和黄"的整个过程直如"蛇吞大象",实为香港开埠以来华资收购英资的经典之作。"和黄"是老牌和记洋行及黄埔船坞的合作品。到1980年,"长实"终于持有"和黄"超过40%的股票,李嘉诚当上了"和黄"董事会主席。至此,李嘉诚坐上了香港华资地产龙头的位置,"李超人"的绰号不胫而走。1985年,购入加拿大温哥华世界博览会商业中心,斥资百亿港元,兴建规模庞大的商住住宅群。1986年,李嘉诚进军加拿大,购入赫斯基石油逾半数权益。1997年与"首钢"联手收购香港东荣钢铁集团有限公司,收购北京长城饭店等7家大酒店,拥有51%的股权。

半个多世纪以来,李嘉诚从经营塑胶业、地产业到掌握多元化的集团产业,他的业务经营领域,早已越过太平洋,向美国、向世界伸展,成为中国的骄傲。

第二节 创业机会的来源与识别

通过本节学习,学生应达到如下要求:

1. 了解创业机会的来源。
2. 了解创业机会识别的一般过程及每个环节的工作内容。
3. 了解相关因素对于创业机会识别的影响。

创业机会是从天而降还是经培育长大? 技术发展日新月异,是否创业机会也随之增多? 当好机会来临之时,如何立刻抓住它? 识别创业机会分为哪几步? 个体因素与环境因素哪个对创业机会识别过程影响更大?

一、创业机会的来源

关于创业机会的来源,主要有外部环境变化观点、信息不对称观点以及折中前两种观点的整合观。外部环境变化观是创业机会来源的主流观点。Baron 和 Shane(2005)以创业过程为分析框架,提出了创业机会来源于创新变革、政治与规制变革、社会与人口变化、产业结构变化等因素的观点。Ardichvili 等(2003)认为,创业机会是指创新或经济、政治、社会和人口条件变化使创造新事物成为可能的这样一种情形。Schum peter(1934)认为真正有价值的创业机会源于一些能使人们做以前没有做过的事或者以更有价值的方式做事的变化。Dollinger(2006)认为创业机会源于影响现有市场均衡、能为供需双方带来利益的因素,有经验的创业者能从中找到很有价值的商机。信息不对称观认为信息不对称是创业机会的重要来源。在 Kirzner(1997)看来,之所以存在创业机会,是因为人们拥有的信息不对称,使得掌握较多信息的人比其他人更容易做出有商业创意的决策。整合观认为,外部环境变化和信息不对称都是创业机会的来源。例如,Shane 和 Venkataraman(2005)区分了产品市场和要素市场的创业机会来源,并认为产品市场的创业机会源于创新所带来的新产品及新信息、信息不对称导致的市场低效率以及由政治因素与规章制度变动所导致的资源使用方面的成本收益变化,而要素市场的创业机会则主要来自新发现,如技术、材料等方面的新发现。Timmons 和 Spinelli(2004)认为,环境变化、市场失衡或混乱、信息滞后或不对称、领先与落后,或者创新、市场巨变、社会巨变、非理性繁荣等都可能成为创业机会的来源,而产生创业机会的主要途径是对产业和商业的接触。

综上所述,学术界长期以来认为创业机会是被识别与发现(discovered)出来的。但是,创业的客观环境近年来发生了很大的变化,创业机会可以是被发现出来的,也可以是被构建(constructed)出来的。本书认为创业机会可以是发现与构建二者兼之(discovered and constructed)。前者是一种客观导向性的印迹(imprinting)过程,是一种具有科学发现特征的机会发现过程;后者是一种主观导向性的众迹(reflexivity)过程,是一种具有社会构建特征,并涉及创业者、市场、客户等因素综合作用的机会构建过程。

德鲁克把市场机会的来源划分为三个方面:新信息的创造,它是随新技术的发明而出现的;对源于信息不对称的非效率市场的开发,它和时间、地理、层级有关;对资源可供选择使用方式在成本—收益上变化的反应,它和政治对经济的管制、技术以及人口变化有关。

我们认为可以从四个方面去分析创业机会的来源:

1. 市场本身的特点

市场就像一张大网,市场主体(个人或企业)就是网上的一个个接点,由市场主体的交易把接点之间联系起来,但是由于分工在带来专业化优势的同时也带来了市场知识的分散化,它使得许多交易在市场上得不到实现,这恰如蛛网上的断点,每个断点之间的一系列联结就是企业家活动的机会(Leibenstein,1968)。由于市场交易的断点与价格机制缺陷创造了很多创业机会,也成就了许多企业。如爱必得创始人、北大天正总裁黄斌,他在1992年借了300万元,南下广州倒电脑,2万块钱一台的电脑到北京可以卖2.3万,一台电脑就可以净赚3 000元,堪称暴利。

2. 产业与市场结构的变化

产业与市场结构的变化可以为企业带来成长机会。产业中的市场机会是受产业生命周期中的五个竞争作用力变化影响的。这五种竞争作用力就是波特提出的:潜在入侵者、供给方、需求方、现有企业间的竞争者、替代品。产业的生命周期理论告诉我们一个产业要经历四个阶段:导入期、成长期、成熟期、衰退期。不同的产业阶段意味着具有不同的市场结构和五种不同的竞争作用力,这就创造了不同的市场机会。20世纪初,汽车工业发展非常迅速,随之它的市场发生了重大的变化。对这种变化,产生了四种应对措施,而且全部被企业家抓住了创业的机会,带来企业的成功。成立于1904年的英国劳斯莱斯汽车公司,他们着手制造和销售能显示尊贵身份的汽车,刻意采用更早而且已过时的制造方法,让一名技术娴熟的机械工制造每一辆汽车,并用手工工具完成装配,为了确保没有"下等人"购买他们的车,他们把车的价格标得和一艘小游艇一样高。几年以后,福特在底特律注意到市场结构正在变化,汽车在美国已经不再是有钱人的玩具,他做出的反应是设计一辆能够大量生产的汽车。另一位美国人杜兰特却把市场结构的变化视为将汽车公司组合成一家具有专业管理的大型公司的良机。杜兰特预计将会出现一个巨大的全球市场,而这家未来的公司将满足市场各个层次的需要。1905年他创立了通用汽车公司。早些时候,在1899年,意大利年轻人阿格纳里认为汽车将成为军需品,于是,他在都灵创立了菲亚特汽车公司。1960年到1980年,全球汽车工业市场又发生了一次大变化,汽车工业开始了全球化。此时,每个公司对这个变化做出的反应也是不一样的,又出现了汽车公司新的创业机会。

另外,产业的融合也为企业带来了新的市场机会。例如,随着通讯与IT行业基于技术的融合,Intel公司在微处理技术优势的基础上开始投放大量的资源到通讯产业。

3. 宏观环境的变化

它包括企业所面对的政治、经济、文化等环境的变化。在政治上对经济管制的放松往往会带给其他企业以更大的市场空间。比如,美国对航空业管制的取消带给西南航空公司极大的成长机会;又如,在我国,国有企业从一些领域的退出给民营企业发展带来了机会。我们可以通过下表来比较管制与非管制的区别:

表 1　市场由政府管制转向非管制的区别

因　素	管　制	非　管　制
对企业数目的控制	是	不是
市场份额被控制	是	不是
市场进入受到限制	是	不是
对价格与利润的控制	是	不是
竞争受到了限制	是	不是
运营权利受到限制	是	不是

从上表可以看出,一个产业由政府管制转向非管制,可以为企业创业带来更多的市场机会。在政府对某些领域的管制逐步放松的时候,在中国出现了一些成功把握机会的企业,比如,天然气行业的新奥燃气、华桑燃气,电信行业的 UT 斯达康、亚信,刘捷音的奥凯航空。企业所面对的其他经济环境变化也影响着企业的市场机会。比如在经济全球化浪潮的推动下,企业开始在全球市场中寻找发展的机会。在浙江台州的中国飞跃集团以拉美的阿根廷、巴西、智利等国家为起点"走出去",利用外部市场机会,成功地实现了企业二次创业的目标,推动了企业的持续成长。例如,浙江省台州市和墨美边境线附近的一个名叫安塞纳拉(音)的港口城市缔结友好关系,这为浙江省大量的纺织品和机电产品出口导向型企业创造了一个很好的经济环境,带来的是墨西哥 1 亿人口、人均 GDP 6 000 美元的巨大市场。宏观环境中的人口变化(人口规模、年龄结构、就业状况、教育程度和收入等方面的变化)也可以为企业带来市场机会。人口变化对消费品、消费者和产品质量都有巨大的影响。这方面最典型的例子是"银发市场"商机。改革开放以来,我国人民生活水平普遍提高,平均寿命不断提高,同时出生率降至较低水平,60 岁以上老年人口的比例增长很快,老年消费市场蕴含着无限商机。我们相信不久的将来会有一批因为开发利用老年市场商机而成功的创业企业。

4. 知识性创新与新技术的发明与运用

新技术与知识的出现导致了企业新的生产过程、新产品、新市场甚至对资源新的组织方式,这些变化为企业带来了市场机会。利用知识与技术来实现创业的例子是很多的。在美国著名大学斯坦福,每年都有许多学生以及教授带着知识与技术,捕捉到源于知识与技术的市场机会,开始自主创业,也正是因为这个才成就了硅谷。在我国也有许多学者走出书斋,走上创业的道路。他们之所以敢去创业,是因为他们拥有可以开发新产品、开拓新市场的知识与技术。从这个意义上说,机会源于新的知识与技术。不过,作为一个企业家不一定需要自己去创造新的技术与知识,有时候他只需要自己能认识到技术的价值就可以了。浙江横店集团在 20 世纪 80 年代的时候靠毛纺织品起家,缺乏自己的核心技术,因此,企业的持续发展受到影响。一次偶然的机会,集团老总徐文荣认识了回老家东阳过年的徐教授,就从这位教授那里,他获得了一项关键技术,正是对这项技术的开发与利用成为横店集团成功转型的机会。

二、创业机会的识别

创业机会识别一直是创业领域的关键问题之一。有专家指出，解释如何发现和开发创业机会是创业研究领域应当关注的关键问题。对创业过程来说，真正的创业过程开始于对商业机会的发现。商业机会存在何处，如何从繁杂多变的市场环境中找到富有潜在价值的商业机会，进而开发这一机会并最终转化为新创企业，是创业研究的重要内容。事实上，相对于大量以组织成长作为创业过程核心线索的研究，一些研究人员已经开始认识到，机会研究是创业研究的中心问题，创业过程是围绕着机会进行识别、开发、利用的一系列过程。对创业者自身而言，能否准确把握创业机会，并且通过充分的开发最终创建一个成功的企业，是创业者应当具备的最重要的能力之一。

1. 创业机会识别的过程

创业过程开始于创业者对创业机会的把握。创业者从成千上万繁杂的创意中选择了他心目中的创业机会，随之不断持续开发这一机会，并组建真正的企业，直至最终收获成功。这一过程中，机会的潜在预期价值以及创业者的自身能力得到反复的权衡，创业者对创业机会的战略定位也越来越明确，这一过程称为机会的识别（opportunity identification、opportunity recognition）过程，也有研究将之称作机会开发（opportunity development）过程，或者机会规划（opportunity formulation）过程。应当注意到，这一机会识别过程实际上是一种广义的识别过程，它囊括了大部分研究中提到的机会发现、机会鉴别、机会评价等创业活动。Lindsay, N. J. 和 Craig, J 将这一过程分为三个阶段，分别是机会搜寻、机会识别和机会评价。

第一阶段：机会搜寻（opportunity searching）。这一阶段创业者对整个经济系统中可能的创意展开搜索，如果创业者意识到某一创意可能是潜在的商业机会、具有潜在的发展价值，就将进入机会识别的下一阶段。

第二阶段：机会识别（opportunity recognition）。相对整体意义上的机会识别过程，这里的机会识别应当是狭义上的识别，即从创意中筛选合适的机会。这一过程包括两个步骤：首先是通过对整体的市场环境以及一般的行业分析来判断该机会是否存在广泛意义上的有利的商业机会，Noel. J 和 Justin Craig 称之为机会的标准化识别阶段（normative opportunity recognition phase）；第二步是考察对于特定的创业者和投资者来说，这一机会是否有价值，也就是个性化的机会识别阶段（individual fit opportunity recognition phase）。

第三阶段：机会评价（opportunity evaluation）。实际上这里的机会评价已经带有部分"尽职调查"的含义，相对比较正式，考察的内容主要是各项财务指标、创业团队的构成等，通过机会评价，创业者决定是否组建企业、吸引投资。

事实上，机会识别和机会评价是同时存在的，创业者在对创业机会识别过程中一定存在有意无意的评价活动。在他们的分析框架中，机会识别和机会评价并非是完全割裂的两个概念，创业者在机会开发的每一步，都需要进行评估，也就是说，机会评价伴随于整个机会识别的过程中。在机会识别的初始阶段，创业者可以非正式地调查市场的需求、所需的资源，直到断定这个机会值得考虑或是进一步开发，在机会开发的后期，这种评价变得较为规范，并且主要集中于考察这些资源的特定组合能否创造出足够的商业价值。

2. 影响创业机会识别过程的因素

影响创业机会识别的因素,既有创业者个体的因素,也有环境的因素。具体而言,个体因素包括先验知识、创业警觉性、学习、认知、创业经验、人力资本、性别等,环境因素包括机会类型。

(1)先验知识。

先验知识指的是个体的关于特定主题的与众不同的信息,可能是工作经验、教育或其他手段的结果(Shepherd 和 Detienne,2005),Venkataraman(1997)称之为知识走廊(knowledge corridor)。先验知识和认知特点决定了一些人能发现别人发现不了的机会(Shane 和 Venkataraman,2000)。先验知识可以分为个人爱好领域的先验知识和行业经验领域的先验知识(Ardichvili,2003)。行业领域的先验知识包括关于市场的先验知识,关于服务市场的方式的先验知识,关于顾客问题的先验知识。异质的先验知识使得即使面对同样一个技术变革,不同的创业者发现的机会也各不相同(Shane,2000)。并且先验知识也会在外来的动机(财务报酬)与机会识别之间起调节作用。如 Shepherd 和 Detienne(2005)通过实验方法得出个体关于顾客问题的先验知识越少,潜在的财务报酬对识别机会的激励作用就越大。而如果一个个体关于顾客问题的先验知识越多,越可能由于思维上的惯例(mental ruts)或者更加专注于完成一个特定任务本身,而导致潜在财务报酬对机会识别的激励作用降低,难以识别更多的创新性机会。但是他们在结论中指出,潜在的财务报酬越高,个体识别的机会数量越多,这些机会的创新性却并不一定更高;而个体关于顾客的先验知识水平越高,就越能识别出更多的更具创新性的机会。

(2)创业警觉性。

创业警觉性是当机会存在时能识别机会的一种独特的准备(Kaish 和 Gilad,1991),它和机会识别正相关。创业警觉性由创业者的社会网络、先验知识和个性特质所决定。社会网络的存在及利用将影响机会识别的成功。创业者的个人爱好领域和从事的行业领域如果能够交叉将增加机会识别的可能性。行业经验领域中的关于市场、服务市场的方式、顾客问题的先验知识与成功识别机会正相关,创业者具备与自我效能相关的乐观和创造性的个性特质将增加其创业警觉性(Ardichvili 等,2003)。

(3)学习。

学习是一个创造知识的社会过程,这个过程的中心就是获得并转换经验(Kolb,1984)。不仅静态的知识不对称影响机会识别,而且动态的学习不对称也影响机会识别。学习不对称(learning asymmetries)是指个体获得和转换经验的方式不同,即学习方式不同(Corbett,2005)。Lumpkin 和 Li-chtenstein(2005)认为,创业者或创业企业对组织学习实践的重视可以增加一个企业识别机会的可能性。具体而言,他把组织学习分为行为学习、认知学习和行动学习三种模式,把机会识别过程划分为发现阶段(包括准备、孵化、洞悉)和形成阶段(包括评估和详述)两个阶段。他们提出创业企业对认知学习越投入,则在机会识别过程中的发现阶段越有效率;创业企业对行为学习越投入,则在机会识别过程中的形成阶段越有效率。而行动学习创造了支持机会识别过程中的发现和形成阶段的开放式情境,对这两个阶段的效率都有促进作用。Corbett(2005)认为在机会识别的不同阶段有不同的学习模式与之最适合。具体地,收敛式学习最适合机会识别与开发的准备阶段,同化式学习最适合机会识别与开发的孵化阶段,离散式学习最适合机会识别与开发的评估阶段,适应式学习最适合机会识别与开发的详述阶段。Corbett(2007)指出学习过程会调节专业人力资本对机会识别的正向影响,即创业者的认知机制中存在学习不对称,"理解"的信息获取偏好和"外延"的信息转换方式相较于"捕捉"的信息获取偏好和"内涵"的信息转换方式更有利于机会识别。

(4)认知因素。

认知视角的机会识别研究认为信息和处理信息的认知能力都是机会识别所必需的(Mitchell 等,2002 和 2007)。一些人比另一些人更可能发现机会是因为他们拥有其他人所缺乏的信息(Shane,2003)。由于个体收集和处理信息的方式不同,如认知图式、认知机制、认知结构等方面的区别,不同的人将发现不同的机会(Sarasvathy 等,1998;张爱丽,2009)。Gaglio(2004)指出脑力模拟和反事实思维这两种认知启发方式将引导创业者的推理过程,驱动创业机会识别过程。具体而言,当遇到意外之事时,机会发现者比那些没发现机会的人更迅速地投入到反事实思维中,并产生更多的反设事实。在类型上,机会发现者更多进行的是阐述详尽的反事实思维,而非机会发现者更多进行的是自动的反事实思维。机会发现者产生改变因果顺序的反设事实,而非机会发现者产生的是基于同一个因果顺序的不同版本的反设事实。机会发现者与非机会发现者相比,很少被固定框架所束缚。当产生不实际或者不可行的反事实思维时,机会发现者投入到陈述可行性的额外的反事实思维,而非机会发现者则完全拒绝。Vaghely 和 Julien(2010)指出,创业者是高水平的信息处理者,他们促进信息转换和交换,并沿着一个隐性的算法有效地处理和综合丰富信息。Tumasjan 和 Braun(2012)研究了焦点调整和自我效能对机会识别过程的影响。在创业机会识别的过程中,促进焦点和自我效能是互补的。一个低水平创造性自我效能和低水平创业自我效能的个体如果拥有高促进焦点,则能识别更多更具创新性的机会。创业者的促进焦点水平与机会识别(数量和创新性)正相关,而创业者的预防焦点水平与机会识别之间无显著性关系。Gielnik 等(2012)认为商业创意的产生是机会识别的初始阶段,发散式思维对产生更多更具原创性的商业创意有直接影响,并通过产生原创的商业创意间接影响企业成长。信息多样性与发散式思维的相互作用使得在拥有多样信息的情况下,发散式思维对商业创意的产生在数量和原创性上有积极影响。而在约束信息的情况下,这种影响则不显著。产生的商业创意的原创性对企业成长有积极影响,而产生的商业创意的数量则与企业成长不相关。

(5)创业经验。

创业经验指的是个体在重复创业过程中所积累的知识,在实证研究中,通常用个体是否第一次创业或者个体创建过的企业数量来计量。Baron 和 Ensley(2006)指出,在识别机会的过程中,创业者的认知框架在发挥着作用。新手创业者强调创意的新颖、独一无二和自己的直觉,而有经验的创业者相较于新手创业者所识别出的商业机会的原型界定更清晰、内容更丰富,并更强调启动和运营一个新企业相关的因素和条件,特别是与财务回报有关的因素。通常,研究者认为创业经验和识别出的机会数量是正相关的(Gruber 等,2008)。但有学者认为企业所有权经验和识别的机会数二者之间是一种倒 U 形关系。先前创业失败的经验与在给定时期内识别的机会数之间存在倒 U 形曲线,与最新开发的机会的创新性之间没有关系(Ucbasaran 等,2009)。

（6）人力资本。

资源观视角的机会识别研究认为，企业的持续竞争优势是由企业的独特的、有价值的、难以模仿的资源决定的（Barney，1986），机会识别是资源和绩效之间连接的一个重要因素（Gruber 等，2012），而这种资源主要体现为人力资本。Gruber 等（2012）指出，教育层次越多样化，则识别的市场机会就越多。管理经验和创业经验对机会识别都有促进作用，能增加识别出的市场机会的数量，而营销经验和技术经验则对机会识别起阻碍作用，减少识别出的市场机会的数量。由专家和创业通才组成的创业团队要比由专家和管理通才组成的创业团队能识别出更多的机会。

（7）网络视角。

网络视角对机会识别的研究主要考察创业者或者创业企业的强关系、弱关系、正式关系、非正式关系、网络规模、网络强度等对机会识别的影响。如 Ozgen 和 Baron（2007）发现指导者、专业论坛和非正式行业网络这三种机会相关信息的社会来源对机会识别有正向影响，但是和亲密朋友及家庭成员之间的社会关系却并不能促进个体识别机会。模式强度在指导者、专业论坛和机会识别之间起着中介作用，而自我效能在非正式网络和机会识别之间起着中介作用，并且模式强度对自我效能有正向影响。Kontinen 和 Ojala（2011）指出，社会网络中新建立的正式关系要比已经存在的非正式关系和家庭关系对机会识别有更大的促进作用，警觉性比能动性对机会识别更有影响。而中小家族企业的小规模和管理团队的灵活性能增加对机会的警觉性。先验知识与中小家族企业的国际机会识别无直接关系。贸易展览是中小家族企业国际机会识别的主要途径。Bhagavatula 等（2010）通过研究发现创业者社会网络中的结构洞数量对创业者机会识别有正向影响，但对创业者获取资源的能力有负向影响。然而 Ma 等（2011）认为在不同的国家文化中，社会网络与机会识别之间的关系是不同的。在个人主义文化的国家里，弱联系和机会识别正相关，结构洞（桥关系）对机会识别有正向影响，但在集体主义文化的国家里却不是这样，强关系和机会识别正相关，强的桥关系与机会识别正相关，而弱的桥关系与机会识别负相关。他还指出应该对从弱联系中得来的信息进行仔细的评估。

拓展阅读 tuo zhan yue du

靠自己的智慧和勇气把握住商机

"不是我已经念过大学，就不能去做什么了，自己先把自己的手脚捆住，让机遇从手边白白溜走。"

26 岁的刘泉正为他的国联股份上市在北京和香港之间飞来飞去。

5 年前，还是中国人民大学大四学生的刘泉和他的校友钱晓钧，一个丢了到手的一家著名跨国公司的 offer，一个放弃了国家部委的体面工作，用学生证注册了自己的公司。这对相识 8 年、不离不弃的黄金搭档，从一间租来的 19 平方米的办公室里起步，在行业黄页里掘金并收获颇丰。

从准白领到没有户口的个体户

当年，曾有人不理解：放着好好的白领和国家公务员不当，甘愿做费心费力自己打拼、没有户口"漂"在北京的个体户。老板可不是那么好当的。不是吗？尽管公司已为国家上缴了几百万元税款，已为30多个外地留京的大学生解决了户口，可身为公司董事长的刘泉直到去年才有个北京户口。这还是借娶个北京媳妇的光，区长特批才解决的。

刘泉说："其实中国人特别具有创业的潜能，很多人之所以不去尝试，是因为小富即安的求舒适心理。这在现在的大学生中表现尤其明显——很多人为了一纸北京户口去自己并不喜欢的地方'当牛做马'。"

回看5年，创业的每一个细节依旧那么新鲜：那时，每天一大早，既是老板又是员工的两个年轻人，早早从位于城西的办公室出发，横穿大半个北京城，敲开一家一家客户的门，直到天黑回到办公室睡地铺，在互相的交流和打气中睡去。

一切都是最经济的：精心设计好的最省钱的乘车路线，最廉价的盒饭，中午客户午休没地方去，就找一个证券交易散户室待一会儿——那儿不收费。他们对北京的公交路线烂熟于心，只要通公交车的地方，就不坐地铁，两个人能做的事，就不聘第三个员工。

不是没有过沮丧，不是没看过别人的脸色，不是没有过缺钱的窘迫，可是坐在我眼前的刘泉却不以为苦涩："乐趣是从过程中产生的——这是我们自己的事业，是我们自身的拥有，所以感觉一切都是值得的。"

公司蒸蒸日上的生命力给了两个年轻人无穷的动力。一年后，公司进账500万元，到2000年，公司收入翻番到1100万元，2002年，收入更是翻了几番，有员工近千人。今年，国联股份完成了股份制改造，并积极酝酿在资本市场有所作为。

学生创业：起步难，守业更难

无数的学生创业在一番轰轰烈烈后成为泡沫，他们的公司却稳扎稳打。刘泉说："命运从不垂青于没有准备的头脑。学生创业，激情可贵，但更重要的是对商机的准确把握和对公司自身的准确定位。不少创业的学生起步很好，但在手里有了钱以后却不知如何用，四处开花地盲目投资、立项，钱都打了水漂，这是大忌。"

刘泉、钱晓钧和他们的国联股份一路走来，可谓学生创业成功的一个缩影：

早在上大二时，在钱晓钧组织策划的学校总经理竞聘大赛中，刘泉击败好几个MBA成为"总经理"，并和钱晓钧惺惺相惜，引为知己。两人在学业之余涉足出版业，小打小闹，在积累了创业的第一桶金的同时，创业的念头也在心中萌芽。

大四毕业时，刘泉和同学们一样忙着找工作。可是工作有着落了，甚至已经有模有样地坐了几天办公室，一直在心中按捺不住的创业梦却一直撩拨着他年轻的心。他找到好朋友钱晓钧，两颗年轻的心一拍即合，他们要做自己的老板！他们渴望把从书本上学到的知识用到市场经济的实践中去。

在学校时，两人和出版业打交道比较多，机敏的他们初识行业黄页，并敏锐地意识到这是一个值得开掘的黄金地。

朋友从国外带回的一本旧金山的黄页让他们对黄页有了进一步的认识：电信的城市黄页是大众资讯，需要庞杂的号码资源和巨大的发行量，这是只有运营商才能做到的，而垂直型黄页是纵向做某个行业的，例如机电行业黄页。"行业企业只认行业资源，比如一个发电企业只认与电力行业相关的媒体开发商，固话运营商做不来，所以，像国联股份这样的业外资本才有机会。"

更为关键的是,信息产业部当时明确表态,投资黄页开发符合产业政策,任何领域的资本都可介入。刘泉和他的国联股份瞄准商机,乘势而起。

事业做大了,刘泉和钱晓钧却没有沾沾自喜,他们有更多的事要做,他们要把手中的"个体小作坊"变成一个遵守市场游戏规则的现代企业。

创业之初,公司根本谈不上财务管理,两个人赚了钱就放在保险柜里,谁用谁拿。只是有一个手写的流水账,公司的赢利、支出记个大概。而今,公司的财务管理全部电算化,还专门从一家著名的会计师事务所挖来一个香港人做财务总监。

他们不断完善公司的用人机制,不拘一格使用人才。从选拔、培训、绩效考核,到职业生涯设计,无不有现代管理体制公司的风范。

"在就业市场上,大学生和民工的交换价值本质是一样的"

从学生娃到行业垂直黄页传媒运营商,他们走得稳稳当当。谈及大学生自主创业就业,刘泉非常欣赏"从天之骄子到有知识的普通劳动者"的说法:"在就业市场上,其实,一个大学生和一个没有文化的民工,在和社会进行个人价值的交换时,其本质是一样的。只不过一个靠脑力,一个靠体力。大学生这个身份不应该成为大学生求职的一个羁绊,大学里学到的文化知识应该是你成长的基石,是你在社会上谋生时的一个武器。不是我已经念过大学,就不能去做什么什么了,自己先把自己的手脚捆住,让机遇从手边白白溜走。"

"自己创业的大学生,不要把希望寄托在政府给你多少优惠扶持政策上。成功的企业必将接受市场的考验,'无形的手'是唯一的真理。市场经济是公平的,虽然付出不一定能得到,但不付出一定什么也得不到。"

谈及大学生就业难,学投资出身的刘泉说:"人力资本是一种资源,是一个人和社会进行价值交换的资本。教育也是一种投资,投资就是有风险的。华尔街的博士也一样有失业的可能。关键是心态。把社会的职业需求和个人的职业素质很好地结合起来,这个人就不愁找工作。"

刘泉曾在公司成立的第12天,就拥有了第一个广告客户,在第一个月里就有了七八万元的广告业绩。他说,我不是一个广告天才,我靠的也不是回扣,我推销的是我的 idea(思想)。有头脑的创意和平和地与人打交道的姿态,是他与客户从陌生到生意伙伴的秘诀。

想当初,曾有人惊讶刘泉这个敲门而入的业务员谈吐不俗,当知道他是个大学生时又惊讶于他为什么要做走街串户的业务员。刘泉每每心里总是在偷着乐:"你还不知道我就是公司的老板呢!"

第三节　创业机会的评价

学习目的与要求
xue xi mu di yu yao qiu

通过本节学习,学生应达到如下要求:

1. 了解创业机会评估的标准。

2. 了解创业机会评估方法的种类、特点。

对于创业者而言,发现创业机会是一个方面的问题,而另一个方面的重要问题是对创业机会的评价,这是一个关系到创业者未来创办企业的市场价值的关键环节。据有关学者的研究,大约有60%~70%的创业计划在其开始阶段就被放弃,主要是因为这些计划不符合创业者的评价准则。

一、评价标准

不是每个创业机会都会给创业者带来益处,每个创业机会都是存在一定风险的。所以,创业者在利用创业机会之前,不要盲目做出选择,需要慎重考虑,要对创业机会进行科学的分析与评价。因为创业机会既有益处也存在风险。

评价离不开标准,对于创业机会的评价主要基于以下标准:

1. 盈利时间

有价值的创业机会是项目可能在两年内盈亏平衡或者取得正现金流。如果取得盈亏平衡和正现金流的时间超过3年,对于创业者的要求就高了,因为大多数创业者支撑不了这么长的时间,其他的投资者和合作伙伴也没有这么长时间的耐心,这种创业机会对他们的吸引力就大大降低了。除非有其他方面的重大利好,一般要求创业机会具有较短的获得盈利时间。

2. 市场规模和结构

如果市场规模和价值大小,往往不足以支撑企业长期发展。而创业者若进入一个市场规模巨大而且还在不断发展的市场,即使占有很小的一个份额,也能够生存下来度过发展期,并且即使存在竞争对手也不担心,因为市场足够强大,构不成威胁。一般说来,市场规模和价值越大,创业机会越有价值。

3. 资金需要量

大多数有较大潜力的创业机会需要相当大数量资金来启动,只需少量或者不需要资金的创业机会是极其罕见的。如果需要过多的资金,这样的创业机会就缺乏吸引力。有着较少或者中等程度的资金需要量的创业机会是比较有价值的,创业者需要根据自身的资金实力和可以动用的资源来评价创业机会,超出能力范围的不应考虑。

4. 投资收益

创业的目标就是要获得收益,这要求创业机会能够有合理的盈利,包括较高的毛利率和市场增长率。毛利率高说明创业项目的获利能力强,市场增长率表明了市场的发展潜力,市场增长使得投资的回报增加。如果每年的投资收益率能够保持在25%以上,这样的创业机会是很有价值的;而如果每年的投资收益率低于15%,一般不能够对创业者和投资者产生很大的吸引力。

5. 成本结构

竞争优势的来源之一就是成本,较低的成本会给创业企业带来较大的竞争优势,使得该创业机会的价值较高。创业企业靠规模达到低成本上升是比较可行的,低成本的优势大多来自于技术和工艺的改进以及管理的优化,创业机会如果有这方面的特质,对于创业者来说是非常有利的。

6. 进入障碍

如果面临着进入市场的障碍,那么就不是一个好的创业机会。比如存在资源的限制、政策的限制、市场的准入控制等,都可能成为市场进入的障碍,削弱了创业机会。

7. 退出机制

有吸引力的创业机会应该有比较理想的获利和退出机制,便于创业者和投资者获取资金及实现收益。没有任何退出机制的创业企业和创业机会是没有太大吸引力的。

8. 控制市场程度

如果能够对渠道、成本或者价格有较强的控制,这样的创业机会比较有价值。如果市场上不存在强有力的竞争对手,控制市场的程度就比较大。如果竞争对手已有较强的市场控制能力,例如掌握了原材料的来源、独占了销售渠道、取得了较大的市场份额、对于价格有较大的决定权,在这种情况下,新创企业的发展空间就很小。除非这个市场的容量足够大,而且主要竞争者在创新方面行动迟缓,时常损害客户的利益,创业者才有可能进入。

二、评价指标

评价指标可以从财务、顾客、内部因素、创新与成长四个维度来构建。

1. 指标解读

(1)财务。

目标是解决"股东如何看待我们"这一类问题。告诉企业者及创业团队他们的努力是否会对新创企业的经济收益产生积极的作用,因此财务指标是其他三个方面的出发点和归宿。总之,财务指标是描述预期的投资回报及财务风险。主要包括预期内部报酬率、预期投资回报率、投资回收周期等。

(2)顾客。

目标是解决"顾客如何看待我们"这一类问题。顾客指标主要解决企业为谁提供及提供什么的问题。顾客评价是通过顾客的眼睛来看一个企业,从价格、质量、服务和成本几个方面关注市场份额以及顾客的需求和满意程度。顾客评价是衡量创业机会的最重要的标准,也是创业机会能持续存在的根本。

(3)内部因素。

内部因素的目标是解决"我们擅长什么"这一问题。顾客和财务因素都属于外部因素,为了满足股东投资和顾客的需求,创业者必须创造性地整合其内部资源,这些资源既包括人的因素如创业者、创业团队等,也包括物的因素如创业资源、创业者的网络等。内部因素反映了新创企业的核心竞争力。

(4)创新与成长。

目标是解决"我们是在进步吗"这一类问题,创新与成长是企业未来成功的基础,涉及人员、信息系统和市场创新等问题。主要包括创业团队是否有持续进步的潜力、创业机会是否有增长的潜力、创业机会对环境的适应能力及创业者抗风险的能力等。

2. 评价指标之间的内在联系

财务指标是创业者最终的追求和目标,也是机会存在的根本物质保证;而要提高企业的利润水平,必须以客户为中心,满足客户需求,提高客户满意度;要满足客户,就必须加强自身建设,提高企业内部的运营效率;提高企业内部效率的前提是创业者和创业团队的学习与发展。也就是说这四个方面构成一个循环,从四个角度解释新创企业在发展中所需要满足的四个因素,并通过适当的管理和评估促进新创企业的发展。可以说它们基本囊括了创业机会成功的几个关键因素。

拓展阅读 tuo zhan yue du

联邦快递创业之路

联邦快递(Federal Express)公司成立于1973年,全球总部设在美国的田纳西州孟菲斯,另在中国香港、加拿大安大略、多伦多和比利时布鲁塞尔设有区域总部。

目前,联邦快递在全球拥有148 000名员工,拥有大约1 200个服务中心,超过7 800个授权寄件中心,435 000个投递地点,45 000辆货运车,662架货机,服务机场覆盖全球365座大小机场,服务范围遍及全世界210多个国家,日平均处理的货件量多达330万份。

联邦快递以其无可比拟的航空路线权以及强固的信息技术基础设施,在小件包裹速递、普通递送、非整车运输、集成化调运系统等领域占据了大量的市场份额,成为全球快递运输业泰斗,并跃入世界500强企业。

联邦快递公司的创立者、总裁弗雷德·史密斯的父亲是位企业家,创立了一家经营很好的巴士公司。20世纪60年代,弗雷德在耶鲁大学读书,他撰写过一篇论文,提出一个超越传统上通过轮船和定期的客运航班运送包裹,建立一个纯粹的货运航班,用以从事全国范围内的包裹邮递的设想。这是一个开创性的创业设想。

弗雷德在论文中提出,在小件包裹运送上采纳"轴心概念",并利用寂静的夜晚通过飞机运送包裹和邮件。可是老师并未认可这个创新理念,这篇论文只得了个C。

毕业后弗雷德曾在越战中当过飞行员。回国后他在可行性研究基础上,把从父亲那里继承的1 000万美元和自己筹措的7 200万美元作为资本金,建立了联邦快递公司。实践证明:弗雷德的"轴心概念"的确能为小件包裹运输提供独一无二、有效的、辐射状配送系统。

弗雷德的出奇之处不仅在于小件包裹运输采纳"轴心概念"的模式创新,更在于他能够把人们忽略的时间运用起来,把本来是低谷的时段变成一种生意的高峰期。

田纳西州的孟菲斯之所以被选择作为公司的运输中央轴心所在地,首先,是因为孟菲斯为联邦快递公司提供了一个不拥挤、快速畅通的机场,它坐落在美国中部地区;其次,是因为孟菲斯气候条件优越,机场很少关闭,正是由于摆脱了气候对于飞行的限制,联邦的快递竞争潜力才得以充分发挥。每到夜晚,就有330万包裹从世界各地的210多个国家和地区起运,飞往田纳西州的孟菲斯。

成功的选址也许对其安全记录有着重大贡献,在过去的30多年里,联邦快递从来没有发生过空中事故。联邦快递的飞机每天晚上将世界各地的包裹运往孟菲斯,然后再运往联邦快递设有直接国际航班的各大城市。虽然这个"中央轴心"的位置只能容纳少量飞机,但它能够为之服务的航空网点要比传统的A城到B城的航空系统多得多。另外,这种轴心安排使得联邦快递每天晚上飞机航次与包裹一致,并且可以应航线容量的要求而随时改道飞行,这就节省了一笔巨大的费用。此外,联邦快递相信:"中央轴心"系统也有助于减少运输上的误导或延误,因为从起点开始,包裹在整个运输过程都有一个总体控制的配送系统。

弗雷德专门用于包裹邮递的货运航班,为全国以及后来为全世界客户提供了方便、快捷、准时、可靠的服务,创新的营销模式为其提供了低成本、高效、安全和全天候的物流系统,因而联邦快递迅速发展,从创业到成长为世界 500 强企业只用了短短 20 多年时间。

本章小结

创业机会的识别,就是要发现真正的创业机会,发现对于创业者或创业团队最具价值的创业机会。发现真正的创业机会,即创业机会识别的过程。这个过程包括机会的搜寻、机会的识别、机会的评价,并且不同于一般性商机,创业机会的识别是一个反复探索的过程,是将"创业的冲动"变为"理性的创业"的关键环节。创业者的先前经验、领域知识、人力资本、网络视角,对财务、顾客、内部因素等创业指标的解读,对创业机会的识别产生影响。

因此,识别创业机会,在于结合创业者自身优势,针对性评价创业机会,从寻找细分市场商机做起,进行全面的收益分析。

参考文献及材料

1. 董青春,董志霞.大学生创业基础[M].北京:经济管理出版社,2012.

2. 徐俊祥.大学生创业基础知能训练教程[M].北京:现代教育出版社,2014.

3. 王艳茹.创业基础课堂操作示范[M].北京:北京师范大学出版社,2014.

4. 李家华,张玉利,雷加骕.创业基础[M].北京:清华大学出版社,2015.

5. 刘辉,李强,王秀艳.大学生创新创业教程[M].上海:上海交通大学出版社,2016.

教学过程

章节	内容	时间	授课方法	教具
课程导入	创业是什么	5 分钟	提问、讲授	PPT
第一节 什么是创业机会	机会和创业	5 分钟	讲授	PPT
	创业机会的本质	10 分钟	讲授	PPT
	创业机会的构成要素	15 分钟	讲授	PPT
第二节 创业机会的来源与识别	创业机会的来源	10 分钟	讲授	PPT
	创业机会的识别过程	10 分钟	提问、讲授	PPT
	影响创业机会识别的因素	15 分钟	讲授	PPT
第三节 创业机会的评价	创业机会的评价标准	10 分钟	讲授	PPT
	创业机会的评价指标	15 分钟	讲授	PPT

第三章

创新思维与创意

通过本章学习，了解创新思维的概念、类型，掌握创新思维的训练方法，并学会如何将创新思维转化为产品和服务创意。

重点：创新思维的概念，创新思维的训练方法，如何形成产品和服务创意。

难点：学会如何将创新思维转化为产品与服务创意。

第一节 什么是创新思维

通过本节学习，学生应达到如下要求：

1. 了解创新思维的概念。

2. 掌握创新思维的训练方法。

人工牛黄的产生

天然牛黄是一种非常珍贵的中药材，具有清热解毒的功效。它实际上是异物进入牛的胆囊后，胆汁聚集在异物周围形成的一种结石。由于并不是所有的牛都会有胆结石，所以人们能够收集到的天然牛黄很稀少，天然牛黄价格可比黄金。而市场上还有一种人工牛黄，是从猪胆汁中提取出相关物质配制成的，其价格不到天然牛黄的 0.5%，但药效不好，很难满足配制传统特效中药的需要。为了迎合这个巨大市场需求，一家制药厂联想到人工将异物放入河蚌体内能培育出珍珠，便找来了一些低价的菜牛，通过手术把一些异物放到牛的胆囊里，经过反复实验，最后果然从牛的胆囊里取出了人工牛黄，而且药效和天然牛黄完全相同。这一成功为这家制药厂带来了巨大经济效益。

本案中制药厂的成功得益于运用了一种创新思维，那就是联想式创新思维。

一、创新思维的概念

1. 创新思维的定义

创新思维是指突破常规思维的界限，以超常规甚至反常规的方法、视角去思考问题，提出与众不同的解决方案，从而产生新颖的、独到的、有社会意义的成果的思维活动。

创新思维有广义与狭义之分。一般认为人们在提出问题和解决问题的过程中，一切对创新成果起作用的思维活动，均可视为广义的创新思维。而狭义的创新思维则是指人们在创新活动中直接形成创新成果的思维活动，诸如灵感、直觉、顿悟等非逻辑思维形式。

创新思维是人类创造力的核心和思维的最高级形式，是人类思维活动中最积极、最活跃和最富有成果的一种思维形式。人类社会的进步与发展离不开知识的增长与发展，而知识的增长与发展又是创新思维的结果。

2. 创新思维的特性

（1）能动性。

能动性指对外界或内部的刺激或影响做出积极的、有选择的反应或回答。人的能动性与无机物、有机生命体、高等动物的能动性有别，称为主观能动性。其特点是通过思维与实践的结合，主动地、自觉地、有目的地、有计划地反作用于外部世界。能动性是人类思维的重要特性。创新思维是人类独有的心理活动过程，是人类智能的核心，能动性也是创新思维的重要特性。

（2）变通性。

变通性就是克服人们头脑中某种自己设置的僵化的思维框架，按照某一新的方向来思索问题的过程。变通性需要借助横向类比、跨域转化、触类旁通，使发散思维沿着不同的方面和方向扩散，表现出极其丰富的多样性和多面性。比如在做证明题时，当顺着很难做下去的时候，会用反证法来说明是错的，从而完成证明。

（3）独创性。

这是创新思维的基本特性。创新思维是新颖独特的思维活动，它打破传统和习惯，不按部就班，解放思想，向陈规戒律挑战，对常规事物产生怀疑，否定原有的框框，锐意改革，勇于创新。在创新思维活动中，人的思维积极活跃，能从与众不同的新角度提出问题，探索开拓别人没认识或者没完全认识的新领域，以独到的见解分析问题，用新的途径、方法解决问题，善于提出新的假说，善于想象出新的形象，思维过程中能独辟蹊径、标新立异、革新首创。独创性是目标不变（解决问题），但所采用的方法是以前没有用过的，或不是常规的、符合常理的，因而谓之独创。变通性是目标不变（解决问题），所采用的方法也是常规方法，但其表现形式和实施过程，又与常规有所不同或者迂回达到，因而谓之变通。独创性有革命的味道，变通有改良的理念。

（4）敏感性。

创新思维的敏感性，是指能敏锐地观察和认识客观事物的性质、特征，从而获得灵感。客观事物纷繁复杂，所表现出的特征也各式各样，如何正确区分和识别它们的特点与联系，这与人的思维敏感性密切相关。具有敏感性思维的人，他们所表现出的创新能力也较强。语言是在人们的劳动生活中逐渐创造和丰富的，汉语言文学里，就有许多词汇和诗句，典型反映了思维的敏感性特征,第一个创造和使用这些词汇和诗句的人,他们思维的敏感性无疑是很强的。"窥一斑而知全豹","一叶知秋",从一块斑纹了解豹子全身的花纹,从第一片落叶的飘零感知秋天的来临,都是从某一表象的特征而敏锐地觉察出事物的性质。

二、创新思维的类型

1. 延伸式思维

借助已有的知识,沿袭他人、前人的思维逻辑去探求未知的知识,将认识向前推移,从而丰富和完善原有知识体系的思维方式。

2. 扩展式思维

拓展已有研究对象的范围,从而获取新知识,使认识扩展的思维方式。

3. 联想式思维

将所观察到的某种现象与自己所要研究的对象联系起来思考,从而获得新知识的思维形式。

4. 运用式思维

运用普遍性原理研究具体事物的本质和规律,从而获得新的认识的思维形式。

5. 逆向式思维

将原有结论或思维方式予以否定,而运用新的思维方式进行探究,从而获得新的认识的思维方式。

6. 幻想式思维

人们对在现有理论和物质条件下,不可能成立的某些事实或结论进行幻想,从而推动人们获取新的认识的思维方式。

7. 奇异式思维

对事物进行超越常规的思考,从而获得新知识的思维方式。

8. 综合式思维

在对事物的认识过程中,将上述几种思维形式中的某几种加以综合运用,从而获取新知识的思维形式。

三、创新思维的障碍

1. 思维定势

(1)什么是思维定势。

思维定势又叫"惯性思维",当我们长期处于某个环境中,多次重复某一活动或反复思考同类问题时,头脑中会形成的一种思维习惯或"定向趋势"。此后再遇到类似问题时,这种思维定势会自动支配思维活动,即使客观因素改变仍无法改变其影响。心理学认为,思维定势是由先前的活动而造成的一种对此类活动的特殊的心理准备状态,或倾向性定势。比如,让一个人连续多次看两个大小不等的球,再让他看两个同样大小的球,他也会感觉大小不等,因此,思维定势被认为是已有的思维对新形成思维的影响。

思维定势本身不是一个贬义词,它既有积极作用,也有消极作用。思维定势提供思维的方向,可以让人们迅速应用已有的知识和经验解决问题,节省大量时间和精力,也有利于进行更深入的思考,这是思维定势的积极作用。

在相反情况下,思维定势是一种惰性的体现,人类为了节省时间和精力,在处理问题时会优先按照习惯或定势来进行,思维变得僵化而没有活力,发散思维和创新思维受到抑制。这是思维定势的消极作用,它的影响无处不在。在古代守株待兔的故事里,一只野兔因受到惊吓,慌乱之下一头撞在田间树桩上死了。这本是一个偶然事件,但一旁的那个宋国农民却把它当成了必然事件,并总结成个人经验。在这个经验形成的思维定势作用下,宋国人不再想着好好种地,而是日夜守在树桩旁,以为自己还可以捡到撞死的兔子。他最终不仅没有捡到兔子,反而被当时的人讥笑。

在创新活动中,我们最大的阻碍就是思维定势,因此,要进行创造性思维,我们必须打破思维定势。

（2）思维定势的特点。

① 思维定势是一种思维模式。

在思维活动过程中,不同的思维内容通过固定的路线、方式、程序或模式表现出来,这种固定的思维路线、方式、程序或模式就是思维定势。

② 具有强大的惯性和顽固性。

思维定势是一种本能反应,它藏于意识深处,总在不知不觉中影响人们的行为,成为一种思维习惯。下面是我们现在使用的电脑和英文打字机键盘上的字母排列顺序。

Q W E R T Y U I O P

A S D F G H J K L

Z X C V B N M

19 世纪 70 年代,当时打字机的键盘和现在不一样,26 个英文字母按钮是按顺序排列的,由于工艺还不成熟,字母键在击打之后弹回的速度跟不上熟练的打字员的击键速度,经常出现同一字母键无法快速连续击打的现象,严重影响了打字速度。为了改进打字机,很多人做了很多尝试,但由于当时人们抱着"提高字母键的弹回速度"这一思维定势,只从这一个途径来寻找解决方案,始终没能获得满意的结果。直到后来,有一名工程师觉得只有打破原有的思维定势,才能避免同样的失败,于是他把 26 个字母不再按原来的顺序排列,并把经常使用到的几个字母键分散在键盘各处,这样打字员为了找到所要的字母就要降低击键速度,字母键弹回的速度就可以跟上其打字速度,整体速度反而得以提高。这一新思路,成就了我们现在的键盘。26 个字母的这种无规则排列正是对思维定势的一次典型突破。

今天,随着科学技术的发展,字母键的弹回速度早已解决,戏剧地出现了"键盘的排列顺序影响了打字速度",于是人们又设计出多种字母排列更合理的键盘,但人们已经习惯了原有的键盘,又无法接受采用新排列方式的键盘了。从这一键盘的演变过程中,我们显然深深体会到,思维定势一旦形成后,就具有极强的顽固性。改变它并不是轻而易举的事,总要经过长时间的挣扎和斗争。

（3）思维定势的各种不同形式。

① 经验思维。

一位心理学家买了一只非常漂亮的鸟笼送给他的朋友乔,并打赌说:"你一旦有了这只空鸟笼,只要你挂在客厅中,那么迟早你会放进去一只鸟。"乔同意打赌,并把鸟笼挂在客厅的桌子边。结果,每当有人来拜访他就会问:"乔,你笼子里的鸟呢?"乔立刻回答:"我没打算养鸟的。""那你把这只空鸟笼挂在这里干吗?"乔不知如何回答是好。此后,只要有人看到乔客厅中的空鸟笼,都会向他提出同样的问题,乔被问得烦躁不安,为了避免一直被追问的难受境况,乔只好买了一只鸟装进了空鸟笼里。心理学家解释说,人们认为"有笼必有鸟",于是往往会根据这样的经验来对事件做出判断,买一只鸟比解释为什么他有一只鸟笼要简便得多。

② 固定思维。

固定思维指的是人们对某一类人或事物产生的比较固定的看法。美国一例著名的动物实验展现了什么是固定思维。科学家在水族池中用玻璃板把一条具有攻击性的大鲨鱼和一条小鱼隔开。这条大鲨鱼一开始便冲向隔壁的小鱼,企图捕食它。但每次都被坚硬的玻璃隔板挡住。碰壁多次之后,受伤的总是鲨鱼,于是它不敢再尝试了。这时,科学家悄悄把隔板移开。出人意料的是,大鲨鱼仍然不再攻击小鱼,只在自己的范围内活动,只当小鱼不存在一样。

人在认识世界的过程中会形成很多固定思维,这些固定思维经常有利于我们迅速做出判断,但有时判断却是错误的。同时,在固定思维的作用下,不轻易接受改变是大多数人在和他人交往时普遍出现的一种现象。

③ 惯性思维。

所谓惯性思维就是思维顺着以往思路一直向前进行,不顾是否有其他可能的路径,有时甚至更好的办法也被拒之门外。

世界著名的科普作家、美籍俄国人阿西莫夫曾经讲过一个寓意深刻的故事。他说自己从小就很聪明,年轻时智商测试的得分总在160左右,被认为是绝顶聪明。有一次一位汽车修理工对阿西莫夫说:"我的博士先生,我给你出一道智力题,看你是不是真的有那么聪明。"阿西莫夫欣然接受了考验。修理工带着严肃的表情说道:"一个聋哑人要买铁钉,他走进五金商店把左手食指树立在柜台上,然后把右拳握起来做出敲击的动作。售货员看到他这样的手势,就先给他拿了一把锤子,聋哑人摇摇头。于是售货员明白了,马上给他拿来了他想要的钉子,聋哑人很快就买好钉子走了。接着又进来一位盲人。请问这位盲人如果想要一把剪刀,他将会怎么做呢?"阿西莫夫马上一边伸出自己的食指和中指,做出剪刀的形状,一边得意地答道:"盲人肯定会这样——"没想到阿西莫夫刚刚说完,修理工就哈哈大笑起来:"哈哈,你这个做法多此一举!盲人又不是不会说话,他如果想买剪刀,只要开口说一下就行了,哪里还需要做手势啊!"阿西莫夫羞愧地承认自己确实愚蠢。而那位汽车修理工在此之前就对周围的人说阿西莫夫肯定会答错,他调侃道:"阿西莫夫所受的教育太多了,已经变得不那么聪明了!"

人们根据以往的知识和经验积累,逐渐形成一种判断事物的思维习惯和固定倾向,从而形成思维定势。

④ 从众思维。

从众思维指个体受到他人的影响,而在自己的知觉、判断、认识上与公众舆论或多数人保持一致。有科学家曾做过一个实验:将四只猴子关在一个密闭的房间里,每天喂很少的食物,让猴子一直处于饥饿状态。数天后,实验者在房间上面的小洞放下一串香蕉,饥饿的猴子冲上去拿香蕉,可是每当它们去拽香蕉时,香蕉就会触动上方的一个机关,机关泼出的热水会烫伤猴子。几只猴子都做了尝试,均被热水烫伤。于是猴子们只好眼巴巴地看着香蕉,不敢上前。一段时间后,一只新猴子换走了房间里的一只老猴子,当这只新猴子要尝试去吃香蕉时,其他三只猴子立刻发出危险警告,制止新猴子进行尝试。更让人吃惊的时,当又一只新猴子被实验者换进房间时,不仅剩下来的两只老猴子制止新进来的猴子拿香蕉,连没见到过拿香蕉会被热水烫的第三只猴子也极力阻止它。

实验继续,当最初的四只猴子都已被换出房间时,仍没有一只猴子敢去碰香蕉。即使上方的热水机关也被撤掉了,而香蕉与热水相连的"群体思维"束缚着进入笼子的每一只猴子,使它们对唾手可得的美味香蕉奉若神明,谁也不敢越雷池一步。

⑤ 直线思维。

直线思维是指人们在处理问题时用一维的、单向的局限视野和思路,不能进行辩证性思考。有一个有趣的传说,讲的是一个老人养了17头骆驼,他死后的遗嘱给三个儿子留下了一个难题:大儿子可以得到骆驼的二分之一,二儿子可以得到三分之一,小儿子可以得到九分之一,但是不准把任何一头骆驼宰了再分。正当儿子们百思不得其解之时,一位哲学家骑着骆驼路过,他得知三个儿子遇到的难题后,提出把自己的那一只骆驼放到 17 只骆驼里,这样就变成了 18 只骆驼。儿子们依父嘱分别得到了二分之一(9 只)、三分之一(6 只)和九分之一(2 只)骆驼,加在一起却还是 17 只。剩下的那只骆驼又被哲学家牵了回去。

故事中的三个儿子紧盯着 17 只骆驼,受着直线思维的束缚。而哲学家先"借"后"还",运用变通智慧,使难题豁然开朗、迎刃而解。

但另一方面,直线思维可以用最简洁的思维历程和最短的思维距离直达事物深层意义。客观对象所包含的问题往往是多元的,直线思维可以把多元问题变为一元问题,使其中一个问题突显出来,把其余问题撇开,或者把复杂问题归结为一个简单问题,然后予以处理,有时反而能起到意想不到的结果。

⑥ 习惯思维。

习惯思维是指人们的思维受保守力量的束缚,总是习惯用老眼光来看新问题,用曾经被反复证明有效的旧概念去解释变化世界的新现象,不敢尝试和冒险,因循守旧,这样经常白白地葬送大好的时机和自身无限的潜能,不可避免地要遭受挫折和失败的命运。

一头小象被卖到了马戏团,为了防止它跑掉,它的脚被人用铁链锁住,一直拴在一棵大树上。小象一开始企图挣脱时,进行了多次的尝试,不仅没有成功逃脱,锁着铁链的脚反而被磨得鲜血直流,小象吃够了苦头。当小象长成大象后,可以挣脱脚上的铁链时它也不挣扎,甚至只要有条绳子绑在它的脚上,它就会一直待在原地,不敢走动。后来,人们看到它比较听话,又把绑在它脚上的铁链换成了一条细小的绳子,但它的思维定势已经形成,不管拴住自己的是什么东西,认为再怎么努力挣扎也是徒劳无功的。有一天马戏团突然失火,人和其他动物纷纷逃命,最后都安然无恙,只有轻易可以逃脱的大象被活活地烧死了。

这是一个深刻的教训,告诉我们思维定势一旦形成,有时会造成令人惋惜的悲剧。所以我们要不断开发创新思维,尽可能地消除思维定势带来的影响。

⑦ 逻辑思维。

逻辑思维指人们在认识事物的过程中借助于概念、判断、推理等思维形式能动地反映客观现实的理性认识过程，又称抽象思维。

思维本应符合逻辑，不符合逻辑的思维矛盾百出，但有时一味遵循逻辑反而有碍创新。逻辑规则奉行无矛盾守则，在剖析事物本质时要求一致而无矛盾，但人类生活中的大多数事件均含糊不清，人类生存的根本特征实际上就是不一致性与矛盾性，仅仅依靠逻辑不但无法解决问题，反而容易阻碍人们对未知世界的感觉与探索。人们遇到的问题经常需要创造性地解决。创造性思维属于非常规性思维，本身就是一种打破常规的、另辟蹊径的、更多地依靠非逻辑思维的思维活动。

⑧ 非此即彼的思维。

此思维认定事情只有唯一的正确答案和解决办法。对好坏、胜负、优劣、成功失败、先进落后等这样对立的观念如果过于强调，就是非此即彼的思维方式。这种思维方式不符合现实生活的实际，因为现实生活中大多数情况是不好不坏、不输不赢、不优不劣、不成功也不失败、不先进也不落后。以现代企业经营管理为例，其面对的更多的是"中间地带"。事情没有好坏之分，只存在有效和无效之别；企业的人才和员工也没有绝对的优劣之分，只存在适用和不适用以及如何使用的问题；企业的性质和经营范围也很难像过去那样可以很清楚地界定，产品与服务、员工与顾客、工业与商业逐渐走向交互融合，非此即彼的思维定势将无法对这些新的变化做出合理判断。

⑨ 价值观。

价值观是社会成员用来评判客观事物有无价值、价值大小以及如何创造价值等问题的根本观点。价值观引导和支配着人们的一切社会活动，涉及个人的成长、改造客观世界的活动等各个领域。价值观通过人们的行为及对待事物的态度反映出来，是人从事一切社会实践活动的内在动力，具体表现在以下两个方面：

首先，价值观对人们认识世界和改造世界起着关键性作用。在面对同一个问题时，不同的个人或者团体可能会做出完全不同的选择，导致他们做出不同选择的关键因素就是他们的价值观不同。人的认识活动和实践活动都受价值观的制约和支配，价值观不同，人们对待客观事物的态度和评价不同，在认识世界和改造世界的活动中的动机模式就不同，最后产生的行为以及行为导致的后果也必然不同了。

其次，价值观引导着人们选择什么样的人生道路。价值观也是人们对自我行为的意义、作用、效果和重要性的总体评价，是心灵深处用于区分好坏、是非的准则，这些准则决定着个人知道未来应该做什么、怎样做，设计自己未来的方向和目标。所以，它对个人的人生选择和人生道路有导向作用。

价值观也影响人们的创新思维。价值观是因人而异的。每个人的先天条件和后天成长环境不同，人生经历也不尽相同，这对个人价值观的形成会产生重大影响，从而形成不同的价值观。价值观和价值观体系不同的人，即使处在相同的客观条件下，其创新思维的模式也是不同的。

价值观还影响着企业的创新活动取向。实际上，对企业的创新活动起决定作用的是企业领导本人的核心价值观，即对企业创新思维起关键导向作用的价值观要素。郑俊怀和牛根生本是共同创业的合作伙伴,可是随着伊利集团公司规模的扩大,两人的分歧也逐渐显露出来。郑俊怀喜欢稳扎稳打、稳中求胜,而牛根生却倾向大胆挺进和"超常规成长",不同的思维理念最终导致两个事业合作伙伴分道扬镳。两个人的事业和命运因此走上截然相反的道路,从而导致今天伊利集团和蒙牛集团两种不同的发展轨迹。

总之,价值观是一种思维定式。价值观的形成受环境和教育的影响,是日积月累培养而成的,并非一朝一夕而就的,因此价值观是相对稳定的,反映了一种持久性的内心价值倾向和思维方式。也可以说价值观的形成过程就是某种思维定势产生的过程,每种价值观都会有与之对应的思维定势,这种思维定势在一定程度上影响着创新思维的发挥。正确的价值观对创造性地解决问题的思维能力具有促进作用,反之,错误的价值观对此必然会造成阻碍。价值观不是一成不变的,由于环境和教育的改变,也可能发生变化。因此,要努力克服价值观造成的思维障碍,正确发挥价值观对企业创新活动的导向作用,激发创新思维。

2. 偏见思维

偏见是对某一个人或团体所持有的一种不公平、不合理的消极否定的态度。美国著名心理学家弗洛姆说过:"人们的所有思想、观念、逻辑、语言和宗教信仰,所有的心理活动都已构成了一个网状系统。这个网状系统犹如一个带有偏见的漏斗,只有能够穿过这些网的信息,才能被你的经验所接纳,否则你就会视而不见。"法国大哲学家狄德罗也说过这样一句话:"我很肯定,全世界所有说自己看见过鬼的人,事先都是怕鬼的人。"这句话包含着深刻的道理,只有心中有鬼才能看到鬼,不相信有鬼的人是看不到的。

偏见有时候会严重地阻碍人们的思维。我们亲眼看到或亲耳听到的事,不一定都是事实,不能因为谁的官大、谁的权力大,他就比别人正确,就可以盲目拍板。很多所谓的事实在我们接受过程中被打上了主观偏见的烙印。而且,随着人们经验的增加、知识的积累、年龄的增长,偏见会变得更加顽固。所以鲁迅先生说过"人生识字糊涂始"的话,英国科学史家贝尔纳也说过:"我们的后半生大概很多情况下都在清除前半生那个知识和经验所给我们带来的遮蔽和阻挡。"

(1) 经验偏见。

一头驴子驮着盐过河,在河里绊一跤,盐浸到水里溶化了很多,驴子站起来时,感到身上的东西轻了许多。驴子觉得自己获得了一个宝贵经验。于是下一回,它背着棉花过河,以为只要跌倒在水里,可以像上次一样减轻负担,于是它故意跌倒在水中。可是这一次驮的是吸水的棉花,驴子非但没能轻松站起来,反而一直向下沉,最后淹死了。

驴子机械地套用经验,受了经验偏见思维的影响,不知道运用经验时要审时度势,与时俱进。正是经验让我们敢于大胆否定,也是经验迫使我们低头认错,人们很难跳出经验,一切最大胆的幻想都可能被打上个人经验的偏见,就像作家贾平凹笔下那个农民所津津乐道的人生理想:"我当了国王,村里的粪一个不给拾,全是我的。"德波诺在《实用思维》一书中饶有兴味地描述了"乡村维纳斯效应":"在偏远的乡村,村里最漂亮的姑娘会被村民当作世界上最美的人(维纳斯),在看到更漂亮的姑娘之前,村里的人难以想象出还有比她更美的人。"在村里,这个经验是真理,对于外部世界,却成了偏见。

(2) 利益偏见。

在隐藏的利益关系中,有时我们会无意识地做出有损公正的微妙偏离,这就是利益偏见。相反,如果做出明显不公的判断,往往很容易看出其中存在利害关系,这是有意识地偏差,则不属于利益偏见,而是有意识地争取权益、规避风险。

"鸡眼思维"是一种普遍的利益偏见现象,马克思对此这样解释道:"愚蠢庸俗、斤斤计较、贪图私利的人总是看到自以为吃亏的事情,就好像一个人脚上长了个鸡眼,如果他过于在乎这个鸡眼,他把自己的鸡眼当作评价人们行为的标准,谁要是不小心踩了他的鸡眼,就会被他看成是世界上最讨厌的人。"除此之外,一般人也有利益偏见,大多数处在热恋中的人都认为自己的爱人是世上最好的人,大多数孩子也都会觉得自己的父母是世界上最好的父母。所谓"情人眼里出西施"其实就是一种典型的利益偏见思维模式。

（3）位置偏见。

每个人的思想都会受其在社会坐标体系中所处的位置影响,被打上鲜明的社会身份的烙印。黑格尔曾说:"同一句人生感悟,得自年少之人与得自年老之人是不同的,对一个老年人来说,可能是他一生艰辛磨难的总结。"尼克松因水门事件被罢黜总统职务,人生跌至谷底,这时反而悟出这样一句话来:"人在山顶不一定能看到最美的风景,从谷底抬头向上看时可能会有更惊奇的发现。"这就是古人说的"君子以思不出其位"。

在现代职场中,总有老板抱怨员工不尽心尽力为公司工作,员工也总抱怨老板太抠门,不关心下属疾苦。其实就这是各自所处的位置不同、立场不同导致双方的认知差距无法一致。

3. 封闭式思维

权威效应是人类社会普遍存在的心理现象,人们对权威怀有尊崇之情,常常将权威奉为神明,从而不加思考地以权威的是非为是非,一旦有人与权威的观点相违背,就会马上受到批判和讨伐。唯权威是从会导致人们思维的封闭,这种情况在古代尤其严重。《圣经》在中世纪西方社会的地位是至高无上的,比如《圣经》上说太阳是圣洁无瑕的,于是谁也不会相信太阳上有"黑子"。虽然一位教士曾借助望远镜观察到了太阳黑子,但他这样告诉自己:"幸好《圣经》上已有定论,否则的话,我还真以为自己看到了黑子!"

四、创新思维的训练方法

1. 分小组讨论法

随机将每两或三人分成一组,在限定时间内(通常2、3分钟),就相关的主题,互相交流和分享意见。时间结束后,各个小组集合到一起,分别汇报讨论的结果。此法又叫三三两两讨论法。

2. 头脑风暴法

Osborn于1937年开始倡导头脑风暴法,这是一种有效的新思维策略。运用该法时要集中有关专家召开专题会议,主持者以明确的方式向所有参与者阐明问题,说明会议的规则,尽力创造融洽轻松的会议气氛。主持者一般不发表意见,以免影响会议的自由气氛。由专家们"自由"地提出尽可能多的方案。在集体讨论解决方案的过程中,个人可以不受任何干扰和控制的自由发言,尽情展现自己的个性,这一点非常重要。不得用任何方式批评别人的发言,哪怕是用微小的表情和动作也不行,这是头脑风暴法的一条原则。这样做的主要目的就是使每个人畅所欲言,打开所有通道,让新观点无阻碍地涌出。头脑风暴法虽然主要以团体方式进行,但在个人思考问题和探索解决方法时,也可以运用此法激发思考。

3. 六六讨论法

在实施头脑风暴法时,将大团体分为 6 人的小组,每人只发言 1 分钟。6 分钟后各小组回到大团体中分享各组的成果并最终做出评价。

4. 心理图式法

此法主要以线条、图形、符号、颜色、文字、数字等各种方式,将意念和信息快速地提取出来,成为一幅心理图式(Mind Map)。这是一种开放性、系统性结构,既能激发使用者发散性思维,实现自由联想,又能有层次地将各类想法表现出来,以发挥全脑思考的多元化功能,从而刺激大脑得以做出多种积极的反应。

5. 曼陀罗思考法

此法要求使用者先在类似曼陀罗的九宫格正中间填上想要发挥的主题,然后自由地把周围的八个空格填满,这个填满的过程也正是创意发挥的时候。是一种没有设限的模式,特别适合用来收集灵感进行创意思考。

6. 综摄法

综摄法是由美国麻省理工学院教授威廉·戈登(W. J. Gordon)于 1944 年提出的一种利用外部事物启发思考、开发创造潜力的方法。此法以外部事物或已有的发明成果为媒介,并将它们分成若干要素,对其中的元素进行讨论研究,综合利用激发出来的灵感,以此来发明新事物或解决问题。

7. 逆向思考法

当人们按照常规方式思考问题时,常常受到经验的支配,不能全面地、正确地分析事物。而倒过来想一下,采用全新的角度看事物,却往往有所发现。这种创新技术法叫作逆向思考法。

8. 属性列举法

属性列举法,也称特性列举法,其特点是将一种产品的特点列举出来,然后针对每项特性提出改良或改变的构想。

9. 希望点列举法

这是一种不断地提出"希望""怎样才能更好"等理想和愿望,进而探求解决问题和改善对策的技法。此法是通过提出对该问题或事物的希望或理想,使问题和事物的本来目的聚合成焦点,以此来加以考虑。

10. 优缺点列举法

不断地针对一项事物的各种缺点及缺漏,并进而探求解决问题和改善对策的技法叫缺点列举法。在缺点列举法的基础上产生了优点列举分析法,其做法与缺点分析法刚好相反。

11. 检核表法

检核表法是在考虑某一个问题时,先制成一览表,对每项检核方向逐一进行检查,以避免有所遗漏。此法可以使思考变得周密,也有助构想出新的意念。

12. "七何"分析法

发明者用 5 个以 W 开头的英语单词和 2 个以 H 开头的英语单词进行设问,发现解决问题的线索,寻找发明思路,进行设计构思,从而得出新的发明项目,这就叫作 5W2H("七何")分析法。5W 是指：为何（Why）、何事（What）、何人（Who）、何时（When）、何地（Where）；2H 指：如何（How）、何价（How Much）。

13. 强制关联法

此法又称目录法，指在考虑解决某一个问题时，一边翻阅数据性的目录，一边以强迫性的方式把眼前出现的讯息和正在思考的主题联系起来，然后从中得到构想。

14. 创意解难法

美国学者 Parnes 于 1967 年提出"创意解难"（Creative Problem Solving）的教学模式，其发展自 Osborn 所倡导的脑力激荡法及其他思考策略。此模式重点在于，在解决问题的过程中，问题解决者应以有系统有步骤的方法，找出解决问题的方案。

拓展阅读
tuo zhan yue du

开口大的牙膏更好卖

美国一家牙膏企业，10 年前生产出的一款牙膏，因为品质良好，价格合理，在市场上很受欢迎，一度销售火爆。近几年来，由于市场接近饱和，销量开始停滞不前。这一问题引起公司上层的高度重视，便召集各地区、各部门的负责人商讨对策。一开始讨论来讨论去也没有找到很好的办法，最后一个年轻的经理提出了一个奇怪的建议，就是加大牙膏开口 1 mm。很多人觉得这个做法太无厘头，根本不会有用。在众人争议中，公司领导最终决定尝试一下这个建议。几个月之后，这一做法让公司的牙膏销量增加了 32%。

通常人们认为扩大广告投资和大搞促销活动可以实现销量提高，这是传统的思维方式。而本案例中，不按常理出牌，通过加大牙膏的开口，增大牙膏的使用量，从而达到牙膏销售量的提高。这种另辟蹊径的做法也是一种典型的创新思维。

"意外"出现的可口可乐

可口可乐最初是一种提神和健脑的保健药品，只在药店销售，而且销售有限，不像现在市场随处可见的大众饮料。有一天，一家药店来了一位醉酒的人，说自己头疼，需要一杯可口可乐。配药师彭伯顿就开始配制可口可乐，并让助手去取自来水，但助手因为偷懒，就随手递给了一杯苏打水。结果那个醉酒的人喝了苏打水配制的可口可乐后，精神立刻清醒了不少，竟然惊呼道："这个味道太奇妙了，好喝！好喝！"彭伯顿深受启发，随后又调整了一点原来的配方，将可口可乐作为一款日常饮品推向市场。此后，因为口味独特，还有提神醒脑的功效，可口可乐在市场上大受欢迎，几年之后便风靡全美，最后走向全世界。

在这个案例中，可口可乐的发明并不是有目的和按计划实施的过程，而是因一次偷懒，在意料之外偶然产生的，最后竟然成就了一个风靡世界的饮料。这说明"歪打正着"有时也会成为创新的来源，而人们能否将"歪打正着"转化成创新成果也十分重要。彭伯顿如果没有很好的创新思维，很可能就会丧失这个大好机会，同样也不可能在那个"意外"的基础上继续创新，最终获得成功。

小测试

1. 什么是创新思维？创新思维有哪些特征和类型？
2. 创新思维的障碍有哪些？
3. 如何训练创新思维？

第二节　产品与服务创意

学习目的与要求
xue xi mu di yu yao qiu

通过本节学习，学生应达到如下要求：

1. 了解什么是产品创意和服务创意。
2. 了解创意的来源和如何进行保护。

金莎巧克力的创意

金莎巧克力广告就是创意表现中的出色者。它借着突破常规的创意表现（不仅产品设计突破常规，广告与营销也是非同寻常），成功地在业已成熟、竞争激烈的香港糖果市场异军突起，迅速占据第一品牌地位。我们不妨来看看它的广告片是如何突破常规的。

广告片开始时，只见寂静宽敞的教堂中，一位面孔清纯的少女低头走进告诫室。接着少女期期艾艾地向神父坦白，说因抵挡不了诱惑，后悔发生了第一次！观众至此已被故事情节牵引，免不了想到是少男少女最不该犯的过失。但画面一转，少女竟解释是抵挡不了金莎巧克力独特口味的诱惑而第一次将整盒金莎巧克力吃光了。此刻，观众从女主角向神父忏悔所营造的紧张气氛中突然解脱，不禁莞尔一笑。少女继续描述金莎巧克力的产品结构及特质，这是她抵挡不住诱惑的主要理由。这样一来，观众通过故事认识了金莎巧克力独特的产品结构，而且印象极其深刻。广告到尾声时，画面中突然出现刚才聆听少女忏悔的神父，他（在吃完金莎巧克力后）向另一位神父开始坦白他的第一次……观众也为这个小转折而会心微笑，甚至乐不可支。整个故事，除交代了产品特质外，更利用了出乎意料的场景、对少女美丽的误会及神父也因贪吃巧克力而忏悔等情节，烘托出"凡人没法挡"的主题。金莎另一突破常规的广告创意表现在一巨幅海报上，海报上画着一盒金莎巧克力，其中一小块位置被撕去，像是被取走了一颗巧克力。旁边标题写着："奉告，此乃金莎海报，并非真正巧克力。"效果逼真，令人会心微笑。微笑之余，金莎巧克力也就留在了观者的脑海中。

詹姆斯·W·杨格说："创意，说穿了不过是将原本存在的要素重新加以排列组合而已。"又说："将事物重新排列组合的能力可以经由找出事物关联性的才能而提高。"虽然绕口，不过，仔细品味这句话，又确实不错，照他的话说，创意不过是将存在的东西重新加以排列组合罢了，就好比是找来许多木块，能不能搭出个漂亮房子，就看你有没有一个活络的脑子了。教堂与巧克力这两个风马牛不相及的元素在金莎广告片中兼容和谐，制造了一个出乎意料的情节，确属精彩之极！

一、创意的内涵

1. 创意的概念

创意是创造意识或创新意识的简称。它是指由对现实存在事物的理解以及认知所衍生出的一种新的抽象思维和行为潜能。

2. 创意与创新思维的关系

创意是一种通过创新思维意识,从而进一步挖掘和激活资源组合方式进而提升资源价值的方法。创新思维是创意形成的主要途径,创意是创新思维的表现形式。

二、产品创意

1. 产品创意的概念

产品创意,是指企业从自身角度考虑其能够向市场提供的可能产品的构想。这种构想出来的产品既迎合了市场本身的需求,也体现了企业或研发者自身的创造研发能力。一般来说,一个好的产品创意往往能够带动本行业的改革和创新,对于一个行业的发展有着重要意义。

2. 产品创意与产品设计的关系

产品设计指为了实现某种目的或符合某种需要,将线条、色彩、符号、数字等多个元素进行组合,并以平面或立体的形式呈现出特定的产品的操作过程。产品设计的过程是有目的、有计划和需要实际操作的综合信息处理过程。创意和设计两个概念外延都非常大,它们之间的界限并不是那么清晰,有很多交叉、重叠的地方,共同之处有以下几点:

(1) 创意与设计都强调创新。

(2) 创意与设计都是一种低投入、高附加值的行为。

(3) 创意与设计都把文化作为立足点。

创意与设计也是两个不完全相同的概念:

(1) 创意强调灵感和构思,设计强调过程和结果。

创意是设计的核心,设计虽然也重视构思,但它更强调的是后半部分的执行。

(2) 设计是有目的、有意识的活动,创意则不尽然。

在设计的过程中,从开始构思方案,到选择方案,实施方案,以及最终推广方案,每一步的意义我们都要十分清楚,而且要将最初的设计目的贯穿于整个设计过程。创意有时是完全无意识的行为,没有特定的时间、特定的地点,只是创意者一时的所思、所想,甚至他自己都不知道当时的想法有什么目的或价值。

(3) 和创意相比,现代设计更多地表现出协同合作的特征。

虽然创意者在产生创意过程中,有时也就某一问题进行讨论,互相交流自己的观点,但只会让他们受到不同的启发,与此后形成的创意不可能完全相同。即使对同一问题,两个具有不同创意思维的人,也不可能得出同样的创意。

设计过程需要交流,设计本身是一种协同工作,它的重点是多人参与、共同贡献与相互传达。一个复杂的设计任务,往往需要不同部门、不同领域甚至不同国度的人共同完成。在初始阶段,设计师与设计师之间交流资料与设计构思,设计师与客户之间交流设计方案;在产品制作阶段,设计师与模型师、工程师之间需要交流合作;产品销售阶段,供应商与经销商之间需要交流。这些交流贯穿于设计的整个过程。

创意与设计是衡量一个国家和地区经济实力的重要指标,综观世界各国,凡是创意和设计水平高的,经济就强盛,发展速度就快,二者是成正比的。对于创业者而言,拥有好的产品创意,并通过合理设计,形成创意产品,从而为自己的创业项目奠定良好的基础,也就离创意成功更近了一步。

拓展阅读 tuo zhan yue du

导游手帕

有一对日本老夫妻在东京经营着一家卖手帕的老店,由于他们卖的主要是传统的手帕,在品种和花色上竞争不过市场上的新产品,生意越来越不景气。平时他们门口有很多游客来来往往,但进来买手帕的不多。一天丈夫突然留意到经过门口的游客多数手上都拿着地图,灵感立即出现:"为什么不把手帕上的花鸟虫鱼换成地图呢?这样既美观又实用,一定会大受欢迎!"于是夫妻俩迅速赶制印有地图的手帕,有的上面印的是东京地图,有的印的则是周边风景区导游图。经过一段时间的宣传后,导游手帕很快供不应求。

本案例中,导游手帕的设计跳出了传统手帕设计的框架束缚,通过联想将地图和手帕联系到了一起,生产出来的手帕既有使用价值又有纪念价值,所以受到消费者的青睐,这是一个成功的创新案例。

三、服务创意

服务创意指企业在新思想或技术的影响下向顾客提供新颖服务的构想。这种构想变革现有的服务流程和服务产品,提高现有的服务质量和服务效率,为顾客创造新的价值,最终形成服务企业的竞争优势。现代服务业中的文化创意服务包括以下几个部分:

(1)设计服务,是指通过视觉、文字等形式把计划、规划、设想传递出来的业务活动。包括工业设计、造型设计、服装设计、环境设计、平面设计、包装设计、动漫设计、展示设计、网站设计、机械设计、工程设计、创意策划等。

(2)商标著作权转让服务,是指转让商标、商誉和著作权的业务活动。

(3)知识产权服务,是指处理知识产权事务的业务活动。包括对专利、商标、著作权、软件、集成电路布图设计的代理、登记、鉴定、评估、认证、咨询、检索服务。

(4)广告服务,是指为客户的商品、经营服务项目、文体节目或者通告、声明等委托事项进行宣传和提供相关服务的业务活动。广告服务的形式有图书、报纸、杂志、广播、电视、电影、幻灯、路牌、招贴、橱窗、霓虹灯、灯箱、互联网等。广告服务具体环节包括策划、设计、制作、发布、播映、宣传、展示等。

(5)会议展览服务,是指为各类展览和会议提供的服务业务,涉及商品流通、促销、展示、经贸洽谈、民间交流、企业沟通、国际往来等。

国内外创意特色地铁专列

"特色地铁专列营销"是一种伴随着地铁发展而兴起的新型创意营销方式,在不影响运行安全的前提下,通过对地铁内部空间进行特定主题的改造和装饰,对乘客的认知产生影响。特色地铁专列既可做公益形象宣传,也可加入商业品牌推广,能够充分利用单调的地铁空间带给乘客视觉和感官上的冲击,丰富乘客无聊的乘车时间,达到社会和经济效益的结合。下面就来盘点一下国内外那些充满创意的特色地铁专列。

武汉地铁

"樱花地铁":2015年3月8日—14日,武汉地铁4号线推出"樱花主题地铁"。该列地铁车厢内大片粉色樱花肆意"开放",与4号线的"芳草绿"交相辉映,身处其中,仿佛步入樱花园。车厢内,白天的天花板摇身一变成了蓝色"天堂",朵朵樱花点缀其中,散发出浪漫、梦幻的气息。蓝色的地板上"水波荡漾",乘客一不小心就会踩到时下流行的"小萝莉"、"女神"、"土豪"、"小鲜肉"等网络标签。

"热带雨林地铁":武汉轨道1号线一列整车被包装成创意专列,命名为"森林号",于2015年6月1日到6月28日上线运营。

"海滩地铁":2015年6月13日,武汉首列"海滩地铁"惊现地铁2号线,车厢内的地板被大片海洋淹没,"水波荡漾",白色的天花板摇身变成蓝色"天空",比基尼、气球点缀其中。

香港地铁

"迪士尼专列":香港地铁迪士尼线是全球唯一专为迪士尼主题公园而设的铁路专线,于2005年4月25日在香港地铁欣澳站举行开幕仪式。该列车由地铁公司与迪士尼的幻想工程师携手设计,简洁而又现代化,充满迪士尼童话世界的梦幻感觉,当乘客步入迪士尼线,仿佛走进了一个童话世界。

香港迪士尼站融合欧洲风味和童话气息,整体设计糅合了19世纪维多利亚风味和迪士尼独有的童话世界氛围,色调以米色和绿色为主,车站职员的制服设计也参考了欧陆古典铁路人员的制服样式。在设计成开放式园林的月台内,隐藏了近200个米老鼠头。

迪士尼列车共有四节车厢,车窗设计为镶了红边的米老鼠头形状,其中脸部被镂空装上了玻璃,车厢外部点缀金色彩带以及奇妙星粉图案。地铁车厢的座位也改变了香港地铁传统的座位样式,仿照家庭式沙发设计,以蓝色转角布艺沙发的形式出现,营造出轻松愉快的家庭气氛。而每个座位的转角处都有一个玻璃罩子罩着的迪士尼人物的雕像,从米老鼠到唐老鸭再到白雪公主……车厢里出现了迪士尼的大部分卡通角色。

最特别的是,迪士尼列车连车厢的拉环都与普通的地铁列车拉环不同——在普通的黑色拉环上加了两个圆圆的耳朵,让米老鼠的形象再一次出现在旅客身边。

宁波地铁

"宁波旅游文化专列":2014年12月20日,以宁波旅游文化为元素的3D专列上线运营。这辆旅游文化3D专列车厢设计为"米香""渔香""书香""心香"4个主题。"米香"车厢充满慈城年糕制作的元素,地面以古朴的石板路图案为主体,乘坐时,犹如置身百年老店,见证年糕文化;"渔香"以象山开渔节为主题,地面设计有象山特有的古代木质渔船甲板、浪花图案,置身其中,好像在渔船之上破浪遨游;"书香"以天一阁为主题,乘客可以看到天一阁游着鱼儿的池塘、古朴的匾额;"心香"则以雪窦寺大佛为主,行走其中,可以看到雪窦寺大佛所在地的卫星图、铜钟、荷花、玉如意等标志性图案。

"海洋世界3D专列":2014年8月22日,宁波轨道交通海底世界3D专列首次亮相。列车车厢内贴满了具有3D效果的海洋元素贴画,行走在车厢内,仿佛置身于美丽的海洋世界。宁波是一个现代化国际港口城市,选择海洋元素为主题的车厢设计能够突出反映甬城的城市特色。

雅典地铁

"海滩特色专列":雅典地铁的海滩特色专列给人身临其境的感觉,金黄的沙滩、碧蓝的海水与地铁完美地融为一体。

日本地铁

"宜家地铁专列":2014年7月,为了宣传即将开张的立川店,日本宜家(IKEA)打造了一个"IKEA牌"的Party Train狂欢地铁。窗帘、扶手的照明、椅子以及地毯全部都是IKEA的产品。整列车辆分成Party Living和Party Dining,从上北台站出发,直到多摩中心站。在Party Living中,有着种类丰富的餐巾纸及风筝线装饰成的迷你工作坊,还举行IKEA猜谜大会,礼物是IKEA礼品卡1000日元。在Party Dining,则有扮成车长的店员,带着笑容与大家说话,该车厢提供瑞典菜肴与IKEA的食品,大家边听IKEA的介绍边享受玫瑰果、蓝莓饮料、小点心跟饼干。

杭州地铁

"杭州地铁世界杯专列":2014年6月,我国首列世界杯主题地铁列车,缓缓地停靠进杭州地铁1号线七堡站站台。这辆神秘的世界杯专列从地面到车顶进行了整车包装。车厢内的地面被布置成了绿草地。车厢两侧墙面贴着3D贴纸,一眼望去,是人山人海的看台。而车顶已"变身"为蓝天,几朵白云正飘在其间。8名足球宝贝和着桑巴音乐,跳着热舞。车身上张贴着巴西世界杯32强的海报,介绍着球队历史和世界杯履历。

柏林地铁

"迎圣诞专列":柏林公交公司于每年12月的每周日开行三趟迎圣诞地铁专列,让盼望圣诞节早日来临的孩子们提前感受节日的欢乐。

点评

有创意的"特色地铁专列营销"对地铁运营来说有较大的意义,使乘客、运营商和商家三方面实现共赢:对乘客而言,能够多一份乘坐地铁的特殊体验;对运营商而言,增加了运营收入;对商家而言,能够提升品牌的影响力,拓宽潜在市场。这种模式值得借鉴,不过,这种商业营销模式须适度,多从乘客的角度考虑创意,才不会令乘客反感。另外,考虑到早晚高峰极其拥挤时,效果可能会大打折扣,因此需要在列车天花板上多做创意。

四、创意来源

好的创意来之不易,但如果我们能够掌握一些获取创意的方法和途径,就会更快地获得灵感。在产品设计过程中,创意大致有以下几个来源:

1. 跟进模仿

指当发现竞争对手向市场推出的某个新产品取得了好的效果,或者判断竞争对手的新产品将有很好的市场前景,就研发类似产品推出市场。

2. 填补空白

指在竞争对手还没有开拓的空白市场区域,推出相关的产品,以抢占市场空白区域。

3. 新建分类

(1)种类嫁接。

就是把市场上两个常见的产品种类,融合进一个产品,从而诞生了一个新的种类,这个种类又都属于原来的两个种类。比如农夫山泉股份有限公司推出的"农夫果园"等。

(2)种类借接。

就是把市场上比较受欢迎或比较常见的一个种类冠名到另一个种类上,从而产生一个新种类,它与种类嫁接不同,不会既是此又是彼。比如手机电视等。

(3)市场细分。

就是基于消费者的市场细分而产生一个新品类。比如早餐奶、儿童钙奶等。

4. 替代转换

指替换产品的一个或几个元素,从而形成卖点,如"环保"纸袋、"非油炸"方便面等。

5. 销售延伸

就是在此前一个主要产品成功销售的基础上,着眼于与客户相似或相关的需求,提供更多的其他产品来提高企业对于单个客户的销售额。

6. 挖掘需求

企业经过对市场以及消费者进行长期的研究,发现一个前所未有的市场空白需求。这种做法一般要求企业相关人员必须有灵敏的市场嗅觉,否则容易出现战略失误。

五、创意的保护

创意是一种无形资产。一个好的创意,可能给权利人带来巨大的财富。但是因为它的无形性,想要制定专门的法律法规来加以保护还有较大难度,目前保护创意权益的主要途径是通过申请知识产权来实现。

知识产权是指人类智力劳动成果所有权,多数是由创意带来的权益。它是依照各国法律赋予符合条件的著作者、发明者或成果拥有者在一定期限内享有的独占权利,一般包括版权(著作权)和工业产权。版权(著作权)是指创作文学、艺术和科学作品的作者及其他著作权人依法对其作品所享有的人身权利和财产权利的总称;工业产权则是指包括发明专利、实用新型专利、外观设计专利、商标、服务标记、厂商名称、货源名称或原产地名称等在内的权利人享有的独占性权利。

自2008年《国家知识产权战略纲要的通知》颁布之后,我国陆续出台了《商标法》《专利法》《技术合同法》《著作权法》和《反不正当竞争法》等法律法规文件。从宏观层面上讲,国家已经在法律制度层面为企业知识产权权益的保护提供了较强的法律依据,为企业在制定知识产权保护制度及具体实施方法上指明了方向。具体可以通过以下几种途径对创意进行保护:

1. 商标注册

如果创意属于某种商品或服务的商标设计,则权利人可以通过申请商标注册来保护自己的创意。《商标法》规定,权利人对于依法申请并获得注册的商标享有注册商标的专用权,未经商标注册人的许可,任何人在同一种商品或者类似商品上使用与其注册商标相同或者近似的商标的;或者销售侵犯注册商标专用权的商品的;或者伪造、擅自制造他人注册商标标志或者销售伪造、擅自制造的注册商标标志的;或者未经商标注册人同意,更换其注册商标并将该更换商标的商品又投入市场的;都属于侵权行为。商标权利人可以依据《商标法》向人民法院起诉,或者请求工商行政管理部门处理。

2. 专利申请

如果一个创意是基于一项技术发明,并且符合《专利法》关于申请专利的各项规定,则权利人可以通过申请专利获得保护。根据创意的具体内容,可以申请发明专利、实用新型专利或外观设计专利。发明是指对产品、方法或者其改进所提出的新的技术方案。实用新型是指对产品的形状、构造或者其结合所提出的适于实用的新的技术方案。外观设计是指对产品的形状、图案或者其结合以及色彩与形状、图案的结合所作出的富有美感并适于工业应用的新设计。《专利法》规定,发明和实用新型专利权被授予后,除本法另有规定的以外,任何单位或者个人未经专利权人许可,都不得实施其专利,即不得为生产经营目的制造、使用、许诺销售、销售、进口其专利产品,或者使用其专利方法以及使用、许诺销售、销售、进口依照该专利方法直接获得的产品。外观设计专利权被授予后,任何单位或者个人未经专利权人许可,都不得实施其专利,即不得为生产经营目的制造、销售、进口其外观设计专利产品。但是应当注意,一旦将创意申请专利,不论权利人最后是否获得专利授权,该创意都已为公众所知。此外,专利的保护有一定的期限,不是无限期保护。发明专利权的期限为二十年,实用新型专利权和外观设计专利权的期限为十年,均自申请日起计算。

3. 版权保护

如果创意够不上申请专利的标准,但该创意又属于文学、艺术和科学领域内具有独创性的智力成果,则权利人可以将创意以作品的形式表现出来,通过著作权法寻求保护。《著作权法》对作品的保护范围很广,包括文字作品,口述作品,音乐、戏剧、曲艺、舞蹈、杂技艺术作品,美术、建筑作品,摄影作品,电影作品和以类似摄制电影的方法创作的作品,工程设计图、产品设计图、地图、示意图等图形作品和模型作品,计算机软件,法律、行政法规规定的其他作品。

4. 作为商业秘密保护

如果一个创意,既不能申请商标注册,也不能申请专利或形成作品。那么,如果该创意是不为公众所知悉、能为权利人带来经济利益,具有实用性并经权利人采取保密措施的技术信息和经营信息,则权利人可以将其作为商业秘密获得保护。权利人应当采取合理的保密措施,与获悉该创意的单位或个人签订保密协议,要求其不得泄露或擅自使用该商业秘密。《反不正当竞争法》第十条规定:经营者不得采用下列手段侵犯商业秘密。(1)以盗窃、利诱、胁迫或者其他不正当手段获取权利人的商业秘密;(2)披露、使用或者允许他人使用以前项手段获取的权利人的商业秘密;(3)违反约定或者违反权利人有关保守商业秘密的要求，披露、使用或者允许他人使用其所掌握的商业秘密。第三人明知或者应知前款所列违法行为，获取、使用或者披露他人的商业秘密，视为侵犯商业秘密。《合同法》第四十三条规定：当事人在订立合同过程中知悉的商业秘密，无论合同是否成立，不得泄露或者不正当地使用。泄露或者不正当地使用该商业秘密给对方造成损失的，应当承担损害赔偿责任。因此，当发生商业秘密侵权时，权利人可以依据相应的法律寻求救济。

拓展阅读
tuo zhan yue du

冰冻保鲜法的发明

食物保鲜一直是人类探索的重要问题之一。20世纪40年代，美国有个皮革商叫巴察，他经常在冬天去纽芬兰海岸的冰面上凿洞钓鱼。由于天气非常寒冷，每次钓上来的鱼很快就会被冻得硬邦邦的，他只能带着冰棍一样的鱼回家。但是他发现，这些被冰冻着的鱼即使几天后再食用，也和新鲜的鱼味道差不多。后来巴察还试着将肉和蔬菜冰冻起来，发现保鲜的效果和冰冻的鱼一样好。于是巴察开始专门研究这种保鲜的方法，经过不断地摸索，巴察发明了食物冰冻法，并申请了专利。这一发明的应用价值被很多商家看重，最后著名的通用食品公司用数百万美元买下了巴察的专利。

本案例中巴察用类比的思维方法，从冰冻鱼能联想到冰冻蔬菜和肉，并最终发明了食物冰冻保鲜法。从本案例也可看到创意保护的重要性。

本章小结

1. 本章介绍了创新思维的概念、特征和类型，分析了创新思维的主客观障碍，并提出几种创新思维的训练方法。

2. 在创新思维的作用下，形成产品与服务创意，同时可以申请知识产权保护来保护我们的创意。

参考文献及材料

1. 李家华. 创业基础[M]. 北京：北京师范大学出版社，2013.

2. 施永川. 大学生创业基础[M]. 北京：高等教育出版社，2015.

3. 王建民. 论创新思维的障碍及克服对策[J]. 北京市经济管理干部学院学报，2004：6.

4. 黄朝斌. 产品营销策划：创意的六个来源[J]. 农家参谋：种业大观，2009：7.

5. 周升起，兰珍先，李春. 中国创意服务贸易：特征、地位及趋势[J]. 经济问题探索，2014：10.

教学过程

章节	内容	时间	授课方法	教具
课程导入	案例	5分钟	讲授	PPT
第一节 什么是创新思维	创新思维的概念	5分钟	讲授	PPT
	创新思维的类型	5分钟	讲授	PPT
	创新思维的障碍	15分钟	讲授	PPT
	创新思维的训练方法	15分钟	讲授	PPT
第二节 产品与服务创意	创意的内涵	5分钟	讲授	PPT
	产品创意与服务创意	15分钟	讲授	PPT
	创意来源	10分钟	讲授	PPT
	创意的保护	15分钟	讲授	PPT

第四章

组建合适的创业团队

创业团队是指在创业初期（包括企业成立前和成立早期），由一群才能互补、责任共担、愿为共同的创业目标而奋斗的人所组成的特殊群体。它是创业组织的核心组成部分，建设一个高效的创业团队对创业的成功起着非常重要的作用，好的创业团队是创业成功的关键。本章重点介绍创业团队相关知识（如创业团队的类型、优势、组建策略及组建原则、步骤、管理技巧等），在此基础上详细阐述创业团队的管理原则、需要注意的不成文规则和组建中存在的误区，为大学生创业团队的成立与初步运行提供指导。

重点：

1. 创业团队概念的理解。

2. 创业团队类型划分及团队优势、组建策略、管理技巧分析。

3. 创业团队组建的原则与程序讲解。

4. 学生创业团队管理中一般原则的运用。

难点：

1. 团队建设中要注意的一些不成文规则。

2. 团队建设容易忽视的误区。

第一节　什么是创业团队

通过本节学习，学生应达到如下要求：

1. 理解创业团队的概念及类型。

2. 掌握创业团队的优劣势、组建策略及管理技巧。

有些同学不愿在大学毕业以后替别人打工，想自己给自己打工，自己做老板。但是一个人又觉得能力或资源不足，便与自己比较信任的朋友一起商量，有的出钱，有的出点子，有的负责公关，有的负责技术……一个创业团队的雏形就出现了。

一、创业团队的概念

创业成功离不开优秀的团队，创业团队是创业组织创业成功的制胜法宝，是创业组织的核心组成部分，协作紧密而富有创意的创业团队是创业成功的关键。20世纪90年代开始，国外学者最早指出："团队创业普遍存在且具有独特的绩效优势，要剖析创业行为过程的内在规律，必须重视解析创业团队。"随后，多位学者从不同角度丰富创业团队的概念。艾森哈特、斯宏霍芬等学者把创业团队界定义为"由一群在创业过程中担任管理职位的个体组成的联合体"，这一界定时间较早，难免存在范畴相对宽泛的不足，后续学者相继从参与程度、所有权、参与活动以及共有信念等几个角度阐述了创业团队的内涵。

我国学者也在创业团队领域作出研究，他们在综合国外学者理论的基础上认为：创业团队是指由两个或两个以上具有一定利益关系的，彼此间通过分享认知和合作行动以共同承担创建新企业责任的，处在新创企业高层主管位置的人共同组建形成的有效工作群体的概念。也有学者把包括与创业过程相关的各种利益相关者都纳入创业团队的范畴，认为风险投资家、专家顾问等都属于广义上的创业团队；而有学者则有不同的看法，他们认为只有有着共同目的、共享创业收益、共担创业风险的一群新企业创建者才属于创业团队的范畴。不可否认的是，到目前为止，对于创业团队这一概念，目前尚无一个权威且统一的界定。但学者们都认可以下几点：创业团队可以理解为由两个以上具有一定利益关系、共同承担创建新企业责任的人组建形成的工作团体，是创建者在创业过程中组建的以实现创业目标、满足共同的价值追求为共同目的，甘愿共同承担创业风险和共享未来收益，并紧密结合的正式的或非正式的工作队伍。创业团队具有两个主要特征：一方面，创业团队成员必须是创业初期加入，全身心投入新企业创建活动，在新企业核心决策中发挥积极且关键的作用；另一方面，是否拥有新企业所有权是判断创业团队成员的关键标准，但拥有所有权的比例并不构成判断创业成员的依据。研究认为，对创业团队内涵的把握可以从以下四点入手：

首先，创业团队是一种特殊群体，在创建新企业的过程中起着十分关键的作用。一个新企业的创建，需要先组成创业团队，通过创业团队这一群体特有的凝聚力，使创业团队成员劲往一处使，把创建新企业作为共同努力的目标。一个新创立的企业，一般都靠创业团队来支撑，团队成员在集体创新、分享认知、共担风险、协作进取的过程中，形成了特有的工作规程与协作机制，从而使新创企业具有超高的工作效率。

其次，个体成员各有特色，但创业团队工作绩效大于所有个体成员独立工作时的绩效之和。"一根筷子轻轻被折断，十根筷子牢牢抱成团"，虽然创业团队中的个体成员具备各自不同的优秀特质，但他们单独行动并不足以发挥出最大优势，当他们相互配合、相互帮助、优势互补后形成的团队协作，足以应对新企业创建过程中遇到的各种问题与困难，为新企业顺利发展保驾护航。曾有研究得出这样的结论：工作群体绩效主要依赖于成员的个人贡献，而团队绩效则基于每一个团队成员的不同角色和能力而产生乘数效应。

再次，创业团队对创业成功具有重要的价值。一方面是因为团队决策相对于个人决策，更加理性、更加科学,这也更有利于分散和降低创业风险;另一方面,创业团队各具特色,各有优势与特长,创业团队成员之间可以在专业、技能、能力等方面互补,从而提高创业企业应对外界环境的能力,提升创业成功的可能性并把新创企业失败的风险降至最低。更为重要的是,团队创业能够形成更强的资源整合能力,可以同时从多个融资渠道获得创业资金。

最后,创业团队是企业创业初期形成的集合体,也是企业最终高层管理团队的基础和最初组织形式。创业团队与高层管理团队分别是创业企业的早期组织形式与成熟组织模式,或者说高层管理团队是创业团队组织形式的持续发展形式。需要明确的是,创业初期的创业团队成员,有可能成为以后高层管理团队中的一分子,也可能在企业发展的过程中,所有的初期创业团队成员都不在高层团队之中。

二、创业团队的类型

按照不同的角度、层次和结构,创业团队可以划分为几种不同的类型。这里,我们介绍一种依据创业团队的组成者来划分的类型,依据这一划分原则,创业团队可分为网状创业团队、星状创业团队和虚拟星状创业团队。

1. 网状创业团队

网状创业团队的成员间一般都有着十分密切的关系,如亲友、同学、同事等,他们志向较为接近,更容易形成相互认可的创业想法与创业理念,达成创业共识进行创业。总的来说,网状创业团队的建立是因成员间的经验、专长和共同目标而结成的一个群体,群体成员一起在商讨中发现创业商机,并且能充分运用团队内部分工、发挥各自专业优势,组建呈圆桌形状的、参与者都有较大发言权的团队协作关系。在创业团队中,并没有明确规定团队的核心人物,团队成员根据各自的特点与专业特长进行角色定位。换句话说,也就是在创业企业初创期,创业团队成员之间是相互协作,自发承担企业管理者兼员工的角色。网状创业团队的特点大致概括如下:

(1) 此种类型的创业团队没有明显的核心领导人物,团队整体结构呈现松散连接。

(2) 由于团队成员身份的特殊关系,一个决策的制定与实施需要经过长久的沟通与讨论,才能达成一致,这大大降低了企业工作效率。同时,也较容易形成要么无人领导,要么多头领导的极端现象。

(3) 当在决策过程中无法统一思想,团队成员之间发生冲突时,一般都能够通过协商的方式解决冲突,对企业不会造成严重影响,且团队成员比较固定,对企业的稳定发展较为有利,但是一旦团队成员间的冲突升级,无法通过协商解决矛盾,会导致团队成员离开创业团队,则又会影响到关系较好的团队成员,从而导致整个团队的涣散。

2. 星状创业团队

星状创业团队这一组织形式一般工作效率较高,这主要由这一形式的创业团队的形成过程所决定的。星状创业团队在形成之前,一般是一个有创业想法的人先有了一个创业点子或遇到了一个创业机遇,然后依据自己的想法或遇到的机会寻找和组织身边的相关人才,这些人或相识或不相识,但对于这一创业的想法或商机都比较赞同,大家有着相同的创业理念,一拍即合组成一个创业团队。星状创业团队以第一个提出创业想法或遇到创业商机的人为主要领导人物,团队其他成员作为拥护者或支持者的角色出现。因此,可以这么说,在星状团队形成之前,提出想法的核心人物在寻找团队成员时,已经进行过认真、细致、周密的思考,选择合适的人员加入团队,团队成员对创业提出者怀有支持和拥护的态度。星状创业团队的特点主要表现为以下几个方面:

(1)创业想法提出者作为创业组织的主导人物存在,能够凝聚团队向心力,个人行为对团队影响较大。

(2)核心人物的存在,使组织结构紧密,决策过程迅速有效,工作效率高。

(3)核心领导人物为主要决策者的方式,容易使组织权力过分集中,影响决策水平,加大了决策风险。同时,当组织成员与核心人物理念不一致时,会发生要么其他成员被动接受核心人物权威决策,要么被迫离开组织的现象,对组织发展产生十分不利的影响。

3. 虚拟星状创业团队

虚拟星状创业团队是一种介于星状创业团队与网状创业团队之间的创业团队组织形态。在虚拟星状组织团队中,经过创业团队成员的协商,推选出一名团队核心成员,作为整个创业团队的法定代言人。作为整个团队中的一员,其决策代表的是团队绝大部分成员的意愿,在决策时必须考虑其他成员的利益,其权利的行使不是一言堂,不如星状创业团队中的核心主导人物那样有权威。

三、创业团队的优势与作用

1. 创业团队优势分析

创业团队是一个创业集体,集体中的每一个成员都有自己的优点和专业特长,每一个人为了取得创业成功,都会尽心尽力地发挥个人长处,与其他成员密切合作,取长补短,与团队成员相互学习,共同进步。创业企业也会因团队成员的团结协作而呈现高效率运作的理想工作状态,企业最终为每个成员带来更大的利益。

(1)产生"1+1大于2"的效果。有一首歌唱的是"一支竹篙难渡汪洋海,众人划桨开动大帆船;一棵小树弱不禁风雨,百里森林并肩耐岁寒",也就是强调团队的力量。在创业团队中,诚然个人的工作效果是重要的,但把许多个体整合起来的集体力量更是无穷的,在个体成员的共同奉献下,组成的团队力量大于各个个人成就的总和。对于创业团队来说,是同样的道理。创业团队能激发出团队个体不可思议的潜力,让每个人都能发挥出最强的力量。产生一加一大于二的效果,也就是说,团队工作成果往往能超过成员个人业绩的总和。

(2)有效增强创造性。创业团队存在的根本原因在于创建新的创业企业,这就要求创业团队在创建新的企业时,要在突破传统的同时,运用新思想、开发新技术、开拓新市场。有创造性的创业团队必须是一个拥有创新观念和具备强大创新能力的集体,这个集体的每一个成员都积极迎接新的挑战,热衷于在创新气氛中工作,他们对创新性和创造力的重视远高于对规章纪律的重视。

(3)组织整体结构合理、成员能力结构全面。创业团队的成员在创业走向最终成功的过程中,其团的成员会因各种因素的影响发生或大或小的改变,但只要创业团队的组织结构科学合理,即使成员发生改变,也不会影响创业团队的整体架构和方向。从一方面来看,成员的流动可能会引起创业团队的重视,为了不改变整体创业团队利益,一些改变只会增强创业团队抗风险能力,采取更加切实有效的方案,保证创业企业的创业资本、技术、人才等创业资源不会流失。从另一方面看，组织变动在发展的大方向上是不可避免的，只有经得住考验的团队组织，才能在变动过程中形成结构更为合理、共同点更多、更有力量的创业团队。另外，团队成员具备不同的素质和能力，他们在创业团队中相互鼓励、优势互补，也能够帮助创业团队在应对机遇和挑战并存的外部环境时，有效抓住机遇，促进创业企业的成功。

（4）团队成员平等、相互紧密协作。在创业团队中，每个成员间都是平等的关系，在团队内部的客观评定中公平公正，在为团队做出贡献时是平等评价的，每个成员也享有公平竞争工作岗位的机会，但在股权与运用各种职位权利的过程中是无法追求绝对平等的，不同的职位享有的权利是不一样的。但这并不影响团队成员在面对外来的风险和机遇时团结协作的凝聚力，在处理创业企业遇到的困难和问题时，团队成员能够主动积极配合，充分发挥成员个体的专业性，紧密合作，亲密无间，以追求创业企业的最大利益。

2. 创业团队的作用

相关研究表明，团队协作创业的工作方式在提高企业绩效上所起的作用更加明显和有效，由创业团队发起的创业比非创业团队创业的成功率要高很多。著名学者罗比斯(1996)指出：在创业企业中采用团队创业形式，与非团队创业相比至少有以下几个方面的优势：

（1）团队创业能促进团结与合作，协作的氛围更容易使员工士气得到提高，员工满意度更高。

（2）团队创业分工明确、思路清晰，创业团队成员或创业领导者不至于迷失在琐事中，有更多时间对企业的发展进行战略性思考。

（3）团队成员相互协作，集思广益，更容易提高解决问题与决策的速度。

（4）创业团队中成员能力各异，成员队伍多样化，能有效降低创业失败的风险，提高创业团队和创业企业的绩效。

一个成功的创业企业一般离不开一个好的创业管理团队，创业企业的创业团队对于风险企业的成功尤其起着不可或缺的作用，它像桥梁一样引导创业企业通向成功的道路，主要体现在以下几个方面：

首先，好的创业团队的存在，能够吸引风险投资家的关注。一个企业在初创时期，需要吸引大量的资金投入，风险投资家评估一个初创企业是否具有持续发展的潜力，是否有好的创业团队是重要指标。赛伯乐（中国）创业投资管理有限公司的董事长朱敏曾表达出他的观点：在行业归属、创业团队、专业技术、商业运行模式等多种创业要素中，毫无疑问"团队肯定放在第一位"。高素质的创业团队不仅可以吸引大量的资金投入，提高创业企业的生存率，也是创业企业持续发展的源泉。当然，风险投资家们如今已不满足于资金投入，他们也越来越重视创业团队的素质，并积极参与创业团队的整合和创业团队的改进。

其次，创业团队的存在，可以有效分解创业企业压力。俗话说的"三个臭皮匠顶个诸葛亮"，就是对团队创业优势的通俗解释。创业企业在初创时期和创业过程中，企业创业者会遇到各种各样的困难与压力，个体创业者常常会感到孤独与紧张，当遇到困难与问题时，找不到合适的人商量，压力甚至会影响到个体创业者的决策。这时，团队创业的优势便十分明显，创业团队成员有商有量，知识互补，相互鼓励，不仅能够减轻创业过程中的创业压力，更能促进创业企业发展进程中各种深层次问题的思考与探索。当然，创业团队成员的素质也十分重要，投资者们认为，创业团队的素质很大程度上决定了创业企业的管理质量，从而决定了一个创业企业的发展前景。因此,创业团队质量的高低决定了投资者们是否会在一个新企业投资。

再次,创业团队更能发挥集体力量的优势,使创业企业的发展更具持续性和稳定性。一个创业企业如果只有一个领导者做决策,那么决策者往往直接影响甚至决定企业的成败,一旦创业领导者离开,则可能直接导致创业企业的倒闭;与个体创业领导者不同,团队创业往往拥有专业知识各异、实践经验不同的人才,大大满足创业企业对知识与专业多样性的需求,优秀的创业团队,能够在个别创业团队成员离开后不受太大的影响,并保证创业企业管理的持续有序发展。另外,一个高素质的创业团队,能够相互鼓励,并从各个角度、不同层面最大限度地贡献个体智慧,让企业理念得以充分发挥。

当然,创业团队也要注意一些隐藏的问题,比如人数越多,意味着管理思想和决策越难以集中:每个人都有自己的想法和对问题的看法,个人站在自己的角度上去思考,得出来的结论和答案往往也大相径庭。这时,在做出决策或实施方案时,往往会产生矛盾和争论,大家在各抒己见的过程中,比较容易产生冲突,而团队决策需要统一思想,这时既要集中统一,又要民主公正,要照顾到大家的利益,使得决策难以高效实施。同时,一旦处理不好各方意见,会导致队伍人心涣散,整个创业团队的力量无法凝聚到一处,反而像一盘散沙,甚至当团队成员的观点相互对立的时候,不但不能促进,而且相反,会阻碍创业团队的发展。

拓展阅读 tuo zhan yue du

一个小女孩的成功

钟慧琴,浙江财经学院金融系 2003 届毕业生。大四时和两位志同道合的朋友一起注册了杭州天齐计算机网络有限公司。公司 2003 年 2 月开张营业,主营业务包括小型数码产品、网络工程和针对直接客户的办公耗材销售,钟慧琴主要负责的是小型数码产品的销售。

创办:一波三折

其实大学的时候,钟慧琴想得最多的并不是毕业后自己出来开公司。大一的她决心考研;大二、大三,她一心想出国,连目的地都找好了——澳大利亚。真正说到要创办公司,还得从她大四时的一次实习说起。

当时她在杭州颐高数码城的一家电脑公司实习。除了老本行财务外,她的工作还涉及电脑产品的销售。从那个时候起,她对 IT 行业的兴趣也与日俱增。后来她又在一家金融单位实习,和之前在 IT 业的经历相比,这里的工作每天重复单调,闷头工作显然不是钟慧琴想要的,她想趁年轻出去闯一闯。就这样她下定决心和朋友一起把公司注册了下来。

开局:四面出击

公司办起来了,麻烦也接踵而来。第一个难关就是缺少客户,刚开始只能靠亲戚和熟人介绍,没有客户,公司就成了无源之水。钟慧琴意识到不能坐在家里干等业务上门,她开始主动出击,到省内的金华、丽水、宁波等地的电脑城推销自己的产品,也推销自己的公司。

万事开头难。人家第一眼看到她都以为来的是总经理秘书,没想到这么秀气、这么年轻的女孩居然会是公司的一把手,这让客户心里多少有些疑问。而钟慧琴始终觉得诚信可以打动客户。每到一地,她都认真地去走访客户、和他们聊天;回来后时常给他们发 E-mail,发传真。对于本地的客户,她会时常打个电话或是亲自上门去问候一下,顺带了解一下客户近期的需求。

公司实行送货上门。就在记者采访的时候,她还刚刚给中河中路上的客户送去两个墨盒:"东西再小,天气再热,只要客户需要,我们都会送货上门。"

发展:赢利来得比预想的早

客户有了,但"天齐网络"扮演的仍是一个中间商的角色,能够分得的利润可以说是微乎其微。钟慧琴开始想着如何向代理商发展,并积极寻找这样的机会。成功总是青睐有准备的人,现在的钟慧琴已经是好几个产品的浙江省总代理了。随着业务铺开,4月份公司开始实现盈利:跟他们最初定下的第一年不亏本、第二年在第一年基础上有发展相比,他们已经成功了。

但成功的同时也有失意。在经营上打诚信牌、允许客户赊账有时并不能得到回报,上个月公司就遇到了客户欠款卷货逃跑的情况。货不见了,钱也没了,钟慧琴除了生气,别无他法,或许这是创业过程必须交的一笔学费吧。

回忆创业之初,她觉得最困难的就是自己的精神压力,毕竟这么大的投资,虽然爸妈很支持自己的事业,可就算到了现在,老妈还时常在她耳边唠叨:找个稳定的工作,安安稳稳的多好!万一不成功的话……其实钟慧琴自己也早想过失败,可转念一想,年轻就是最大的资本。一旦失败,大不了从头再来。年轻没有失败!

应该看到:走创业之路的大学生毕竟不多,取得创业成功的大学生更是少而又少,虽然可以说他们是市场经济的幸运儿,但又有谁知道他们经历了多少艰难坎坷、挥洒了多少汗水辛酸?创业不仅需要智慧和实力,也需要勇气和毅力,毕竟不是每个人都能承受创业失败的压力。因此,专家表示,创业有风险,毕业生一定要慎重选择。

第二节　如何组建创业团队

学习目的与要求

通过本节学习,学生应达到如下要求:
1. 了解创业团队组建原则和组建程序。
2. 掌握组建创业团队需要注意的问题。

一、创业团队组建原则

一个新创企业能否在激烈竞争的环境中生存下去,走得更远,创业者和创业团队的整体素质是十分重要的因素。优秀的团队能够促进创业企业的成功,而反过来,企业的成功与成长,也为个人成长提供了保障,是个人和团队成功的标志。因此,一支优秀的创业团队,对于创业企业和创业个人都是至关重要的,它甚至直接决定了创业企业最终的成败优劣。优秀团队的标准是具有高度责任感、成功的行业经验和合作的心态。既然优秀的创业团队如此重要,那么如何组建才能保证团队的优秀特质呢?

（1）团队目标明确合理。有一个明确的目标，创业团队成员才能劲往一处使；目标科学合理，才能使创业团队成员有坚持下去的动力，一个不切实际的目标，虽然能在最初鼓舞人心，但终究会因达不到而被放弃。只有科学合理的、切实可行的目标，才能真正起到激励团队成员努力奋斗的作用。

（2）团队成员优势互补。最初提出创业想法的创业者在组建创业团队，寻找创业伙伴时，需要注意这个问题：每个成员的能力和擅长的专业不同，可以弥补成员相互之间对创业目标制定或者创业能力的差距，使创业团队成员在技能、知识以及经验等方面实现优势互补时，可以发挥出个体所达不到的 1＋1 大于 2 的协同效应。

（3）人员精简工作高效。为了减少创业期的运作成本、最大比例地分享成果，创业团队成员构成应在保证企业能高效运作的前提下尽量精简。

（4）动态开放原则。如今经济发展迅速，外界环境复杂多变，创业企业要在这样充满不确定因素的环境下持续发展，难免会因各种原因而产生团队成员流动的情况。无论是成员流进还是流出，创业者都不应该强硬地加以阻挠，而是要千方百计地想办法，创造优良环境留住企业紧缺人才，并尽力改善环境吸引专业优秀人才加入。因此，在组建创业团队时，应注意保持团队的动态性和开放性，使真正完美匹配的人员能被吸纳到创业团队中来。

二、创业团队组建程序

组建一个优秀的创业团队是相当复杂且烦琐的过程。要根据现实情况组建适合的创业团队，采取不同方法与步骤，大致来说，主要遵循以下组建步骤：

1. 明确创业目标

一个新创立的企业就如一个人一样，要在复杂多变的环境下持续发展，首先就要有一个明确的发展目标，这有利于团队成员团结一致，充分发挥个体潜力和优势，最终达到企业发展和盈利的目标。反之，没有目标的企业，创业成员不知道为何努力、如何努力，那么很快企业将无法持续下去。当然，企业也可以先确定一个大方向，或者说一个总目标，然后再将总目标加以分解，设定若干可行的、阶段性的子目标，以便使创业成员有实现目标的动力。

2. 制订实施程序

在确定了创业企业的总目标以及阶段性目标后，就要为如何实现目标制订周密而详尽的实施步骤了。实施程序的制订很关键，没有清晰合理的实施步骤，很容易出错，导致事倍功半的结果。良好的计划，可以促进阶段性目标的顺利实施，增强团队的创业信心，最终实现甚至超额完成创业企业的既定目标。

3. 招募企业人员

创业企业成立后，招募到有干劲、肯吃苦且符合创业企业要求的企业员工也是十分关键的。我们认为，招募合适的企业员工，应该主要从以下两个方面考虑：一是考虑互补性，即考虑其能否与其他成员在能力或技术上形成互补。这种互补性既有助于强化团队成员间彼此的合作，又能保证整个团队的战斗力。只有这三个方面的人才形成良好的沟通协作关系后，创业团队才可能实现稳定高效。二是考虑适度的规模。适度的团队规模是保证团队高效运转的重要条件。团队成员太少则无法实现团队的功能和优势，而过多又有可能会产生交流的障碍，团队很可能会分裂成许多较小的团体，从而大大削弱团队的凝聚力。一般认为，创业团队的规模控制在 2～12 人之间最佳。

4. 划分管理人员职权

一个好的创业团队，是团队成员相互信任相互协作的，但也不排除会有成员因职权不明确而懈怠。为保证创业计划能够准确执行、创业各项工作能够顺利开展，应该在创业团队内部做好企业管理职权的划分，防止因人员工作懈怠出现扯皮现象。创业团队的职权划分就是根据执行创业计划的需要，明确规定团队成员的职权范围和职权内容、所要担负的职责以及相应所享有的权限。这里特别需要注意的是，划分职权权限范围时，应尽量避免职权的重叠和交叉，职权过大或过小，职位与权限不对等等情况。此外，由于创业企业刚刚建立，处于新生阶段，面临外部复杂多变的社会大环境，会在应对外部环境时出现各种新问题，创业团队成员也可能会不断更新变换，在这种情况下，创业团队成员的职权范围和内容也应随具体情况不断做出相应调整。

5. 制定科学的制度体系

创业企业初成立时，就应制定一系列包括各种约束制度和奖励制度在内的科学合理的制度体系，并形成规范化、合法化的书面文件确定下来，以便对创业团队成员进行合理的控制和奖惩。一方面，创业团队成员有着各自不同的工作习惯和做事方式，有些相对自由散漫，通过制定约束制度，要求每位成员都要严格遵守，一视同仁，从而有效避免因成员个人行为损害团队利益的情况出现。公平公正的规章制度在驯服成员的同时，也能保证团队成员的向心性，维护企业的稳定发展。如保密制度的制定，在一定程度上对成员起到威慑作用，有效避免成员做出有损企业利益的行为。另一方面，创业企业制定的奖惩激励机制，如利益分配原则、考核奖惩机制等，使团队成员在为实现创业企业目标的过程中，不断获取相应的回报，得到现实的利益，能够最大限度地调动团队成员工作的积极性和创造性，使他们乐意为团队集体献策献力，最终实现创业企业的目标。

6. 团队的调整融合

创业企业初建时期形成的创业团队，往往会在后面的发展过程中通过实践检验出存在的问题，在发现问题并解决问题的过程中，经过调整融合，逐渐组建起完美组合的创业团队。当然，团队中的问题并不是一开始就能发现的，这需要一个磨合的过程，因此团队调整融合也应是一个动态持续的过程。在完成了目标制定、计划实施、招募人员、划分权限、制定制度等步骤以后，在创业企业运作的前提下，针对企业本身面临的问题以及团队成员磨合出现的问题，团队成员也应该不断调整融合，最终通过协商、沟通与相互让步，形成一支协作紧密、工作高效、团队意识较强的优质创业团队。

三、组建创业团队需要注意的问题

1. 培养团队创新能力

一个创业团队能够获取持续成功，保持不断向上发展的趋势，也会影响这个团队的灵活性和创新能力。一个持续成功的团队，在一直没有遇到困难、挑战和挫折的情况下，成员可能出现要么开始固守状态、思想僵化，要么开始骄傲自满、目中无人的情况。此时，如果团队遇到了新的或者更高要求的挑战，他们往往会采用以往较为常用的方法去解决。总之，当遇到新问题和新挑战时，他们的创新能力被束缚或削弱了，处理突发状况和探索新途径的能力变差了,那么,团队持续发展的后劲也就不足了。因此,培养团队创新能力就十分重要。

如果没有不断创新的思想,那么,美团外卖的开创者们也不会取得如今的成就:作为美团外卖创业团队主要成员之一的王兴,1979年出生,美团网创始人兼CEO。1997年,18岁的他从福建龙岩被保送至清华大学无线电专业,毕业后获得全额奖学金到美国特拉华大学学习。2003年,他放弃美国学业回国创立"中国版的facebook"校内网(后改称人人网),风靡大学校园,后被千橡集团收购;2007年创办饭否网;2010年又创办团购网站美团网,并在"千团大战"之中脱颖而出,先后获得红杉资本和阿里巴巴的融资;2016胡润IT富豪榜发布,王兴以105亿元排名第35,王兴能够带领美团创业团队取得成功,靠的就是思维的不断创新。

2. 规划团队建设课程

团队建设过程中,如果没有持续学习的能力,团队很难应对一系列复杂的挑战并把握机会。无论是发展中培训新加入的团队成员还是克服团队发展中遇到的绩效下降等问题,给团队成员开设团队建设课程,能够通过课程让分散的团队成员意识到团队协作的重要性,了解到团队发展过程中每位成员的作用与应该担起的职责,学习一些关于团队建设的课程,对团队发展将起到十分重要的作用。

3. 提升创业团队中领导者的角色和行为策略

创业企业中的创业团队是一个由多个个体组成的整体,个体都有自己不同的特征和思想,他们既可以团结一致,达到优势互补,依据个体才能为团队发展出力,这是团队创业的优势所在;但也可能因个体意见不同,思想观念无法统一而给创业团队的决策及决策实施带来阻碍,这对创业企业的后续发展将带来不利影响。因此,创业团队中需要团队管理者来平衡和处理可能存在的不利因素,以维持团队的稳定和谐,并带领团队成员协同努力,发挥出团队创业的优势,引领创业企业不断发展壮大。可以说,创业团队领导者是创业团队的灵魂人物,他需要做好维持团队稳定、集中团队力量的协调和整合工作,发挥团队1+1＞2的团体优势。

因此,对于一个团队来说,其领军人物——领导者是至关重要的,领导者的言行和他所做出的决策直接影响到这个团队的业绩,成功的领导者应注意以下几点:

(1) 责任承诺。

一个企业的管理者是一个企业的灵魂人物,其对于责任的承诺与发展好企业的决心比其他任何一个企业发展因素都要重要。因此,一个快速发展的企业,必然有一个有责任感、有担当、有决心的企业家。我们常说的"言而有信"、"一诺千金"都充分体现了一个企业领导者重承诺、守信用的重要性,责任心和做好事业的决心往往能够帮助管理者克服重重困难和障碍,引领企业持续发展。卡尔文·库利局说过:"世界上没有什么可以取代恒心。才能做不到,有才能而没有获得成功的人到处都是;天赋做不到,没有作为的天赋几乎成了一句格言;教育做不到,世界上到处都是受过教育却被社会抛弃的人。恒心和决心是无所不能的。'奋进前行'的口号已经解决了并将一直解决人类的问题。"

(2) 灵活变通。

研究者们普遍认为:成功的企业管理者或者企业团队领导者,一般都有十分敏锐的判断力和决策能力。此外,他们在解决问题和完成企业发展目标的过程中,也不会一成不变。企业外部发展的环境是复杂多变的,他们一般不会表现得有勇无谋,也不会固执己见,会根据实际情况适时调整发展战略或行为方式。如当一个发展项目或发展方向明显无法继续时，他们也会及时调整策略，不会把时间都浪费在即使坚持下去也无法获得收益和结果的项目上，否则对企业资源造成巨大浪费，使企业发展遇到困难。总之，好的领导者都会灵活变通，依据市场发展趋势，做出最有利于企业发展的决策。

（3）提升领导力。

领导力（leadership challenge）最直观的定义是指一个领导者在权力管辖范围内，利用人力、物力或客观条件存在的一切资源，以最小的代价，获得最大收益的行为。一个有领导力的管理者，会获得跟随者的追随，使追随者愿意听从其分配主动行事，而不是简单听从指令做事。领导力，也是一种特殊的人际关系影响力。作为社会人，组织中的每个人都会在影响他人的同时被他人影响，这是相互的，只是领导者因权威的存在，影响力更大一些，但这种影响力能否推动组织成员自觉跟随领导者努力实现组织目标则体现为领导力。领导力是可以通过努力后天习得的，因此，组织中的每个成员都可能成为有影响力的人，在组织内部，领导者与员工相互影响，共同朝着一个目标迈进，这是确保团队获取成功的保障。在组织内部，领导者的领导艺术与特色、成员工作的主观能动性以及领导者与组织成员间的互动关系等，都是影响领导力的几个因素。另外，也可以通过以下方式提高领导力：

首先，提高决策的谋略能力。一个成功的领导者，必定有着统管全局、统筹规划、深谋远虑的谋划能力。一个目光短浅的领导者，最终一定会使企业走向衰败。因此，企业要不断发展，就必须提升领导者的有效决策能力及科学管理能力，做一个头脑灵敏、有战略意识的管理者。一个企业的"领导者或团队管理者"必须在把握国家基本政策规章的基础上，结合企业自身实际，制定出有利于企业持续发展的政策和发展方向。统筹规划的有效决策能力是企业领导者带领企业走向成功的必备基本素质。

其次，提高凝聚领导阶层的能力。一个有高威望的、受企业员工或领导团队拥护的领导者，才能在企业中或领导团队中具有更大的影响力、凝聚力和号召力，才能集中企业或团队中的意见分歧，统一意见，引导企业更快速健康发展；一个没有威望的领导者，很难凝聚企业力量、形成合力、统一分歧，只会阻碍企业决策的制定及执行，甚至影响企业的发展。

再次，工作创新能力强。毋庸置疑，企业发展的大环境是复杂多变的，做好企业发展决策也是一项十分重要的工作。决策的最终目的是改变企业发展现状，使企业创造性地持续发展，从这个意义上说，没有创新就没有决策，也就没有创业企业的发展。具有创新性的工作能力也是企业领导者必备的素质之一，提升领导者企业创新能力与决策能力是关系到企业发展的重要问题。

总之，创业团队建设中，不仅要遵循组建创业团队的原则和程序，还要重视创新。企业只有通过创新才能够创业，通过创新才能使企业在竞争中立足，也只有通过创新才能使企业保持持久的生命力。一个创业团队要取得成功，创新思维是其必备的能力。创新思维具有求新突破性、灵活开放性、未来导向性的特征，具有逆向思维、批判思维、超前思维、发散思维、灵感思维的构成模式；需要破除"先天论"，注重"后天"创新思维能力；还要给予团队成员不断输入新思想、新理念，做好团队建设课程培训等工作，按阶段培养创新思维；而作为一名创业团队的领导者，担负着创业企业未来走向何方的重大责任，应具有经营管理、市场经济、法律、人文、专业技术等各方面知识；具备创造、创新、策划、管理、组织、社交等能力，个体综合素质更要过硬才能带领创业团队不断向前发展。

小测试

请阅读《并非捷径的捷径——创业必备》(清华大学出版社),分享你对创业的感想。

第三节　创业团队管理的策略

学习目的与要求 xue xi mu di yu yao qiu

通过本节学习,学生应达到如下要求:

1. 了解大学生创业团队管理的一般策略。
2. 掌握创业团队组建中的"潜规则"。
3. 了解团队管理中容易踏入的误区。

一、创业团队管理的一般策略

管理是一门科学,也是一门艺术。管理好一个创业团队对于创业企业的成功具有十分重要的意义,没有好的管理技能和管理规章制度,创业企业很可能以失败告终,因此,团队管理十分重要。创业团队在创业企业发展的过程中,会出现人员流动、管理调整等各种动态状况,管理好创业团队是一项贯穿创业过程始终的长期性工作。但无论怎样变换的环境,总是有规律可循的,只要把握管理科学的普遍性规律,针对出现的具体问题灵活应对,团队和企业总会向好的方向发展。

根据马斯洛的需要层次理论,如果在团队管理中依据成员个体需要,给予合理有效的利益分配或奖励,团队成员则会在行为上有更加积极的表现,团队成员士气更足,团队或者创新企业的生命力也随之会更加长久和充满活力。这里说的对团队成员进行激励的方式主要分为两种形式:其一表现为物质形式,如最常见的工资报酬、较为宽松和舒适的工作环境等;其二主要指精神层面的满足感,如创业中因好的创意被其他成员称赞与尊重、工作圆满完成时获得的成就感,获得身边同事的认可、支持和友爱等。

1. 选好成员,人尽其才

一个好的创业团队,里面必须有着各种人才,一个由庸才组建的团队必定很难走得远。因此,创业者在创业初期,对创业成员的选择就应十分重视。要根据创业企业的类型,逐步考察人员的智力、经验以及人际交往能力等,无论是现实表现出来的能力还是潜在的能力,都在考察范围内。对进入创业团队的成员给予适合的岗位,毕竟人各有所长,亦各有所短:"骏马能历险,犁田不如牛。坚车能载重,渡河不如舟。舍长以就短,智者难为谋。生材贵适用,慎勿多苛求"。扬长避短,人尽其用,才能使团队成员各自发挥出最大优势与潜力,促进创业团队更好发展。

2. 做好创业文化引领

创业文化,指的是新创企业在创业初期,在创业者或创业团队的带领下,遵循一定的办事规律,以成文或不成文的规定逐渐形成的企业传统思维方式与办事方法,其中也包括企业的外部环境。通常情况下,创业文化一旦形成,一般不会因个别人事的更换而变化,但会随着企业的发展,不断更新、提炼,逐渐凝练为优质的企业文化固定下来,最终成为企业形象的组成部分。

当然,"创业文化"是在新创企业发展成长过程中逐渐形成的,为创业团队成员所接受、传播和遵从的,成为创业团队成员共同价值观、行为准则和角色定位的基本准则。创业文化一旦形成,团队成员便会自觉遵守,成为成员生活工作中自然而然、理所应当的一部分,它虽然是无形的、无法触摸的,但它会成为凝聚团队成员的黏合剂,凝聚、规范和指导着企业团队成员的日常行为,在团队成员中起到灵魂的作用,是经营活动的统帅,是新创企业行动的"指挥官",在新创企业的经营发展中具有无法替代的核心作用。它的作用具体体现在以下几个方面:

(1)导向作用。新创企业的未来发展方向,受到团队创业文化的牵动和引导,因此,作为企业价值观和企业利益共同的表现形式,团队的创业文化,在一定程度上决定了新创企业的未来发展方向,并制约和规定着新创企业的行动目标。另外,新创企业所建立起的反映企业文化精神实质的、科学合理的管理规章制度,也是在团队创业文化的引导下产生并进一步发展的。团队的创业文化引导着新创企业及其团队成员朝着既定的发展目标前进。

(2)凝聚作用。团队成员之所以结合在一起,共同创建新的企业,是在于团队成员有着共同的价值观、理想信念及利益追求,这些共同的东西把创业团队成员凝聚在一起,进一步强化企业文化,增强新创企业的凝聚力。因此,团队的创业文化是新创企业成功的黏合剂。

(3)规范作用。团队创业文化是在制度化、规范化的企业管理制度与企业人文环境等综合因素作用下形成的,是企业管理制度无形的表现形式。团队成员在有形的规章制度及无形的内在约束作用下,自觉自愿规范个人行为,并愿意在企业文化引领下,协作一致,为企业发展献计献策,从而达到促进企业健康发展的目的。

3. 适当的经济激励策略

根据马斯洛的需要层次理论,创业团队成员的积极性、主动性、创造性是需要从物质或精神层面加以激励来实现的,激励成为企业管理中极为重要的部分,甚至直接影响到企业的生存和发展。因为每个团队成员的实际需求不同,对其进行有效激励的方法也要因个体而异,虽然可以从物质和精神两方面加以激励,但却没有固定有效的、放之四海而皆准的程序可以套用。目前企业普遍认可并采用的是以合理的薪酬奖励机制、公开表扬、职位晋升等诸多手段来实现激励。其中,薪酬奖励机制是企业团队有效激励最主要的手段,毕竟它关系到团队成员的生活质量和社会地位,是个体成功的重要表征。在设计薪酬制度时,应针对个体差异,对绩效高的给予更高的奖励,体现出团队的人文关怀,灵活运用奖惩制度,让团队成员和员工都能感受到企业的公平公正及人文关怀,激发和促进创业团队的积极性,实现对创业团队的有效激励。

二、团队管理中的一些不成文规则

1. 创业初期团队比模式更重要

石油大王保罗·盖蒂曾经说过:"一个人永远不要花 100％的力量而要靠 100 个人花每个人 1％的力量。"意思就是说:要学会借用团队的力量,而不能靠单打独斗。

众人拾柴火焰高,也许有些个体十分有才能、有能力,但如果只是依靠单打独斗,妄图以一己之力解决遇到的问题和困难,往往会以失败告终。而如果能够集思广益,重视团体的意见,借助团体的力量,往往能够收到事半功倍的效果。举一个生活中遇到的十分简单的例子:

小小的蚂蚁是生活在地球上的十分不起眼的存在,很容易被忽视,但是实际上,它却是地球上最古老的物种之一。完全无法想象,蚂蚁其实和恐龙生活在差不多的时代,可以这么说,从蚂蚁出现在地球上到现在,已经在地球生存了长达 1.6 亿年,同时代统治地球的恐龙早已不复存在,而小小的蚂蚁却依然生机勃勃地存在着。这是什么原因呢? 经研究观察发现:蚂蚁作为群居生物,在遇到困难和危险的时候,总是能够抱成团,依靠集体的力量解决问题。比如,在洪水肆虐的时期,蚂蚁们会牢牢抱成团,以蚁球的形式去战斗,它们抱成的蚁球在洪水中漂流,直到遇到河岸可以登陆,才一层层剥离解开蚁球,迅速而井然有序地上岸,其中在蚁球外部的蚂蚁,早就英勇牺牲,只留下尸体在岸边,它们为了整个蚁族的生存,平静而悲壮地牺牲了自己,使得整个族群得以生存和延续,这就是个体凝聚而成的集体的力量。小小的蚂蚁能够做到如此牺牲个体保护群体,重视集体团结的力量,那么作为灵长类高级动物的人类又当如何呢?

亚里士多德说过:"人类是天生社会性的动物。"一个人的力量是很有限的,很难突破时空、环境的障碍。唯有融入社会、发挥团队的力量才能做得成事情,客观的环境障碍就再也不成问题。一味迷信"单打独斗"的力量,最终不仅难以成事,还会因个人的自大而损害集体的利益。想做成更大的事、更多的事,只有依靠团队,充分发挥团队集体的力量,最终才能更好地实现目标。

比尔·盖茨认为自己能够取得成功的秘诀,在于他组织和集中了一大批优秀人才一起工作。伟大的科学家牛顿也承认,他之所以能够提出力学理论,在于他是站在许多前人研究的基础上,才能比前人看得远。任何人的成功都不是靠单打独斗取得的,"三个臭皮匠,顶个诸葛亮",只有领悟团队精神,懂得利用集体的力量,才能收获更多的成功。那么究竟什么是团队精神呢? 是为了团队成员的共同目标,和谐相处,共同努力,自觉地承担责任并愿意为此而牺牲奉献的精神。团队精神的最高境界又是什么呢? 是全体成员的向心力,凝聚力。这是从松散个人集合走向一个团队最重要的标志。

2. 团队要寻找最合适而不是最优秀的合作伙伴

一个优秀的团队,集中的并不一定全部是最优秀的人才,而应该是最适合的人才。这个世界上不缺乏各类优秀的人才,但却没有绝对最优秀的人才,"人外有人,山外有山"说的大概就是这个意思。

一个团队,如果凡事都依靠管理者或者领导人物的优秀品质,如敏锐的观察力、独特的见解、创新的理念、挑战卓越的勇气、非凡的执行能力和善于沟通的领导能力等来决定,那么团队的存在意义就没有了,这样的企业容易滋长个人主义,最终难逃矛盾冲突、发展难以为继的命运。而一个团队，如果其成员认同团队价值观、接受团队文化、具有团队协作精神，则必然能够在团队中充分发挥个体的工作能力和专业技能，自律守纪、充满热情地服务团队和服务集体。圆满完成各项工作任务的团队成员，才是最适合团队的，也是团队所需要的人。充分发挥个体优势和技能，团队成员之间相互紧密合作、优势互补，才能打造出一支优秀的、一流的团队。因此，一流团队的领导者应该知人善用、把岗位分配给最合适的队员，而并不一定自己是最优秀的人。在这一方面，唐太宗为现代团队上了一堂生动的课。

唐太宗在选人用人上采取"因职择人，量才而用"的原则，他了解每个大臣的长短处，把他们任用到最适合的位置上去。长孙无忌善避嫌疑，对待事物反应敏锐，决断事理，古人不及，而带兵攻战，就不是他的长处了，唐太宗便任其为礼部尚书；高士廉涉猎古今，心术明达，临事不改其节，当官无朋党，是其优点，但缺乏的是不能直言进谏，唐太宗让其供职于中书省；唐俭言辞犀利敏捷，善解人意；杨师道品行纯和，严于律己，但性格却有些懦弱，被奉为侍中，随侍左右；马周治吏颇有心得，才堪大用，遂破格提拔，十多年间，从一介布衣提升至宰相；魏徵以其性直充当诤谏之臣；李靖以其骁勇执掌军事。唐太宗的人事安排非常恰当，即使有人没有被授予职务，也毫无怨言，认为该位置上的官员的相关能力的确比自己强……

从以上的例子可以得知，唐太宗并没有介意所用的人是不是绝对最优秀的人才，而是在充分了解其能力和特点的基础上，根据个人能力及特点，把他们放到最适合他们的岗位上，发挥出人才最大的能力特长，最终收到令人满意的效果，开创了"贞观之治"的一时繁荣昌盛。

这一道理运用到现在的团队建设上，也同样适用。把最合适的岗位分配给最适合的人才，才能发挥出人才能力与岗位最佳匹配的效果，实现人才自身的价值最大化。

再比如，滨江学院毕业生创立的"文成"创业团队里，成员们各有特长，结合在一起，最终创立公司，发展得红红火火。他们在寻找创业团队成员时，就充分考虑发挥个体优势和特长，团队成员依据专业特长分别负责不同的岗位。如电子信息工程专业的杨同学，擅长单片机相关的软硬件开发，了解模电数电，熟悉相关硬件描述语言，掌握相关硬件集成技术，参与多种电子相关项目的开发和设计；人力资源管理专业张同学，语言表达表现力强，文艺方面有过人的才华，是学校大学生艺术团的核心成员，参与过学校各种大型活动的主持工作，在团队中负责人力资源管理和市场运营；数字媒体艺术专业的陈同学，专业知识过硬，懂得多种设计软件，擅长平面设计构图，建立过院社团官方微信平台，并参与制作后台运营，有丰富的广告宣传经验，在团队中负责 Logo、网站页面设计、PPT 制作等工作。他们因共同的爱好和志向聚集在一起，走上了创新创业、追逐梦想的道路，并最终获得成功。

综上所述，创业企业要打造一支优秀的、一流的团队，不能只片面追求招聘到最优秀的人才，还要看这个人才是不是适合所应聘的岗位，只有招聘到最适合的员工，才能发挥出其最大潜力和价值，才能打造出最优秀的团队。

3. 增强团队凝聚力，始终让团队成员牢牢地抱在一起

团队成员协调一致，全心全意做好每一件事，是团队获取成功的基本保证。那么，如何让团队成员劲往一处使，心往一处想呢？这就需要赋予每一位团队成员责任感和使命感，满足成员被需要的心理需求，使他们产生一种愿意努力、甘心奉献、积极进取的激情和力量，他们不因外部条件的变化而改变，只因内心的责任感和荣誉感而奋斗，他们会因完成任务或目标而获得莫大的自豪感，能够一往无前、义无反顾地应对自己工作中所面临的各种问题和挑

战，这是一支优秀团队成员所应有的最佳状态。

以通用电气为例：通用电气的企业使命只有七个字：无界限、快速、远大。创始人解释说："行为上的无界限，是今日通用电气的精神所在。简言之，人们是否总在自己与他人之间筑起一道道的墙，在我们这种大型机构内，此种本性发挥得更透彻。这些墙会限制大家、压抑创造力、浪费时间、钳制思想、扼杀梦想，更糟的是，会减慢一切事情的进度。我们的挑战就是要打掉甚至推倒这些阻隔在我们彼此以及我们与外界之间的几点障碍。到目前为止，'无界限'的精神让我们发展出许许多多的新点子，将公司彻底改进。"

"快速"是通用企业使命中的第二大哲学，大规模的公司很少有像通用这样，如此讲究速度。今日的通用电气公司，不论是新产品研发、生产过程重新设计，还是减少工厂和设备投资以提升公司实力，都能做到"快速"。

最后一大哲学是"远大"，指的是依照梦想来制定企业目标。"'远大'让公司把目标推向更高远、远到大家都意想不到地方。在这个无界限、讲速度的公司里，公开、诚恳以及信赖的作风让我们定出远大的梦想，然后大家努力实现。"

通用公司的领导者认为，企业的重要因素在于人。"我们决定在拥有20多万名员工的通用建立一种文化，让每个在这里工作的人每天都带着追求更好的态度来工作。因为我们知道策略、技术、市场开发、并购以及其他方面都很重要，而要让这些方面融合在一起，靠的就是人，通用是成功或是失败，关键也在于人。"公司尊重每一位员工，给员工灌输使命感，通过"软性价值"概念，达到尊重员工个体，以灌输使命感来挖掘出全体员工的聪明才智，从而实现公司的目标。

从一定意义上说，通用电气的成功，很大程度上得益于其企业文化的成功，领导者在通用掀起的一场文化革命，改变了员工的行为方式和工作方式，并因此激发了员工真正的热情和忠诚度。通过通用电气对员工的思想改造所获得的巨大的成功，我们不难看出，拥有使命感，无论是对整个企业还是对于员工个人，其意义都是非常深远的。

4. 不抛弃，不放弃，不让任何一个伙伴掉队

团队中总有个别成员因为自己不够优秀，而显得不那么自信。作为团队的领导者或管理者，要重视这部分成员的感受和想法，对他们予以鼓励，增强其自信心，而不是忽视或轻视他们，毕竟，他们懂得团队的力量，知道如何与其他成员配合，达到最优效果。如果团队领导者或管理者能够做到这一点，就会收获团队成员对个人、对团队无比的忠诚与信任，使他们全心全意为团队工作，并最大程度激发个人潜能，从而推动整个团队更进一步的发展。

增强团队成员的自信心，激发其潜力，对提升团队向心力与整体实力具有决定性的意义。例如，高校辅导员在平时学生管理工作中，总是会遇到一些突发性事件，尤其是对于新上岗的辅导员来说，工作经验不足，遇到事情难免会有惊慌失措、处理不够完善和不理智的情况，往往会因此而出现工作失误。这时，作为管理者，如果能够在批评的同时，予以指导和适当的鼓励，辅导员能够感受到领导者的关心和爱护，必然会认真总结经验，并在以后的工作中更加用心，更加努力。而如果管理者只是就事论事，严格按照规章制度办事，对于出错的辅导员予以批评和处分，只会挫伤员工的工作自信心与积极性，甚至使员工难以继续工作下去，其他的成员也会因此而战战兢兢，如履薄冰，导致整个团队士气低下，工作难以继续。

在团队成员工作中遇到困难或出现失误时，给予适当的鼓励比一味地批评指责要更好。

下属在工作中遇到困难时,团队管理者给予鼓励要比一味地责备要好得多。多给员工鼓励与支持,告诉他们:"只要相信自己的能力并努力工作,必定能成功。"除了适当鼓励情绪低落的员工,帮助他们养成自己解决问题的能力,在遇到问题时积极解决问题,学会通过在问题中树立自己的自信心、克服困难外,还要适当提携工作中表现较为平庸的员工。表现平庸的员工可能在处理问题及做事的能力上表现一般,但他们确实是较为踏实的群体,作为团队领导者,只要能对这部分员工以足够的诚意与耐心,投入热情,去关爱他们,帮助和提携他们,这些人必将成为支持、帮助领导者的力量。至少,可以使他们在工作中不拖后腿,有时甚至可能出现意想不到的收获。

受员工拥护的"聪明"领导者,一般会在员工没有工作热情、丧失自信心的时候,有意分配给他"十分重要的"任务,以彰显其重要性,使员工在感受到被肯定被认可的同时,提升其自信心。这样的领导者是在用事实告诉对方:"我相信你,你一定会做得更好。"

试想一下,如果你是那位员工,当你的领导这样待你,你会怎样呢?

5. 留住有能力、有进取心的员工

一支一流的团队里面,不可能所有的成员都是一流的人才,而是最适合团队的人才。但不可否认的是,没有优秀的人才,也很难建立一支一流的团队。优秀的人才是建立一流团队、发展做强一流团队的基本保障。建立一流的团队,不仅要招聘到优秀的团队成员,更要知道如何留住优秀成员。然而,实际情况是,随着经济的快速发展,企业间竞争越加激烈,优秀人才的跳槽已成为常态,企业往往留不住优秀人才。

不少企业管理者也重视起来现实中人才流动频繁的问题,开始制定不少优惠政策,吸引优秀人才。其中,较为行之有效的政策就是制定有效的职位晋升制度,让优秀员工得到认可,满足被承认赞许的心理需要。同时,对其薪金和生活水平加以提升,满足其物质上的需求。这样,优秀人才方能坚守在这个企业,才会为自己更好的前途尽心尽力,全心全意为所在团队服务。

有这样一个例子:某知名企业材料部员工A某,是该部门优秀的中层管理者,做事认真负责,能力也很强,平时能超额完成工作任务;与同事、下属相处融洽,深受同事好评,被领导认为是很有发展前途的一名优秀员工。但是,正因为他比较优秀,领导颇为器重,凡事都愿意交给他去做,他也都完成得很好,领导不愿失去这样的一个能干的下属,就暂时没有调动他的工作职位;可是没两年,原来器重他的领导因为职位调整走了,新任的领导因不熟悉工作,不同意人事部门提出的调动提升A某的提议,希望他在现在的岗位上继续坚守,辅助好新任领导的工作。最终,10年间,该部门换了三任领导,而A某的职位一直没得到提升,被迫停留在同一个岗位,A某也因为时间的推移,由最初的热情肯干,变得懒散、固执,对未来丧失了信心;同时,也因为他长期从事同样的工作,认为自己最熟悉业务,而听不进其他同事的意见,导致和身边的同事、下属关系越来越差,最后还因固执己见出现工作失误,被调离管理岗位,成为一名毫不起眼的普通员工。

由上述例子可以看出,作为企业领导者,应该重视员工发展,关注员工需要,积极地给予员工适当的发展晋升机会,不能因任何个人的原因或不合理的理由,妨碍员工的发展。否则,要么员工的工作积极性被打击,变得毫无斗志,要么无心在这个企业干下去,自然也就选择跳槽走人。

团队的领导者或管理者要如何做,才能在管理团队时,利用好资源留住团队中原本优秀的人才呢?概括起来,有以下几种方法。

(1)列好职位阶梯。

在新创企业最初,就借鉴其他企业发展经验,制定出职位晋升制度,列好职位晋升的阶梯,即职位的高低顺序:每个职位应具备的工作年限、能力要求、薪资水平等,并严格按照职位晋升制度所列要求对优秀员工进行考核,对达到条件的员工及时予以晋升。

(2)适当职位竞聘。

员工的能力不同,但作为走上向上晋升通道的员工来说,必须有较好的管理和沟通能力、语言表达能力等,当一个管理岗位空缺出来时,会有不少适合条件的员工想要争取,这时就不是领导一个人决定的事,为了体现公平公正,采取职位竞聘的方式是最为合适的,这既能体现公正的选拔方式,让员工心服口服,又能通过竞聘,挑选出能力最强者。当然,这个过程中,也需要管理者或领导者适时做出判断和评估,选出最佳人选,并给予未选上的淘汰者适当关注,以免其因失落的情绪影响正常工作。

(3)职业培训提升。

员工在个人工作中所能获取的知识和经验是有限的,作为企业管理者,应考虑到适时组织员工参加交流、培训,以此扩展员工的知识与见识,把所学新知识尽快运用到工作当中,这是一个企业与时俱进、发展向上的必要因素。对员工来说,更加专注自身发展,才能够有目标、有干劲,并为之付出努力,对企业的感情也会更加深厚。

除此之外,企业管理者或领导还要考虑得更多,给予所有团队成员平等竞聘、晋升的机会。要进行职位竞聘,需要达到一定的条件,那么就应该在竞聘之前,尽可能多地提供机遇,让全体员工都能够有机会得到发展,有选择晋升的机会。每个公司都应该有一个公平的晋升制度,该制度应当被员工和领导者双方所接受。这样,可以使员工得到很好的激励和回报,并实现组织绩效得到改进的目的。

三、团队管理中需要提防的六大误区

1. 角色错位:团队建设的最大难题

目前,企业管理中团队建设的模式已经比较成熟,下面借鉴企业管理中团队建设的经验,以帮助大学生创业初期在团队建设中少走或不走弯路。总结起来,企业团队建设中主要会出现以下几种问题:

组织不全,职责不清:企业要持续发展,就必须要有完整和完善的组织架构,各部门的工作岗位和工作职责一定要清晰明了,不能出现重复、遗漏等问题,否则企业很难持续发展,总会出现这样或那样的问题阻碍企业发展。

管理者能力不强,导致管理失控,俗话说"兵熊熊一个,将熊熊一窝",一个创业企业的管理者如果组织管理和团队领导能力不足,会出现团队管理失控等一系列问题,最终导致创业失败。

创业中任人唯亲,不讲原则:大学生创业初期,因接触的人脉资源等有限,创业团队成员一般都是熟悉和信任的朋友、同学,在处理问题时往往会感情用事,缺乏原则性,少了正规企业那种严格制度化的管理和文化氛围。

只懂技术,不善管理:有部分团队领导者是从技术岗位提拔上去的,他们一定是技术骨干,人际关系也不错,工作认真积极,但缺乏组织管理经验,他们可以把专业技术岗位上的工作完成得十分出色,但真正需要从更高层次上做好组织管理层面的工作,往往难以胜任,不会把现有的工作任务科学合理地分配给下属,不知如何做才能"人尽其才,才尽其用";或者做事没有规划,大事小事一起抓,结果自己忙个没完,而下属则无事可做。

过于集权,事必躬亲或过于放权,各自为政:在一个创业企业中,领导者如果总是不放心把事情交给其他成员去做,事无巨细一定要亲力亲为,效果事倍功半,反而不如放下权力,把握好发展大方向,这样往往能收到事半功倍的效果。但是也要注意,分权不等于放权,要起到管理者应该做的监督作用,团队成员必须完成各自的任务,在工作中合理分工,多做交流沟通,相互信任、协同工作,才能达到最佳效果。如果每个成员只守着自己的"一亩三分田",各自为政,即使每个成员很优秀,也难以达到最优效果。当然,像多管闲事、喜欢越位这样的问题也要及时发现并纠正,有些团队管理者自己的本职工作没做好,却总是喜欢对其他同事或职位相等的管理者指手画脚,或者对别人的工作越俎代庖,做出一些超出个人职权范围的事情,影响团队内部团结,妨碍企业发展。

事不关己,高高挂起:这种类型的团队成员或者管理者,与喜欢越位、多管多办的情况正好相反,他们一般完成所需要完成的任务后,对于其他无关的事情,绝不过问。事实上,企业的管理制度总是在随着情况的发展不断发生变化,以实现与时俱进,否则就会适应不了新情况。那么,在制度相对完善的基础上,团队成员都应该有相互关心、相互帮助的企业文化和人文精神,在完成个人工作后,给团队或团队成员一些力所能及的帮助。

2. 摸着石头过河:没有愿景就没有未来

"摸着石头过河,杀出一条血路",是当年改革开放总设计师邓小平同志对深圳寄予的厚望。虽然是摸着石头过河,但深圳的开发是成功的,深圳出色地完成了历史使命。

如果一支团队在创业初期没有规划好愿景,它是注定走不远的。

1992年,邓小平视察南方时,提出改革开放"胆子要再大一点,步子要再快一点"。于是,珠江三角洲地区又开始了一轮新的开发、开放浪潮。深圳更是一马当先,领跑珠江三角洲,示范全中国。在这期间,深圳有无数个创业机会。

1997年,香港回归后,虽然受到亚洲金融风暴的影响,但是深圳经济持续发展,各项经济指标全线飘红。一大批企业从小到大,从大到强,华为、中兴、万科、康佳、创维、飞亚达等一大批民族品牌脱颖而出。有些企业虽然迅速发展起来,然而,因为只是借了国家发展政策的东风,企业从普通管理者到最高领导者,都没有很好地规划发展愿景,最后正应了"人无远虑必有近忧"这句话,企业没有很好的规划,没有发展战略,不知后面将发展向何处,最后只能走向衰败。只有及时把握发展方向,做好发展规划,才能在迅速发展,复杂多变的市场经济中坚持下来。那些随波逐流的企业管理者,今天看股市赚钱就赶紧投资股市,明天看房地产兴旺就投资房地产,后天汽车行业红火就改投汽车买卖,这种企业也许能兴起一时,却无法长久发展,在优胜劣汰的选择中,最终会被淘汰出局。因此,企业要发展,就要首先做好发展规划,根据规划凝练企业愿景。企业只有在详细理性分析当今全国或世界政治、经济、科技、文化等因素的基础上,总结企业自身发展的优势与劣势,对团队成员及发展前景、对企业核心竞争力有深入的把握,做好明确的愿景规划,才能做到有的放矢,才能在复杂多变的环境中走得更好更远。否则,没有理性的分析与把握,所给出的企业愿景无法将落地实施,空谈企业愿景,树立的远大理想如空中楼阁,想要完成是痴人说梦。

3. 和谐压倒一切:不在和谐中爆发就在和谐中灭亡

大学生创业初期,组建的创业团队要带领企业发展,一定要有和谐团结的内部氛围,并尽量避免团队内部冲突,因为团队冲突对团队的破坏力极大。

为了使创业团队在创业过程中有较为清晰的认知,我们对导致创业团队出现冲突的原因予以总结,主要有以下几种原因:

(1) 个人或团队愿景不够清晰明了,即个人小愿景不清晰,或者个人的愿景与企业总体愿景均不清晰,或个人小愿景与团队大愿景的发展方向不一致。

(2) 团队成员中,有个体成员无法理解或接受团队的使命,成员缺乏使命感。

(3) 团队成员的价值观不统一,无法形成一致的价值观,甚至部分成员的价值观不符合时代发展大环境,有一些不正确或扭曲的价值观。

(4) 创业团队的领导者能力不足,难以服众,在对待团队成员时,不能做到公平公正,缺乏领导者应备的人格魅力,团队成员不愿意接受其领导。

(5) 团队没有制定严格的行为规范,或者制定了规范,但执行不力,团队认同感匮乏。

如果有以上几种情况,团队内部就会出现矛盾冲突,当矛盾或冲突出现时,团队领导者应该清醒地认识到问题出现的原因,从根本上解决冲突,而不是为了团队一时的和谐,竭力压制冲突,压制带来的和谐只是表面的,一旦发生突发事件,团队的冲突就可能会以更加激烈的方式爆发出来,使团队遭受更大的损失,甚至导致团队成员对领导、对同事产生不信任感。冲突发生后,引起冲突的主要责任者和相关人员都应受到相应的处理,否则就是姑息养奸,会让团队其他成员寒心,团队其他成员也会效仿这种不好的行为。

4. 三个和尚没水吃:团队不能一日无主

老子《道德经》中说:"太上,不知有之;其次,亲而誉之;其次,长之;其次,悔之。信不足焉。悠兮,其贵言。功成事遂,百姓皆谓'我自然'。"

这段话的意思是:最好的领导者,部下感觉不到他的存在;低一层次的领导者,部下亲近并称赞他;再低一层次的领导者,部下畏惧他;更低一层次的领导者,部下不服他。领导者的诚信不足,部下不信任他。最好的领导者是那么闲,很少发号施令。事情办成功了,众人说"我们本来就是这个样子"。

无论是什么类型的领导方式,团队的领导都至关重要。创业团队组建以后,一般会由大家在公平公正的形式下推选出一位团队领导,由他带领创业团队确定创业目标、制定发展规划、凝炼团队愿景;也由他带领团队成员制定企业发展规章制度、制定奖惩机制及行动计划等等。没有团队领导者,凡事都由全体成员共同决策,往往会因意见不一致,难以统一,影响创业企业发展进程,甚至阻碍企业发展步伐。一个简单的例子就是三个和尚挑水喝的故事:只有一个和尚时,因为自己不干,不去挑水,就没有水喝,因而自己挑水自己喝,不存在公平问题,也就没有意见;有两个和尚时,一起出力,公平公正,也不会产生意见和分歧;当出现三个和尚时,却没有水喝了,这是为什么呢? 因为挑水只需要两个和尚,有一个可以不出力,此时就出现了公平公正的问题;三个和尚在要挑水时,都抱着相同的心态,都不愿意多出力,都想依赖别人,导致最后大家都没水喝。其实,如果三个和尚能够做好组织工作,订立好轮流挑水制度,让各自都感觉到公平公正,愿意接受不遵守规定的惩罚,那么,就不会存在没水喝的情况。

从对创业团队进行组织管理的角度看,三个和尚没水喝的原因在于,他们没有人负责,三人之间是相对独立松散的关系;没有严格的管理制度去约束个体行为,不做事或做错事也不会受到任何惩罚;个体不承担任何责任分工,做得好的也没有相应的奖励,因此三个和尚在挑水事件上矛盾重重。综上可以得出这样的结论:一个人数相对多的组织或团队,只有成员分工明确,各自做好分内的工作,做得好的员工得到奖赏,做不好的员工受到一定程度的惩罚,这样才能充分调动团队成员的主动性、积极性,充分发挥成员的优势及创造性,使组织或团队得到更好的发展。

一个团队有了领导者的带领,才能更好地确定团队愿景和发展方向,才能更合理地招兵买马、扩大发展,才能更科学地制定规章及行动计划。总之,团队需要有一个明确的领导者,带领团队成员和创业企业一起向更好的方向发展。团队的领导者是不可或缺的。

5. 排他性:空降兵的生存困境

创业团队只有紧跟时代发展的步伐,才能保持壮大,在这一过程中,团队需要吸收新思想、新技术、新方法,需要引进高新技术人才与具有新思想的管理人才,加入新鲜血液,而这部分人员,通常被称为"空降兵"。这些空降兵往往比现有团队部分成员具有更优秀的专业技术或管理思想,他们的到来,或多或少会给一些老员工带来压力,老员工往往会对他们采取不合作或排斥的态度,使得这些空降兵很难融入团队,所谓"出师未捷身先死",就是最直接的证明,无法融入团队的他们最后只能选择离开。

为什么这些思想和技术都很优秀的"空降兵"难以融入团队呢? 分析起来,主要有三个原因:

(1)员工排外性。管理思想或专业技术都很先进的空降兵的到来,在一定程度上会直接损害一些思想和技术无法跟上时代的老员工,给他们带来就业生存的巨大压力,这部分员工也许技术不够优秀,但人际关系良好,他们能够说服更多的老员工跟随他们一致对外,团结在一起排斥新入职人员,也许个别人的排挤对空降兵来说不会有很大的影响,但一旦形成抱团排挤的方式,"空降兵"便难以继续在团队中生存。

(2)职责过高,难以承受。一般企业招聘过来的高新技术人员或具有先进管理理念的员工,都是企业管理者花费更高的薪资待遇、更多的资源引入的人才,利用的资源多,代价高,企业管理者自然希望尽快收到与花费对等的收益,管理者对新入职人员的要求也就水涨船高,这是正常现象。但企业管理者却忽视了"欲速则不达"的道理,新员工带着高要求、高收益的心理压力,要在短期内取得较好的业绩,往往很难,甚至难以承受压力,最终只能辞职。

(3)团队文化错位。创业企业自创业团队组建开始,在发展的过程中就形成了一定的团队文化,团队成员也熟悉并完全融入了这种团队文化。然而,对于新入职的"空降兵"来说,这是一种不熟悉的文化氛围,他们也因为自己的专业优势而有一种高人一等的自我感觉,本身就对团队文化不熟悉,受到排挤,又有一种自视甚高的想法,不愿意主动融入团队文化,新老员工的思想文化观念是错位的,因此"空降兵"在工作时会遇到很大的困难,命令或指令难以落实,最终达不到企业管理者的预期。

6. 团队激励之措:追求梦想而非满足贪欲

依据马斯洛的需要层次理论,人有心理需求和物质需求两种形式。那么对于人的激励,就应该从两个方面着手:一方面先满足人的物质需求,再满足人的精神层面的需求。因此,团队激励中,在物质激励已经达不到明显的效果时,应对员工个体的性格、理想、信念以及价值观等精神层面的需求进行激励。对团队成员进行精神层面的激励,要做好如下充分的准备:

(1) 详细了解一下团队每位成员的特点,如团队成员的兴趣爱好、性格特点、职业追求、家庭情况等。

(2) 在了解团队成员的基础上,针对每位成员的需求层次,想办法满足他们的个体需求。当然,这个过程中要把握好一个度,对于员工合理的需求予以满足,对于不合理的需求,也要及时拒绝并加以引导。团队激励的目的是为了激发员工的工作积极性,更好地为团队目标服务,而不能成为满足员工个体私欲的工具,得到合理的奖励,也必须是在达到团队要求的前提下发生的。

(3) 团队有自己的大愿景,成员也应有个体的小愿景,个体愿景最好与团队愿景一致,而不是大相径庭。如果个体愿景与团队愿景不一致,也要在不影响团队利益的前提下尊重个体愿景,并帮助个体成员做好职业规划。当然,最好是把团队的愿景和个人的愿景结合在一起,团队成员才会感觉自己是和团队的未来联系在一起的。

(4) 对团队成员的激励要及时。当员工圆满完成工作任务或超额完成任务时,团队领导者就应该抓住这个契机,及时对员工提出表扬,对其工作予以肯定和鼓励,这不仅能充分调动员工的工作热情,还能起到鼓励其他员工的作用,直接影响团队成员形成相互追赶、努力竞争的氛围。激励如果不及时,不仅会在一定程度上挫伤员工的工作积极性,也不能给其他员工起到良好的示范作用。

拓展阅读
tuo zhan yue du

闪烁同行　志在完美

2013 年,由滨江学院市场营销、电气工程与自动化、计算机技术与科学、财务管理等专业四位同学组建的"烁美"创业团队(全名为"南京烁美文化传播有限公司"),在短短的几年中业绩突飞猛进。在 2015 年江苏省大学生创业典型案例征集中,入选"100 个"创业团队典型。2014 年全年营业额达 20 余万元,到 2015 年月营业额达 30 万元、年营业额超过 150 万元。

虽然团队现在发展得红红火火,但创业初期也不是一帆风顺:社会中,很多企业迫切希望进入高校这块巨大的市场而苦于不知道从何入手;高校学生活动由于受限于经费而不能办得出彩出众;很多学生到处寻找商家赞助自己的活动,效率低下,有时甚至耽误了学业。四位同学深知创业的艰难,但他们认为凭借着百折不挠的勇气和毅力,一定可以战胜困难。然而事情并没有想象中那么简单和天真。在公司成立的初期,资金周转困难成为了最大的拦路虎,因为没有经验和硬件保障,很难贷到款,没有了资本,就如同战车没有了汽油,四位同学进退维谷。

一波未平一波又起,运作一个公司需要一个明确固定的办公场所;工作人员紧缺,人手不足,常常是四位同学忙得焦头烂额却还是效率低下;由于学生的特殊身份,工作时间与上课时间有严重冲突……困难如同凛冬之怒,刚刚燃烧的一腔热血遭遇了现实严寒的打击,面对梦想和现实之间的差距,四位同学咬住牙关苦苦坚持。

正当一筹莫展之际，在学院领导及老师们的帮助下，鼓励他们申报学院创业园项目并成功获批，学院将创业园201室提供给公司作为办公场所，并同意活动资金可以暂缓结算；安排院学生会对于公司工作给予大力支持；学校创业指导老师邀请南京各地创业专家对公司的创业工作进行了耐心细致的指导，教会了四位同学很多公司运营方面的专业知识。资金流的控制以及公司制度化的运作，这个对公司逐步走向正轨提供了非常大的理论支持。

随着时间的推移，国家鼓励高校学生自主创业、激发市场活力的利好政策出台并由学校迅速落实，资金以及技术上的支持让公司撑过了成立初期最艰难的时刻。东风吹响了百舸争流的号角，公司开始在崭新的环境下，沐浴着政策的春风，渐渐地成长起来。

南京烁美文化传播有限公司一开始将业务重心放在校园活动这块市场上。

作为学生，他们比社会上一些公司更加了解学生的需要，进入社会他们也更加全面地了解了企业的需求，两者需要寻找一个平衡点。未来的校园市场会有一个整合的阶段，一些公司会越做越大，而另一些公司会越做越小，直到退出市场。

发展至今，经历了风风雨雨，南京烁美文化传播有限公司正处在一个非常关键的时期。公司的主要业务在校园，由于面对着强大的竞争压力，加上校园活动受限于寒暑假的巨大局限性，虽然利润空间大也相对比较固定，无法有更长远的发展，想完全靠校园市场在南京这块纷杂的市场上占有一席之地并不现实。公司如果想在强大的竞争中寻求发展，必须要进行方向的调整。

2017年年初，公司果断调整业务方向，开始进入商场、商圈、商超和社区等进行巡回路演，先后承办了华为P8南京发布会、梦特娇135周年庆典等大型商圈活动，公司在不断地寻找更大的业务空间和市场空间，在业务不断转型的同时积累了行业内的口碑。

"烁美"不仅联合品牌公司进行企业文化和知名度的宣传，还致力于公益事业的发展。2013年，"烁美"与卫岗牛奶合作举办"卫岗牛奶进校园"公益活动，将当天的义卖全部销售额捐助贫困山区；公司牵手南京市华肤医院，联合南京数十所高校进行义诊，受到在校师生一致好评；临近毕业季，公司通过开展公益活动，为毕业生提供就业信息搜集、就业技能指导服务，有效地解决了200个大学生的就业问题，帮助他们找到了满意的工作。

"烁美"在提高公司业绩的同时也担负起"立足校园、服务学生"的使命。现在公司已经逐步走出南京市场，开始辐射南京周边高校聚集的城市，杭州就是他们第一个试点。2015年3月份，覆盖杭州十所知名高校的"闪亮大学声"项目在杭州启动，正式打响公司迈出南京的第一步。

对未来，他们既充满信心，也敢于迎接挑战，他们相信，只要有付出、敢担当，他们的创业之路一定会越走越宽，越走越顺。

本章小结

想要创业成功，就要详细了解本章中介绍的关于创业团队的概念、类型及组建策略，以便大学生在创业过程中，组建一支合适的创业团队。另外，创业领导者要在明确角色定位的基础上，带领创业团队，扬长避短，充分发挥团队优势，并在发展中重视团队建设中的一些不成文规则,避免陷入团队建设中可能出现的六大误区,争取在众多创业大军中脱颖而出,并在复杂多变的社会经济环境中持续发展下去。

参考文献及材料

1. 赵凡禹,裴向敏. 团队精神大全集[M]. 上海:立信会计出版社,2012.

2. 孙正元. 团队的秘密:这是一群乌合之众吗?[M]. 北京:人民邮电出版社,2013.

3. 冯苏京,王秋宇. 高效团队[M]. 北京:机械工业出版社,2013.

4. R·梅雷迪尔·贝尔宾. 管理团队:成败启示录[M]. 袁征,等,译. 北京:机械工业出版社,2017.

5. 罗伯特·W·巴纳,夏洛特·P·巴纳. 构建高效团队的70种工具和方法[M]. 方海萍,等,译. 北京:电子工业出版社,2015.

6. 陈麒宇. 创业是一种信仰:大学生必上的十堂创业课[M]. 北京:中国财富出版社,2014.

7. 王晓进. 大学生创业理论与实践[M]. 北京:科学出版社,2014.

8. 张广,董青春. 创业基础[M]. 北京:北京师范大学出版社,2014.

9. 邓汉慧. 创业基础[M]. 北京:北京大学出版社,2016.

10. 苏世彬. 创业管理[M]. 北京:高等教育出版社,2015.

11. 马燕杰. 如何打造最强团队[M]. 北京:中国商业出版社,2014.

12. 李睿. 优秀团队必备的15个成功法则[M]. 北京:石油工业出版社,2013.

教学过程

章节	内容	时间	授课方法	教具
课程导入	关于创业团队雏形的讨论	5分钟	课堂讨论	PPT
第一节 什么是创业团队	创业团队的概念	10分钟	讲授	PPT
	创业的类型	10分钟	讲授	PPT
	创业团队的优势与作用	15分钟	讲授	PPT
第二节 如何组建创业团队	创业团队的组建原则	10分钟	讲授	PPT
	创业团队的组建程序	15分钟	讲授	PPT
	组建创业团队需要注意的问题	10分钟	讲授	PPT
小测试	分享你阅读创业故事后的创业感想	15分钟	讲授	PPT

第五章

市场调查与分析

通过本章学习,了解市场调查的概念与意义、市场调查的类型与特征、市场调查的过程与步骤,了解市场分析的概念与重要性、市场分析的内容与方法等。

重点:市场调查的概念、市场调查的类型、市场调查的特征、市场分析的概念、市场分析的内容等。

难点:市场调查的过程和步骤、市场分析的主要方法等。

第一节 市场调查

通过本节学习,学生应达到如下要求:

1. 了解市场调查的概念和市场调查的类型。
2. 掌握市场调查的特征。
3. 掌握市场调查的过程与步骤。
4. 能够组织与实施市场调查。

京东家电,中国人的家电网购

近日,中国家电网联合市场调查机构美兰德在全国范围内针对国内主要城市、有过网购经历的消费者进行了一项调查,结果显示,在家电领域无论是品牌、价格、品质还是服务,京东家电都显示出了压倒性优势,成为消费者心目中购买家电的首选电商平台。

多年来,京东家电始终重视提高消费者在物流、服务、售后等环节的购物体验,这也契合了当下消费者追求美好生活、消费升级浪潮的整体市场趋势。

价格始终是消费的基础。

每当购物节来临之际,花样繁多的促销、优惠活动总会让消费者有"乱花渐欲迷人眼"之感,消费者们也往往会将价格因素作为购物重要的考量之一,而家用电器作为家庭生活的大件,谁也不希望刚买到的商品出现降价的状况。

当消费者被问到"哪些因素决定了你选择购物平台"时,选择"电商平台的家电产品价格最实惠,并且提供 30 天价格保护服务"(京东)的消费者最多。另外,选择之前购物体验好的平台成为第二因素,可见消费惯性的重要。

更值得关注的是,在物流、售后服务、退换货规定等消费者购买大件家电最关心的问题方面,消费者选择京东家电的比例分别是令人咋舌的 71.3%、69.51% 和 71.1%。无论是从统计学还是零售、电商的角度来看,这对京东家电的竞争对手天猫、苏宁而言都是压倒性的优势,三者甚至都不在同一个量级上。

另外,物流快捷的印象深入人心,带动了货到付款形式的发展,不积压资金、见货付款让京东家电在支付便利性方面再胜一场。

2016 年"双 11"期间,家电消费金额是消费者的主要支出,而美兰德数据显示,在 2017 年"双 11"购物狂欢节期间,52.26% 的消费者将会把京东家电作为网购家电首选平台。

消费者对于服务、品质与购物体验的需求非常强烈,甚至在某种程度上超过了对价格的敏感。

纵观家电网购平台的发展历史,刺刀见红的价格战屡见不鲜。回顾数年前,家电市场上狼烟四起,线上、线下,传统渠道电商平台打得不可开交。然而数年后,形式已经发生了变化。首先,消费升级的态势已经不可逆转,消费者们对于生活的品质有了更高的追求,对家电的主要诉求从以前的"有没有""能不能用"已经发展到现在"好不好用"的阶段;其次,以京东家电为代表的线上网购平台持续发力,从物流、售后、安装等多方面入手,专注解决传统家电购物中存在的痛点,品牌信赖度和依存度大大提升;第三,品牌商与线上平台的合作愈发深入和紧密,京东家电完全有能力给消费者提供定制、高端的产品,以满足人们对于美好生活的追求。

由此可见,京东家电之所以能够在权威机构的数据调查中大获全胜,与其多年来对品质与服务的追求和坚持有着密不可分的关系,可以说是意料之中。

消费者对于品质与高端商品的追求,市场也明确地反映了出来。以京东家电今年"6·18"大促为例,代表着高端产品的曲面电视、智能空调、大容量风冷冰箱、洗烘一体机都取得了成倍增长的好成绩。

事实上,从公开数据来看,家电品类都是当年"双 11"期间的销售冠军。以 2016 年数据为例,手机、家电、个人护理、彩妆、母婴五大品类,销售额占比分别是 12.1%、20.4%、8.0%、4.0% 和 6.1%。显然,家电品类就是整个购物狂欢节闪亮王冠上的那颗明珠。而这颗明珠,已经牢牢地掌握在京东家电手中。

在 2017 年"双 11"有购买家电打算的被访者占到八成的比重,过半数的消费者会选择京东家电。由此不难看出,京东已经成为消费者网购家电的首选平台,也是今年"双 11"家电网购的主战场。

前几天,全国人民的微信朋友圈都被一条广告刷屏——"家电网购,6 成来自京东"、"京东家电,中国人的家电网购"等广告语传遍祖国大江南北。

不仅是家电业，整个广告业都被这一大手笔所震惊：这是微信有史以来第一次推送全量广告——这意味着，每一名使用微信的用户，都共同见证了这条来自京东家电的广告。

据了解，为了备战 2017 年的"双 11"全球购物狂欢节，京东不但联合腾讯推出了京腾计划，还重金砸入 12 亿营销资源，微信全量广告就是其中之一，霸气尽显无遗。

另外，"双 11"启动之前，国内家电厂商的一把手、掌门人纷纷前往京东总部，或为京东家电单独留出生产线保障供货；或在京东家电首发新品，全力冲刺京东"双 11"全球好物节。

如此大手笔的投入，在业内掀起如此大的波澜，其背后是京东家电多年来厚积薄发的结果：2017 年 8 月，工业和信息化部赛迪研究院发布了《2017 上半年家电网购分析报告》，京东继续以家电网购市场六成份额稳居全渠道最大家电零售商之位。

讨论问题：

1. 京东为什么能在家电网购市场独占鳌头？
2. 京东是如何精准把脉家电网购市场的？

对于创业者尤其是创业的大学生而言，创业前进行科学、合理的创业市场调查，是能否成功创业的关键。市场调查是创业者收集信息资料最主要的方法和手段，是决定创业计划书的论证是否有理有据、检查创业计划书是否切实可行的主要工具。创业者进行创业计划和论证的过程实质上就是信息收集的过程，是分析市场机会并预测市场环境进而化解未来创业过程中可能遇到风险的过程。通过市场调查，创业者可以了解与市场相关的客观因素，诸如宏观市场环境、政策、法律法规等方面的信息，以及与市场有关的主观因素，如消费者需求、竞争对手情况等。因此，详尽的市场调查有助于创业者找出准确的市场定位、更好地细分市场机会，减少创业过程中的盲目性，避免失误，提高创业成功的可能性。

要获得准确市场信息必须借助于市场调查。在现代市场经济活动中，市场调查已经成为企业进行市场经营活动的前提和基础，成为企业开展经营活动、获取市场信息的有效工具。在开发某一市场之前，市场调查能帮助企业决策者识别和选择最有利可图的市场机会；进入市场之后，市场调查又是市场信息反馈系统的重要组成部分。其实在日常生活中，市场调查就在我们身边。比如，你准备购买一辆家用轿车，在购车之前，你可能会去销售轿车的 4S 店，了解信息、收集资料等；接着会与家人、朋友一起分析这些信息，比较不同的车型，确定购买对象，最后决定购买。这一系列活动环节就构成了一项市场调查。

一、市场调查的概念与意义

1. 市场调查的概念

（1）市场调查的定义。

创业者在正式创业之前，如果没有深入地开展市场调查，没有充分地了解市场信息，就不能真正地了解市场需求，无法掌握市场发展变化的规律，也就无法为创业者的创业决策提供科学依据。市场调查是企业运用科学的方法，有目的、有计划，系统地收集、记录和整理市场信息，借以分析、了解和掌握市场变化的态势和过程，研究市场变化的特征和规律，为企业做好市场预测和经营决策提供依据的活动和过程。市场调查的整个过程就像一个高明的医生，通过望、闻、问、切的手段，了解病情、收集病人的有关资料。其中"望"就好比市场调查的观察法；"问"就好比市场调查的询问法；"闻"和"切"就好比市场调查的实验法。综合运用各种调查方法,了解病情,分析病因,预测病情发展,为制订最佳的治疗方案提供依据。

美国市场营销学权威菲利普·科特勒教授对市场调查的定义为:市场调查是系统地设计、收集、分析和提出数据资料,以及提出与公司所面临的特定的营销状况有关的调查结果。

(2)市场调查的内涵。

市场调查的概念主要包括以下几个方面的含义:

① 市场调查的主体是企业。企业围绕具体经营活动,通过自身的调查机构与专业人员或请专业的市场调查公司,对相关的信息资料进行市场调查。

② 市场调查的客体是市场现象。市场现象包括影响市场变化的因素及其影响方向和程度、市场发展趋势和变动趋势、市场供求关系、市场价格以及竞争状况等。

③ 市场调查是一种有目的的活动。市场调查不是对市场现象无目的的、一般的、零散的、片面的观察和了解,而是根据企业经营管理目标的要求,全面而系统地收集和加工处理有关市场信息资料,为企业经营决策者对市场预测和经营决策提供依据。

④ 市场调查必须利用科学的方式和方法。市场调查是一种技术性很强的活动,要保证市场信息的准确、可靠、及时、适用,就必须根据市场调查的目的和调查对象的特点,选择科学的调查方式、方法和技巧,将所需的市场信息,客观、真实、全面、系统地收集上来,利用科学的分析方法,对收集的信息资料进行加工处理,以满足企业经营管理的需要。

⑤ 市场调查是一个过程。市场调查是深入到消费市场中、收集市场信息、整理信息、分析市场供求关系等一系列活动和过程。

(3)市场调查的原则。

市场调查是企业实施的一项有计划、有组织的活动,必须遵循一定的原则,才能实现预定的目标。

① 客观性原则。

客观性原则就是从实际出发,在正确理论指导下,对已有的资料进行科学的分析,找出事物发展的客观规律性,并用于指导行动。市场调查收集到的资料,必须体现客观性原则,对调查资料的分析必须实事求是,尊重客观事实,切忌以主观臆造代替科学分析。

② 准确性原则。

市场调查必须如实反映客观实际,提供正确资料。这就要求一方面在调查过程中,调查人要保持严肃认真的工作态度和一丝不苟的工作作风,资料的收集和加工整理都不能带有自己的主观感情色彩,不能隐瞒、歪曲或夸大事实;另一方面要根据调查的目的和调查对象的特点,科学地选择调查方式和调查方法,以保证所获得的调查资料具有最充分的代表性,并努力减少调查误差。

③ 系统性原则。

市场调查与分析是一项系统性的工作,它是由市场调查主体、客体、程序、方法、设备、资金与信息资料等因素构成的。在市场调查与分析的过程中,必须综合考虑各种因素,以系统思想为指导,全面考虑问题,既要了解本企业的实际情况,又要了解竞争对手的有关情况;既要认识到内部环境的影响,又要调查外部环境对企业和消费者的影响,决不能犯以偏概全的错误。

④ 时效性原则。

市场调查必须迅速及时、讲究时效。由于市场受多种因素影响,供求关系会经常发生变化,市场调查如不能及时反馈信息,就会落后于市场形势的变化,失去参考价值。这里的时效性就是要以满足市场调查组织者的需要为准,要在调查方案规定的时限内完成。

⑤ 经济性原则。

进行市场调查要考虑经济效益问题,即投入与产出问题,要比较企业的信息需求与成本。市场调查需要投入一定人力、物力和财力,必须在保证质量的前提下,节约费用开支。一般情况下,对市场信息的数量、质量要求越高,花费的人力、物力、财力成本也越高。但是,从市场信息实际使用效果来看,高的投入并不一定有高的产出。为此,就必须要进行投入与产出的比较,寻找一个最佳的结合点。只有当信息的预期价值大于获得这些信息的成本时,调查才应当进行。调查通常要考虑以下三个因素:一是收益有多大,是否值得投资;二是调查的成果能否提高决策的质量;三是调查支出预算方案是否是最佳方案。

(4)市场调查的内容。

市场调查的范围十分广泛,每个企业进行市场调查的目的不同,市场调查的具体内容和侧重点也不同,常见的企业市场调查的内容主要包括市场环境调查、市场需求调查。

① 市场环境调查。

市场环境的变化会对企业的经营活动产生直接或间接的影响,它既可以给企业提供市场机会,也可能给企业造成威胁。影响企业经营的市场环境因素很多,大体上可分为两类:一类是宏观市场环境,指对企业经营活动起着间接影响的各种环境因素,主要包括政治法律、经济、社会文化、自然地理等;另一类是微观市场环境,指对企业经营活动起着直接影响的环境因素,主要包括资源供应者、营销中间人、竞争者、公众等。

首先,宏观市场环境调查。

宏观市场环境调查是指对影响企业生产经营活动的外部因素所进行的调查,是指从宏观上调查和把握企业运营的外部影响因素及产品的销售条件等。对企业而言,宏观市场环境调查的内容基本上属于不可控制的因素,包括政治法律、经济、社会文化、自然地理环境等,它们对所有企业的生产和经营都产生巨大的影响。因此,每一个企业都必须对主要的宏观市场环境因素及其发展趋势进行深入细致的调查研究。宏观市场环境调查主要包括以下几个方面:

一是政治法律环境调查。企业的生产经营活动既要受到国家政治法律法规的影响,又要受到相关政策的影响。政治法律环境对企业经营活动可以起到鼓励作用,也可能起限制和制约作用。政治法律环境的内容主要包括:一是国家的政治经济体制;二是政府的方针政策,如国民经济发展计划、产业政策、财政政策、价格政策、税收政策等;三是政府的有关法律法规,如公司法、劳动法、合同法、产品质量法、环境保护法、消费者权益保护法、反不当竞争法等;四是国家政治经济形势。

二是经济环境调查。经济环境主要是指当地的经济发展水平,是决定企业经营规模、结构、深度和广度的最主要因素,消费群体的购买力是决定企业进入某一市场最重要的因素。经济环境调查的内容主要包括:国内生产总值(GDP)及其增长因素、当地社会商品的购买力水平、居民的消费水平和消费结构及其变化趋势、消费者储蓄和消费者信贷、物价水平和通货膨胀率、社会商品供应总量及其构成、企业所在或准备进入的产业状况等。

三是社会文化环境调查。社会文化主要指一个国家、地区的民族特征、价值观念、生活方式、风俗习惯、宗教信仰、伦理道德、教育水平、语言文字等的总和。社会文化环境不仅影响到企业的经营行为,也影响消费者的消费心理和消费习惯等,在很大程度上决定着人们的价值观念和购买行为,影响着消费者的消费动机、种类、时间、地点和方式。社会文化调查的内容主要包括教育水平、价值观念、职业构成、宗教信仰、风俗习惯等。

四是自然地理环境调查。自然地理环境是指自然界提供给人类各种形式的物质财富,它决定了地区之间资源状态分布、消费习惯、消费构成和消费方式的不同;同时企业经营活动受自然地理环境的影响和制约,这种制约不仅是现实的,而往往也表现为一种趋势性的影响。自然地理环境调查的内容主要包括自然资源的种类、数量、结构、分布,以及开发利用情况,环境污染程度及治理状况,地形地貌、交通地理状况,道路、交通运输工具状况、降雨量、气温等气候条件,等等。

其次,微观市场环境调查。

微观市场环境主要包括资源供应者、营销中间人、竞争者、公众等几个方面。

一是资源供应者调查。资源供应者负责向企业供应原材料、设备、零部件、能源、劳动力等生产经营资源,他们的资源供应能力和信誉对企业经营活动有着直接影响。资源供应者调查的内容主要有:资源供应者的供应能力,包括供应本企业商品的数量、规格、质量以及满足本企业生产经营的程度;资源供应者供应产品的方式、价格以及与本企业的生产经营的协调性;资源供应者的信誉,包括合同履行能力等。

二是营销中间人调查。营销中间人是为企业提供融通资金、推销产品、提供运输、仓储、保险、咨询等便利企业经营活动服务的机构,包括金融机构、代理商、营销商、运输企业、储存企业、保险公司、咨询公司等。他们对于企业能否顺利把产品转移到用户手中,对于企业服务于目标客户能力的最终形成具有重大影响。营销中间人调查的内容主要包括:营销中间人提供便利企业经营活动的能力以及满足企业经营活动需求的情况;营销中间人提供营销服务的方式、价格以及对本企业经营活动的影响;营销中间人的信誉以及在本企业消费者心中的形象等。

三是竞争者调查。任何产品在市场上都会遇到竞争对手。当产品进入销售旺季时,竞争对手会更多。竞争可以是直接竞争,也可以是间接竞争。不论是何种竞争,不论竞争者的实力如何,要想使自己在竞争中处于有利的地位,就必须要对竞争者进行调查,以确定企业的竞争策略。竞争者调查的内容主要包括:竞争对手的经营规模、人员组成及其组织机构;竞争对手经营商品的品种、数量、价格、费用水平和营利能力;竞争对手的供货渠道;竞争对手的销售渠道;竞争对手的市场份额,等等。

四是公众调查。公众是指实际上或潜在地关注、影响企业经营目标实现的群体,包括政府机构、融资机构、媒介结构、群众团体和当地居民等。企业必须采用有效的公关手段和策略,处理好与各种公众的关系,努力塑造并保持企业的良好信誉和形象。公众调查的内容主要包括:对企业实现经营目标影响最大的公众有哪些;企业在公众心目中的形象如何;如何利用公众关系扩大企业影响、塑造企业形象等。

② 市场需求调查。

市场需求调查在企业经营中是非常重要的内容,它主要包括生产者需求调查与消费者需求调查,进行市场需求调查的主要目的是更好地满足消费者的消费需求,及时调整企业经营管理决策来适应不断变化的市场。

首先,生产者需求调查。

影响生产者需求的因素很多,主要包括企业无法控制的宏观因素和可以控制的微观因素,企业可以根据市场需求水平、技术发展、竞争状况与企业自身经营目标、战略、政策、采购程序、组织机构和制度体系等对生产者需求进行调查。企业调查人员进行生产者需求调查时必须了解以下几个方面的问题:

一是生产者的经营目标和经营战略是什么?

二是为了实现这些目标和战略,他们需要什么产品?

三是它们的采购程序是什么?

四是有哪些人参与采购或对采购产生影响?

五是它们的评价标准是什么?

六是该企业对采购人员有哪些政策和限制?

例如,以追求总成本降低为目标的企业,会对低价产品的生产原料成本更感兴趣;以追求市场领先为目标的企业,会对高质量的产品更感兴趣。

其次,消费者需求调查。

企业的一切活动都是围绕着消费者进行的。消费者需求调查是企业经营活动的起点,也是企业调查中最重要的内容。任何企业在拓展市场时,都要弄明白以下三个方面的问题:

一是谁是我的目标客户;

二是目标客户的消费需求特点是什么;

三是市场需求量有多大。

消费者需求调查的内容主要包括:目标市场选择调查、顾客消费动机调查、顾客消费影响因素调查、顾客消费决策过程调查、消费者需求量调查、消费者需求结构调查、消费者需求时间调查、消费者购买力调查、消费者满意度调查等。

2. 市场调查的意义

市场调查在企业经营过程中是极其重要的,其意义主要包括如下几个方面:

(1) 市场调查是企业经营决策的前提和基础。

企业在发展过程中,都经常会遇到方方面面的选择,哪种选择是正确的? 怎样选择才正确? 一个优秀的决策绝不是建立在感觉、直觉、纯粹的主观臆断基础上的,而是依据科学的方法和正确的态度。通过市场调查企业能够有效地了解市场、认识市场、分析市场,科学的市场调查是企业决策的重要依据。

(2) 市场调查能帮助企业发现自己的优势。

企业通过市场调查,可以了解竞争对手的情况,分析竞争对手的优势与劣势,找出自身的优势和劣势,在竞争中避开对手的优势,发挥自己的长处,抓住市场机会。同时可以针对竞争对手的弱点,突出自己的优势,吸引消费者,赢得消费者的市场份额。

(3) 市场调查能帮助企业了解市场供求状况。

企业的竞争实质上是争夺消费者的竞争。市场调查可以帮助企业发现消费者的现实需求,同时还可以发现他们的潜在需求,给企业带来现在的和未来的市场机会。

（4）市场调查有利于企业掌握环境的变化，及时调整策略。

市场是瞬息万变的，市场调查能帮助企业在不断变化的市场环境中发现规律，发现有价值的信息。通过市场调查既可以发现老顾客的未知需求，也可以找到已知需求的新顾客群，为新产品的开发提供新思路；通过市场调查可以了解消费者的消费特征，为产品定位提供最佳方案；通过市场调查能够充分了解企业形象和广告效应；通过市场调查能够帮助企业避开竞争对手，为企业的正确决策提供可靠的依据。

二、市场调查的类型与特征

1. 市场调查的类型

（1）按市场调查的方法分类。

① 观察调查。

观察调查就是调查人员通过直接观察和记录调查对象的言行来收集信息资料，这种方法的特点是调查人员与调查对象不发生对话，甚至不让调查对象知道正在被观察，使得调查对象的言行完全自然地表现出来，从而可以观察了解调查对象的真实反应。

② 询问调查。

询问调查就是利用调查人员与调查对象之间的语言交流来获取信息的调查方法，比如某一企业走访并听取消费者对本企业产品质量、性能、售后服务等方面的意见和建议，以问卷的形式向消费者了解其对某种产品的消费心理、购买习惯、购买频率等。

③ 实验调查。

实验调查就是将调查对象置于一定的条件下，通过小规模的实验来收集有关资料信息，了解其发展变化情况，以测定各种经营手段取得效果的市场调查方法。

④ 网络调查。

网络调查是借助于互联网直接收集一手资料或间接收集二手资料的市场调查方法。网络调查跨越了时间空间的限制，不仅可以节省人力、物力和财力，而且将彻底改变传统的调查模式。但网络调查也存在着问题和弊端，其中最主要的问题就是网络调查结果的可靠性、客观性。

（2）按市场调查的目的分类。

① 探测性调查。

探测性调查是在情况不明、心中无数时，在正式调查前所进行的、带有试探性的初步调查。其目的在于发现问题，界定问题的性质、范围和原因，以便明确进一步调查的内容和重点，为组织开展正式性调查提供基础和依据。探测性调查一般不需要制订详细的调查方案，往往是通过收集第二手资料，或邀请专家、消费者代表开座谈会等方式，发现问题的症结所在，然后再做进一步的正式调查。

② 描述性调查。

描述性调查是指描述市场状况，经过周密的计划，正式地、全面地对特定的市场情报和市场数据进行系统的收集与汇总，以达到对市场情况准确、客观地反映与描述。常见的描述性调查有市场分析调查、产品分析调查、销售分析调查、价格分析调查、渠道分析调查等。描述性调查主要解决"是什么"的问题。

描述性调查通常用 6 个 W 来描述：

一是哪些人构成了市场，即 Who——购买者；

二是这些人购买什么，即 What——购买对象；

三是他们为何购买，即 Why——购买目的；

四是他们怎样购买，即 How——购买方式；

五是他们何时购买，即 When——购买时间；

六是他们在哪里购买，即 Where——购买地点。

描述性市场调查一般要求具有比较规范的市场调查方案，比较精确的抽样和问卷设计，以及对调查过程的有效控制。

③ 因果性调查。

因果性调查是以解释市场变量之间的因果关系为目的的调查，它是为了解决"为什么"的问题而进行的调查，又称解释性市场调查，它的目的在于对市场现象发生的因果关系进行解释说明。因果性调查的主要作用是在描述市场调查的基础上，对调查数据进行加工分析，再结合市场环境要素的影响，对市场信息进行解释说明，分析何为因，何为果。

④ 预测性调查。

预测性调查是以预测市场变化趋势为目的的调查，是利用已有的市场经验和科学的预测技术对市场未来的发展趋势进行估计和判断，以便得出与客观事实相符合的结论。预测性调查主要是通过了解现有的市场状况、结合过去的情况，总结市场变化趋势与规律，运用类推或数学模型方法对未来市场变化做出预测，它的目的在于对某些市场变量未来的前景和趋势进行科学的估计和推算，回答"将来市场会怎样"的问题。

（3）按市场调查的对象范围分类。

① 全面调查。

全面调查又称普查，是对构成市场总体的全体成员一一进行调查，所取得的资料主要是市场总体在某一时间点上的总量资料，通过全面调查可以了解总体的详尽的资料，准确把握市场的变化方向和趋势。但此类调查由于涉及的调查对象众多，相当费时费力，一般企业难以材料，只有政府部门才可以组织实施。

② 非全面调查。

非全面调查是对构成市场总体的部分成员进行调查，以了解市场的基本情况。按具体选取的调查成员的方式和调查目的的不同，非全面调查又可以分为重点调查、典型调查和抽样调查。目前所进行的各种市场调查大多都属于非全面调查。此类调查运用灵活，花费少，适用面广。

（4）按市场调查的主体分类。

按照调查主体的不同，市场调查可以分为企业市场调查、政府部门市场调查、社会组织市场调查、个人市场调查。企业在经营过程中，面对激烈的市场竞争，为了给企业决策提供参考依据，就要进行市场调查，了解各种市场信息，掌握市场动态；企业的市场调查可以由企业自己进行，也可以委托专业的市场调查公司进行。政府部门是社会经济的主要调节者，需要经常开展市场调查活动，但政府部门的市场调查一般都是较大范围的调查，如经济普查、人口普查等。社会组织的市场调查是指各种协会、学会、事业单位、群众组织等，为了学术研究、工作研究、提供咨询等需要,组织开展专业性较强的市场调查活动。个人的市场调查主要指个人、个体经营者和研究人员为研究需要而进行的市场调查。

（5）按市场调查的时间分类。

按调查时间的不同,市场调查可以分为经常性市场调查、定期性市场调查和一次性市场调查。经常性市场调查是对市场现象的发展变化过程进行连续的观察;定期性市场调查是对市场现象每隔一段时间进行一次的调查;一次性市场调查是为了解决某个市场问题而专门组织的调查。它们分别研究不同的市场现象,满足市场宏观、微观管理的需要。

2. 市场调查的特征

市场调查作为企业获取市场信息的一种主要手段,它具有如下特征:

（1）市场调查具有系统性。

市场调查从对研究问题的确认到提出研究报告以及事后的追踪反馈,是一个完整的过程。市场调查这一过程包括编制调查计划、设计调查方案、访问、收集资料、整理资料、分析资料和撰写调查分析报告等,各种活动和各个阶段互相联系、互相依存、互相影响,共同构成了市场调查的有机系统。

（2）市场调查具有目的性。

市场调查是企业的一种有目的的活动。它是企业为解决管理问题、进行管理决策提供信息而开展的活动。任何一种市场调查都是有明确目的的,并围绕目的开展具体的调查,提高市场预测和决策的科学性。市场调查本身不是目的,为决策提供信息才是市场调查的最终目的。

（3）市场调查具有科学性。

市场调查运用科学的方法去设计调查方案、定义问题、采集数据与数据分析,从中提取出有价值的信息,不是主观臆造的。市场调查的方法有很多,如实地考察、问卷调查、现场实验、随机抽样、网络调查等。企业只有采用科学的方法,才能保证调查的真实性,才能保证调查结果的正确可靠。

（4）市场调查具有时效性。

市场是开放的、动态的,会随着时间的变化而变化,随着经济发展而不断发展。市场调查是在一定时间范围内进行的,它反映的只是某一特定时期的信息和情况,在一定时期内具备有效性,但在这一段时间之后又会出现新情况、新问题,就会是之前的调查结果融合滞后于市场的发展。此时如果仍沿用过去市场调查的结论,只会使企业延误市场机会,陷入困难的境地。

（5）市场调查具有不确定性。

市场是受众多因素影响的,市场调查虽然具有针对性,但是由于市场是不断发展和变化的,市场调查的结果往往就具有不确定性。如在消费品调查中,消费者的心理状况、价值观念及消费偏好的变化等因素,都会影响到调查结果。另外,市场调查过程本身的问题,如调查问卷过于简单、调查样本太少、调查人员缺乏训练等,也会影响到调查结果的准确性。因此,对于决策者来说,市场调查不是万能的,它只是决策的必要条件,而非充分条件,它只能作为决策的参考依据,而不能代替企业的决策。

三、市场调查的过程和步骤

正式的市场调查过程大致可以分为四个阶段,即调查准备阶段、调查实施阶段、资料整理分析阶段和提交调查报告阶段,每个阶段又分为若干具体步骤:

1. 调查准备阶段

市场调查的准备阶段是开展市场调查的第一步,准备工作做得充分、周到与否,直接关系到调查任务的完成和调查质量的高低。调查准备阶段包括确定调查课题、调查目标、设计调查方案、成立调查组织和人员的准备等几个步骤。

(1)确定调查课题。

开展市场调查,找出需要解决的问题以及问题的关键所在,确定调查课题,这是任何市场调查都必须首先进行的工作。确定调查课题一般包括以下两个步骤:一是对现有的资料进行分析,发现问题,市场调查人员要收集企业内部和外部资料,进行分析,找出企业在经营过程中存在的问题,并明确哪些问题是主要问题,哪些问题是次要问题,再根据问题的性质、范围和产生的原因提出种种假设;二是要进行试探性调查,界定问题,要针对所提出问题和假设,访问企业外部的有识之士和消费者代表,请他们提出建议和看法,或提供资料,以此来验证所提出的问题和假设是否正确,进而界定问题,在此基础上确定调查课题。

(2)明确调查目标。

市场调查目标是由市场调查问题所决定的,是为了解决市场调查问题而明确的最终达成的目标。通常一个具体的市场调查就是根据调查目标而展开的,一个市场调查项目,目标可能是一个,也可能是多个。

(3)设计调查方案。

任何一种正式的市场调查,都需要事先设计好调查方案,以保证市场调查任务的完成,设计调查方案是顺利进行市场调查的保证,一个完整的市场调查方案通常包括以下几个方面的内容:

① 调查目的。说明为什么进行此项调查,通过调查要解决哪些问题,调查结果的具体用途。

② 明确调查目的之后,要考虑的就是要确定调查什么和向谁调查的问题,即根据调查课题确定调查对象和调查单位。调查对象就是指所要调查的市场现象的总体,调查单位是指调查现象总体中的个体,是所要进行调查的具体单位。

③ 调查项目和调查表。调查项目是对调查单位所要了解的各项内容,它是根据调查目的,为所需资料所设置的各种标志和名称。调查表是收集原始资料的基本工具,有单一表和一览表两种形式。单一表是在一张表上只登记一个调查单位的有关内容;一览表是在一张表上登记若干个调查单位的内容。

④ 调查方式和调查方法。调查方式是指取得调查资料的方式,是采用全面调查还是非全面调查,是采用抽样调查还是典型调查;调查方法是指在既定的调查方式中,通过何种途径来获得所需要的调查资料,它包括观察法、询问法和实验法等。

⑤ 调查时间和调查时限。调查时间是指调查资料所属的时间;调查时限是指调查工作的期限,包括收集资料、整理加工资料、公布调查结果在内的整个调查过程所需要的时间,在

调查时限内,要做出合理的调查日程安排,制订调查的进度表。

⑥ 资料整理和分析。对于调查过程中收集来的大量原始资料,要规定整理和分析的方法,是采用手工汇总还是计算机汇总,如何审核调查资料,采用哪些分析方法来得出结论,这些都需要在调查方案中进行规定和说明。

⑦ 提交调查报告。调查报告是企业在市场调查中获得调查结果的最主要形式,一份好的调查报告要达成在调查之初提出的调查目标,解决企业在经营过程中出现的问题。

（4）组织和人员准备。

为保证调查方案的顺利实施,必须进行一定的组织和人员准备,即调查机构的设立、领导的配置、调查人员的选择和培训等。调查人员一般要符合以下要求:一是要具有丰富的市场知识,受过专门的市场调查培训;二是要能熟练掌握和运用各种调查方式、方法,了解调查程序,能独立地处理调查中出现的问题;三是要具有较强的沟通能力和工作责任感。

2. 调查实施阶段

调查实施阶段是市场调查工作的重要环节,是在调查准备工作完成之后,按照既定的调查方案,收集有关的市场信息资料,收集的资料分为原始资料和现成资料。所以,调查实施阶段可分为原始资料的调查收集和现成资料的调查收集。原始资料也就是第一手资料,它是市场调查人员亲临调查现场实地收集的资料,取得这样的资料要花费的时间比较长、费用比较大。原始资料收集所使用的方法主要是询问法、观察法、实验法等。现成资料又称第二手资料,它是由别人已经进行记录整理、分析计算、总结成文的资料,取得这部分资料比较容易,花费较少。现成资料按其来源可分为内部资料和外部资料。内部资料主要是指本单位的各种报表、总结、订单、用户来函等。外部资料主要是指来自单位外部的由政府有关部门、市场调研机构、新闻媒介等发布的有关市场的信息。

3. 资料整理分析阶段

资料整理分析阶段是市场调查工作的关键阶段,要对调查实施阶段收集的信息资料进行加工整理和分析,去粗取精、去伪存真,使调查资料能够客观地反映被调查对象的内在联系,揭示问题本质和各种市场现象之间的因果关系。这一阶段的工作主要包括以下几个步骤:

① 审核资料。

采用逻辑检验和计算检验的方法对资料的完整性、正确性、准确性进行审核,即检查资料是否齐全,是否有重复和遗漏,数据是否正确,数据和情况是否相互矛盾等,一经发现问题,应及时订正。

② 分类编号。

为便于归纳和统计,将资料按照有关标志进行分类、分组和编号。

③ 汇总计算。

根据调查的目的和要求,汇总计算有关总量指标、相对指标、平均指标,并可制成统计图、统计表。

④ 资料分析。

运用时序分析、相关分析、判别分析、聚类分析、主成分分析等方法,对汇总整理过的资料进行分析,得出结论。

4. 提交调查报告阶段

提交调查报告阶段就是将前期的调查资料整理分析后，撰写形成调查报告，提供给创业者或创业团队，为他们创业决策提供市场信息。

拓展阅读 tuo zhan yue du

市场调查使海尔滚筒洗衣机大规模登陆日本

据《上海证券报》报道，连续6年稳坐国内滚筒洗衣机市场头把交椅的海尔滚筒洗衣机大规模登陆日本。由海尔集团专为日本消费者开发设计的"洗衣吧"烘干型滚筒洗衣机最近在日本正式面市。业界专家分析，海尔滚筒洗衣机进军作为世界波轮洗衣机的发源地的家电王国日本，此举意义非同寻常。

滚筒洗衣机成为市场"宠儿"

在日本，滚筒洗衣机每年以60%的速度增长，洗衣机市场原来的竞争格局也正在悄然改变。据有关资料显示，2000年滚筒洗衣机需求量为15万台，市场份额是3.2%，2003年预测为70万台，市场份额则为16.5%，销售额为1 100亿日元。这说明无论是商家还是消费者均看好滚筒洗衣机，滚筒洗衣机发展潜力巨大。

"抱怨"催生海尔"洗衣吧"

日本海洋性气候形成的空气潮湿，使得衣服不易晾干，因此烘干机较受欢迎。但日本的"丁克"家庭和单身贵族越来越多，这些人口不超过3人的小家庭普遍抱怨现有的洗涤烘干三合一洗衣机体积过大，价格较高，而一台洗衣机外加上一台干衣机摆放不便，而且需单独操作的烘干程序较为麻烦。何况日本市场上的洗衣机外筒为塑料材料而易生细菌，不利于人体健康。通过对日本市场的调查，海尔从许多单身的职业女性和小型家庭对目前市场上的洗衣机不满意中捕捉到了市场商机。

海尔运用其全球的开发设计网络，通过24小时不间断接力式开发，很快专为日本小家庭设计的"洗衣吧"诞生了。据了解，这款带自动烘干功能的小型滚筒洗衣机HSW-D50A体积小而易摆放，又是不锈钢外筒，可抑制细菌产生。

可以说，人性化设计是这款洗衣机的最大特色。它的一大突破是可按衣量进行洗涤，它可分为1公斤、3公斤和5公斤三种衣量洗涤方式，达到了一台洗衣机可顶三台用的效果，解决了消费者因衣量少而担心费水费电的难题。更奇妙的是，这款洗衣机还可记忆消费者的洗涤习惯，下次洗衣时就不用再重新设定洗涤程序了。它还特设了六种智能保护功能，能保护老人小孩因误操作而引起的一些不必要麻烦。

据业内人士分析，海尔此次选择滚筒洗衣机大规模进军日本洗衣机市场，是海尔国际化进程中的又一步重棋，其意义不同寻常。海尔已经连续6年稳坐国内滚筒洗衣机市场的头把交椅，市场份额一直稳居在40%左右。

讨论问题：

海尔滚筒洗衣机为什么能打入日本市场？

分析提示：

是海尔对日本洗衣机消费市场做了详细的市场调查，了解消费者的消费需求。

百事可乐在美国软饮料市场制胜的法宝

在美国软饮料市场上,可口可乐曾经是与美国民众生活不可分的一部分,它的弧型瓶是可口可乐最重要的竞争优势。百事可乐曾花费数百万美元来研究设计新的瓶子造型,推出旋涡形瓶子,却被认为是个仿冒者。

"对可口可乐的瓶子,我们必须消除它的那股无形的特殊力量。"这个问题的症结是什么? 百事可乐行销副总经理史考特知道,症结就是百事可乐公司对他们的顾客认识不足,搞不清顾客真正需要的是什么? 他决定开展市场调查。史考特发起一项大规模的消费者调查,以研究各个家庭实际上如何饮用百事可乐和其他软饮料。该公司慎重选择 350 个家庭做长期的产品饮用测试,这些家庭可以以折扣优惠价每周订购所需要的任何数量的百事可乐及其他竞争品牌的软饮料。

史考特回忆说:"让我们大吃一惊的是,发现不管他们订购多少数量的百事可乐,总有办法把它喝光。""这让我恍然大悟",他说,"我们要做的就是包装设计,使人们更容易携带更多软饮料回家的包装设计。""情况已很明白",他继续说,"我们应该将竞争的规则全面变更。我们应该着手上市新的、较大的,且具有更多变化性包装设计的产品"。于是,百事可乐把瓶子容量加大,让包装更有变化。戏剧化的结果发生了,可口可乐没有将其著名的弧型瓶子转换为更大的容器,百事可乐迫使长久以来遥不可及的"可口可乐瓶子"、一个已经让三代以上的美国人熟悉的商标在美国市场上的份额下降,百事可乐的市场占有率则呈戏剧化扩张。

史考特发现了在软饮料市场的关键事实,也是目前所有市场人员认知的事实——"你能说服人们买多少,他们就吃多少。"怎样才能真正了解消费者、了解消费者的需求,并最终说服消费者? 最佳的方法就是进行市场调查。

讨论问题:

百事可乐为什么能与饮料大王可口可乐抗衡?

分析提示:

在美国软饮料市场上,可口可乐曾经是与美国民众生活不可分的一部分,它的弧型瓶的造型是可口可乐最大的竞争优势。在这种情况下,百事可乐发起一个大规模的消费者调查,通过调查得知,要想与可口可乐竞争,必须全面变更市场游戏规则,更新包装并加大容量,结果百事可乐很快提高了市场占有率。百事可乐之所以有今天的成绩,很重要的一点就是百事可乐果断地进行了一场关于消费者的市场调查。

小测试

1. 如何理解市场调查的含义?
2. 简述市场调查的主要特征。
3. 开展市场调查应遵循哪些原则?
4. 市场调查有哪些基本类型?
5. 实施市场调查应包括哪些过程和步骤?

第二节　市场分析

学习目的与要求

xue xi mu di yu yao qiu

通过本节学习,学生应达到如下要求:

1. 了解市场分析的概念及其内涵。
2. 认识市场分析的重要性。
3. 掌握市场分析的内容。
4. 掌握市场分析的主要方法。
5. 学会选择合适的市场分析方法,进行市场分析和预测。

共享单车过度投放后遭遇发展瓶颈

共享单车逐渐成为当下最热门的短距离代步工具。市面上各种品牌的共享单车也纷繁复杂。但随着共享单车以"野蛮生长"之势迅速席卷全国,伴随而来的各类问题也越来越多。车辆乱停乱放、阻碍正常通行、单车报废之后未及时处理等都成为常见的问题。

日前,《证券日报》记者在北京市北三环东路环球贸易中心附近发现,马路边停靠着大量的共享单车。不过,有的整齐排放着,有的却停放得杂乱无章,车辆倒在路边也无人扶起,其中,一些显然已损坏甚至废弃的共享单车则格外惹眼。

多座城市暂停投放共享单车

有业内人士表示,目前,在许多城市,共享单车的供应远远超过了需求,而市面上投放的共享单车数量、种类都是一个十分庞大的数字,规范管理难度很大。

目前,因共享单车的投放量逐渐饱和,上海、广州、深圳、杭州、武汉、南京等多座城市先后宣布了暂停共享单车新增投放。

据交通运输部的统计数据显示,截至 2017 年 7 月,全国共享单车累计投放量超过了 1 600 万辆,大部分都集中在一、二线城市。

作为共享单车投放最大的城市——北京,也在 9 月 7 日宣布暂停新增投放共享单车。据最新统计,目前北京已有 15 家共享单车企业"抢滩",投放运营车辆总数已达到 235 万辆。与之对比,早在今年 4 月份出台《北京市鼓励规范发展共享自行车指导意见(试行)(征求意见稿)》时,北京投放运营车辆仅为 70 万辆,短短几个月增长了 165 万辆。

暂停投放之后,北京市交通委将出台相关意见,对共享单车进行总量调控。同时,北京市交通委也要求,企业要承担相关责任。

不过,从 21 世纪经济研究院发布的统计结果来看,北京并不是共享单车饱和度排名前三的城市,从统计结果来看,郑州、南京、深圳三座城市饱和度排在前三位。

郑州于今年 8 月份就曾禁止了单车企业继续投放,不过有些企业仍然擅自投放单车。9 月 13 日上午,郑州市交通委、城管局、公安局联合对摩拜、ofo 小黄车、酷奇、轻力、易购宝 5 家共享单车运营企业进行约谈,明确禁止上述企业继续在郑州市投放单车。

ofo、摩拜回应过度投放

有业内人士表示,共享单车的竞争一直都比较激烈,为了尽快占领市场,各家品牌单车在市面上进行大量的投放。久而久之,就导致一些城市的共享单车逐渐饱和。这样的过度投放不仅会对企业造成不好的影响,例如过量的投放导致企业没法及时进行管理运营等,还会对城市的道路通畅、美观等问题造成一定的影响。

ofo创始人兼CEO戴威在9月8日表示:"现在北京、上海等很多城市出了限制共享单车投放的规定,其实我觉得是合理的。因为在前期比较充分竞争的市场环境下,北京、上海这样的城市自行车投入比较多,接下来企业和政府应该一起找到一个合理的投放量,保证市民出行的同时,不给公共资源带来太大的困扰。"

ofo媒介经理李鸥在接受《证券日报》记者采访时表示,我们认为在部分城市禁投新车是促进共享单车规范健康发展的举措。目前,ofo小黄车配备专门运维团队,政策颁布后,还会在重点区域增加运维人员,对线下车辆进行网格化管理,建设"线上+线下"融合的运维团队,保障北京市道路整洁。

此外,她还表示,ofo已具备电子围栏相关技术条件,并配合相关部门完成相关接口调试工作和备案工作。目前,ofo小黄车在北京市通州、东城区、西城区进行了满足试点条件的单车投放。

《证券日报》记者也曾试图向摩拜了解相关情况。不过记者多次拨打客服热线,均无法接通人工电话。不过,摩拜单车曾公开表示,会全力支持配合暂停新增投放的决定,积极参与相关停放区设置技术导则、服务规范的制定及监管与服务平台的建设,及时处置乱停乱放、车辆淤积等情况。

单车企业须谋求新的突破

面对多座城市停止新增投放这样的大环境,共享单车企业也在谋求着新的发展机遇。

据了解,作为共享单车行业的两巨头——ofo和摩拜,正在积极地进行海外布局,将战场延伸到了海外。

ofo媒介经理李鸥表示,ofo会继续提高用户体验,进一步精细化运营,提高服务质量,向三线城市下沉,同时继续走全球化战略。2017年年底,ofo小黄车计划投放2 000万辆车,服务全球200个城市,进入20个国家和地区。

8月27日,ofo宣布进入奥地利维也纳。8月30日,摩拜登入泰国,在曼谷率先运营。如今,在新加坡、日本、意大利、英国、马来西亚等国家,都能看到中国共享单车的身影。在国内正火的共享单车们,是否会在海外遭遇"水土不服",还有待考验。

除了海外布局,还有一些共享单车企业,尤其是一些中小企业,正在把目光投向三四线甚至四五线城市。早前陷入押金难退窘境的小鸣单车,就在进行战略转型。

据媒体报道,在今年年底,小鸣单车将退出上海、杭州、广州、深圳等一线城市,进入50个三四五线城市,预计投放量将达到50万辆。

互联网分析师于斌在接受《证券日报》记者采访时也表示,目前,一、二线的共享单车竞争非常激烈,单车投放量非常大,已经趋于饱和。多家共享单车品牌进行这样的渠道下沉,第一是解决三、四、五线城市的用车需求,第二是增大整个共享单车的市场,第三是加强对品牌的认知。

讨论问题：

1. 共享单车市场为什么会出现爆发式增长？

2. 没经过充分的市场调查与分析，企业将面临怎样的困境与后果？

3. 共享单车企业该如何应对单车过度投放的问题？

4. 充分的市场分析能够给共享单车企业带来怎样的发展机会和机遇？

对创业者来说，市场调查获得的仅仅是市场信息资料，是零散的、不系统的，还不能为创业者所用，创业者必须对市场资料信息进行整理和分析，得出市场状况和发展态势，进行市场预测，为创业寻找市场机会。因此，市场分析是决定创业者能否成功创业的关键。通过市场分析，创业者可以获得所需要的数据资料，从而为企业经营决策提供科学依据。

市场分析是一门综合性科学，它涉及经济学、统计学、经济计量学、运筹学、心理学、社会学、语言学等学科。市场分析已经成为现代企业管理人员不可缺少的分析技术，它有助于确定企业的发展水平和发展规模，有助于企业调整产品结构，提高竞争能力，有助于在运输和生产成本最小的原则下，合理布局企业。

一、市场分析的概念与重要性

1. 市场分析的概念

（1）市场分析的定义。

市场分析的概念有广义和狭义之分，广义的市场分析就是对商品或服务从生产者到消费者这一过程中全部商业活动的资料、情报和数据，做系统的收集、记录、整理和分析，以了解商品或服务的现实市场和潜在市场。狭义的市场分析就是市场调查研究，它是以科学的方法收集消费者购买和使用商品或服务的事实、意见、动机等相关资料，并予以研究分析的手段。广义的市场分析不仅是单纯研究消费者的心理和行为，而且还要对企业的市场经营活动的各个阶段加以研究。因此，这里所讲的市场分析指的是广义的市场分析。

市场分析是对市场规模、位置、性质、特点、市场容量及吸引范围等调查资料所进行的经济分析，是指通过市场调查和供求预测，根据项目产品的市场环境、竞争力和竞争者，分析、判断项目投产后所生产的产品在限定时间内是否有市场，以及采取怎样的营销战略来实现销售目标。

（2）市场分析的内涵。

要准确理解市场分析的内涵，必须掌握以下几个要点：

① 客观性问题。

强调调研活动必须运用科学的方法，符合科学的要求，以使市场分析活动中的各种偏差最小化，保证所获信息的真实性。

② 系统性问题。

市场分析是一个计划严密的系统过程，应该按照预定的计划和要求去收集、分析和解释有关资料。

③ 资料和信息。

市场分析应向决策者提供信息，而非资料。资料是通过市场调研活动所收集到的各种未经处理的事实和数据，它们是形成信息的原料。信息是通过对资料的分析而获得的认识和结论，是对资料进行处理和加工后的产物。

④ 决策导向。

市场分析是为决策服务的管理工具。

（3）市场分析的目的和任务。

市场分析的主要目的是研究商品的潜在销售量，开拓潜在市场，安排好商品地区之间的合理分配，以及企业经营商品的地区市场占有率。通过市场分析，可以更好地认识市场的商品供应和需求的比例关系，采取正确的经营战略，满足市场需要，提高企业经营活动的经济效益。

市场分析的主要任务包括以下四个方面：分析预测全社会对项目产品的需求量；分析同类产品的市场供给量及竞争对手情况；初步确定生产规模；初步测算项目的经济效益。

（4）市场分析的分类。

市场分析是企业发展和布局研究的组成部分之一。市场分析按其内容分为三类：

① 市场需求预测分析。包括估计现在的市场需求量和预测未来的市场容量及产品竞争能力。通常采用调查分析法、统计分析法和相关分析预测法。

② 市场需求层次和各类地区市场需求量分析。即根据各市场特点、人口分布、经济收入、消费习惯、行政区划、畅销牌号、生产性消费等，确定不同地区、不同消费者及用户的需要量以及运输和销售费用。一般可采用产销区划、市场区划、市场占有率及调查分析的方法进行。

③ 估计产品生命周期及可销售时间。即预测市场需要的时间，使生产及分配等活动与市场需要量作最适当的配合。通过市场分析可确定产品的未来需求量、品种及持续时间；产品销路及竞争能力；产品规格品种变化及更新；产品需求量的地区分布等。

（5）市场分析的层次划分。

市场分析在对市场这一对象进行研究时，要对市场的不同层次进行划分，逐一进行分析。只有对市场进行细致的划分，对市场的各个层面进行较为详尽的分析，才能对市场有一个更加全面的认识，了解并掌握这个市场的基本状况和运行规律。市场分析主要从以下三个方面入手。

① 宏观经济分析。

宏观经济分析指的是分析一般经济环境及影响未来供需平衡的因素，如产业范围、经济增长率、产业政策及发展方向、行业设施利用率、货币汇率及利率、税收政策与税率、政府体制结构与政治环境、关税政策与进出口限制、人工成本、通货膨胀、消费价格指数、订购状况等因素。

② 中观经济分析。

中观经济分析集中于研究特定的工业部门，并且在这个层次，很多信息都可以从国家的中央统计部门和工业机构中获得，它们有关于营利性、技术发展的劳动成本、间接成本、资本利用、订购状况、能源消耗等具体信息。主要包括以下内容：供求分析、行业效率、行业增长状态、行业生产与库存量、市场供应结构、供应商的数量与分布等。

③ 微观经济分析。

微观经济分析集中于评估个别产业供应和产品的优势与劣势，如供应商财务审计、组织架构、质量体系与水平、产品开发能力、工艺水平、生产能力与产量、交货周期及准时率、服务质量、成本结构与价格水平，以及作为供应商认证程序一部分的质量审计等。它的目标是对于供应商的特定能力和其长期市场地位进行透彻地了解。

2. 市场分析的重要性

市场分析在企业经营管理决策中的重要作用主要有以下几个方面：

（1）市场分析可以帮助企业发现市场机会并为企业的发展创造条件。

企业若想在一个新的市场开辟自己的业务，除了要了解那一市场的市场需要之外，还要了解该市场中的商业竞争对手，这些工作都要通过各种分析手段来完成。只有通过细致的市场调查和分析，企业才有可能对自己的营销策略做出正确的决策。就这点而言，公司的规模越大，市场分析工作就越重要，也就越需要在市场分析方面进行大量的投资。

（2）市场分析可以加强企业控制销售的手段。

促销活动是企业在推销产品过程中的主题活动，然而企业如何进行促销活动和选择什么样的促销手段，则要特别依靠市场分析工作。以广告为例，商业广告的途径和种类很多，但究竟哪一种广告的效果好，还需要进行细致的分析研究。比较性广告似乎更容易给消费者留下印象，因为它通过比较两种不同产品的各种功能与特点来突出其中的主题产品。不过，并不是所有的商品都适宜用比较性广告。因此，何时、何地、在何种情况下企业应该运用比较性广告来宣传自己的产品，就需要进行分析研究。另外，广告向消费者传播以后效果如何，也要通过对产品的销售记录进行分析以后才能得出结论。

（3）市场分析可以帮助企业发现经营中的问题并找出解决的办法。

经营中的问题范围很广，包括企业、企业责任、产品、销售、广告等各个方面。造成某种问题的因素也不是那么简单，尤其是当许多因素相互交叉作用的时候，市场分析就显得格外重要。某企业一个时期内销售收入大幅度下降，可是却搞不清问题是出在下调了价格上还是出在广告的设计上，于是市场分析就只能从这两个要点来着手了。根据销售记录，人们发现价格降低以后，销售量并没有明显地增加，说明产品需求的价格弹性小于1，降价的决策是错误的。如果通过对广告效果的调查发现广告媒介的错误导致广告效果不好，那问题就出在广告方面。当然，企业销售额大幅度下降的原因也可能出在产品方面，比如产品质量下降或是市场出现其他企业的优质产品等。

（4）市场分析可以平衡企业与顾客的联系。

市场分析通过信息及对信息的分析和处理把顾客和企业联系起来。正是由于有了这些信息，才使市场分析人员能够确定市场中存在的问题，检查市场营销活动中不适当的策略与方法，同时找出解决这些问题的办法

（5）市场分析可以为政府有关部门了解市场、对市场进行宏观调控提供服务。

例如政府投资部门可通过市场分析来决定重点扶持哪个行业。计划部门则可通过市场分析来预测不同行业的发展状况，制定合理的宏观发展规划。

二、市场分析的内容与方法

1. 市场分析的研究对象

市场分析的研究对象是整个市场,这个对象可以从纵横两个角度去考察。

从纵向角度看,市场分析要研究从生产者到消费者的所有商业活动,揭示生产者和消费者各自在从事市场活动中的行为和遵循的规律。无论是生产者还是消费者,在其从事市场活动过程中都必须既了解自己,又认识对方。生产与消费是一对矛盾,它们在整个市场活动中达到对立的统一。生产者和消费者只有按照其固有的规律行事,才能把生产和消费有机统一起来。

从横向角度看,在现代市场经济体制中,市场活动是一个全方位的活动。一方面,不同的国家和地区由于受其政治、文化等方面的影响,其市场活动是有差异的,因此,市场分析必须揭示这些市场活动的特点和规律。另一方面,即便是同一市场活动的主体,由于各种不同市场的交互作用,其活动的内容是极为广泛的,也就是说,市场的类型有多种多样,各种不同类型的市场的特点和运行规律,就成了市场分析的又一重点研究对象。

总之,市场分析的研究对象是极为广泛和复杂的,广泛性和复杂性是市场分析研究对象的重要特点。

2. 市场分析的内容

根据市场分析的研究对象,市场分析的内容主要包括如下五部分,即基础理论分析、市场技术分析、市场宏观分析、市场类型分析和金融市场分析。

(1) 基础理论分析是进行市场分析的必备工具,包括市场调查、市场预测和对数据资料的分析与处理等。

(2) 市场技术分析又称市场微观分析,主要包括消费者购买行为分析、产品分析、营销管理分析等。

(3) 市场宏观分析主要包括国内市场环境分析、国际市场环境分析等。

(4) 市场类型分析主要包括消费品市场分析、生产资料市场分析、劳动力市场分析、技术市场分析、房地产市场分析、信息市场分析等。

(5) 金融市场分析主要包括证券市场分析、期货市场分析和保险市场分析等。

3. 市场分析的主要方法

对任何事物的认识是由一个从抽象到具体的过程,对市场进行系统分析时,市场是一个非常复杂的现象,对它的分析研究也必须遵循这一认识规律。市场分析,一般按统计分析法进行趋势预测和相关分析。市场分析主要包括以下一些方法:

(1) 系统分析法。

市场是一个多要素、多层次组合的系统,既有企业经营要素的结合,又有经营过程的联系,还有经营环境的影响。运用系统分析的方法进行市场分析,可以使企业经验从企业整体上考虑营业经营发展战略,用联系的、全面的和发展的观点来研究市场的各种现象,并预见到它们的发展趋势,从而做出正确的经营决策。

(2) 比较分析法。

比较分析法是把两个或两类事物的市场资料相比较,从而确定它们之间相同点和不同点的逻辑方法。对一个事物是不能孤立地去认识的,只有把它与其他事物联系起来加以考察,通过比较分析,才能在众多的属性中找出本质的属性

（3）结构分析法。

在市场分析中,通过市场调查资料,分析某现象的结构及其各组成部分的功能,进而认识这一现象本质的方法,称为结构分析法。

（4）演绎分析法。

演绎分析法就是把市场整体分解为各个部分、方面、因素,形成分类资料,并通过对这些分类资料的研究分别把握特征和本质,然后将这些通过分类研究得到的认识联结起来,形成对市场整体认识的逻辑方法。

（5）案例分析法。

所谓案例分析,就是以典型企业的经营成果作为例证,从中找出规律性的东西。市场分析的理论是从企业的经营实践中总结出来的一般规律,它来源于实践,又高于实践,用它指导企业的经营活动,能够取得更大的经济效果。

（6）定性与定量分析结合法。

任何市场经营活动,都是质与量的统一。进行市场分析,必须进行定性分析,以确定问题的性质;也必须进行定量分析,以确定市场活动中各方面的数量关系,只有使两者有机结合起来,才能做到不仅对问题的性质看得准,又能使市场经济活动数量化,从而更加具体和精确。

（7）宏观与微观分析结合法。

市场情况是国民经济的综合反映,要了解市场活动的全貌及其发展方向,不但要从企业的角度去考察,还需要从宏观上了解整个国民经济的发展状况。这就要求必须把宏观分析和微观分析结合起来以保证市场分析的客观性、正确性。

（8）物与人的分析结合法。

市场分析的研究对象是以满足消费者需求为中心的企业市场营销活动及其规律。企业经营的对象是人。因此,要想把这些物送到所需要的人手中,就需要既分析物的运动规律,又分析人的不同需求,以便实现二者的有机结合,保证企业经营的顺利进行。

（9）直接资料法。

直接资料法是指直接将已有的本企业经营统计资料与同行业经营统计资料进行比较或者直接将行业地区市场的经营统计资料与整个社会地区市场经营统计资料进行比较。通过分析市场占有率的变化,寻找目标市场。

（10）必然结果法。

必然结果法是指商品消费上的连带主副等因果关系,由一种商品的销售量或保有量而推算出另一种商品的需求量。

（11）复合因素法。

复合因素法是指选择一组有联系的市场影响因素进行综合分析,测定有关产品的潜在市场份额。

（12）SWOT分析法。

SWOT分析是企业战略分析及市场调研中非常重要的一步。S即strength,表示的是

企业优势,W 即 weakness,是企业劣势,O 即 opportunity,是机会,T 即 threat,表示企业面临的威胁。S 和 W 多用来分析企业内部自身环境,O 和 T 多用来分析企业外部环境。SWOT 分析法实际上是将对企业内外部条件各方面内容进行综合和概括,进而分析组织的优劣势、面临的机会和威胁的一种方法。

拓展阅读 tuo zhan yue du

把肯德基的"家庭宴会"介绍给英国人

到 20 世纪 90 年代,肯德基进入英国市场已 30 年,并开设了 300 多家连锁店。为了直接与当地流行的鱼肉薄饼店展开竞争,肯德基最初定位"外卖"概念,因此店内座位很少甚至没有座位。由于竞争者——麦当劳的发展及其他美国快餐公司的流行,肯德基面临寻找新的竞争优势的挑战。在英国,肯德基的传统消费者是年轻男性,他们一般在当地酒吧与朋友聚会后,在很晚的时候光顾肯德基。但在当地也有一些具有很浓家庭气氛的餐馆连锁店,这些店具有很强的竞争力。因此,从市场角度出发,肯德基认为需要重新进行市场定位,它们想把现有的经营方式转变为家庭聚会形式。很明显,为了适应英国市场,肯德基有必要确定并调查英国市场家庭价值观问题。

一、定义调研问题

肯德基英国部的市场总监约翰·沙格先生会晤了公司的营销部人员及广告代理商。这次会晤的目的是确定最佳方案,以使肯德基的消费对象从青年男性扩展到家庭领域。沙格先生在执行重新定位策略的过程中遇到了 3 个棘手的问题,并由此展开了讨论。首先,多年来肯德基已在英国消费者心目中形成了一种强烈的"外卖"式餐馆的印象,且其主要消费者一直都是青年男性。"外卖"概念在英国消费者心中已根深蒂固,因此公司可能会花好几年的时间才能使其形象转变为"友好家庭"概念。其次,肯德基的忠实消费者一直是青年男性,由此给人一种否定女性消费者的感觉。经常出入肯德基的都是青年男性,有时甚至是喝醉了酒的男人。因此,母亲们都认为把孩子带进肯德基不安全。第三,竞争者——麦当劳进入英国市场要比肯德基晚十年,但它却迅速地弥补了这个时间上的损失。现在,麦当劳仅用于儿童广告的单项支出已超过了肯德基的全部广告费用,麦当劳对于家庭的吸引力要比肯德基好很多。

沙格先生和广告代理商意识到,就公司的长期生存能力而言,肯德基重新进行形象定位是至关重要的,因为家庭是快餐行业最大且增长最快的一部分消费者。由此,肯德基营销管理层即刻面临的问题是,如何使公司对英国的母亲们具有足够的吸引力,以及如何使她们经常购买肯德基的食品作为家庭膳食。所以,英国肯德基面临的两个主要问题是:① 相似的"家庭宴会"是否会吸引英国的母亲们? ② "家庭宴会"的推出是否会使肯德基的品牌在英国的整体形象及知名度有所提高?

二、确定调研设计方案

对于母亲们进行的"家庭宴会"概念研究,是为了帮助确定肯德基的这个想法在英国是否具有生命力,从而解决上述的两个问题。如果它对母亲们具有吸引力,则"肯德基家庭宴会"将在英国全面推行,同时也将开始研究由此而产生的商业及消费者行为。一旦推行"家庭宴会"概念,则将制定相关调查方案,包括第二手资料分析、专题座谈会、对于英国母亲们的典型调查以及最终的销售及消费者追踪研究。

三、实施调查

在专题座谈会阶段,肯德基(英国)的研究人员走访了英国各地有12岁以下孩子的母亲们,并与她们展开了一系列的讨论,讨论内容如她们喜欢哪些餐馆及快餐店等。由于不希望母亲们产生偏见或引起她们反感,因此在此过程中并没有提及调查委托人。所有的专题座谈会都用摄影机录下,并将母亲们的观点制作成文件以备分析所用。

特定目的分析是指对不同变量的一系列比较,如价格、食物的数量以及套餐中是否包括餐后甜点或饮料等。公司设计了一份结构性问卷以获得这些信息,同时,还在该问卷设计了预测环节。市场追踪问卷是一份标准的并具有结构性和定量性的问卷,它具有一些与先前进行的追踪研究不同的优点。

在定性研究阶段进行的专题座谈会的访问对象是来自英国伯明翰、利兹、伦敦等3个城市的母亲,每一个小组都含有10—12个在过去3个月中在快餐店消费过的妇女。定性研究的访问对象是来自英国10条主要道路上随机抽取的200名妇女。市场追踪研究是定期性全国追踪研究的一部分,其访问对象来源与定性研究相似,这将通过在英国具代表性的区域持续进行拦截访问来完成。为了区别在不透露委托人情况下收集到的资料,有关"家庭宴会"的知名度及好处的特定问题将在定期追踪问卷最后被提及。

200个样本的调查以及追踪研究由专业营销调研公司经过培训和富含经验的访问员来完成,调查过程大约耗费两个星期的时间。而决定在全国推行"家庭宴会套餐"后,则在定期追踪研究中加入了有关"家庭宴会套餐"的问题,完成这项调查耗费了约6个月的时间。

四、调查资料分析

根据调查,肯德基(英国)当前正供应一种称为"经济套餐"的膳食,它包括8个鸡块和4份常规薯条,其售价为12美元。而准备推行的"家庭宴会套餐"包括8个鸡块、4份常规的薯条、两份大量的定食,如豆子和色拉以及一个适合4人食量的苹果派。调查过程中,对这两种膳食进行了比较。分析结果表明:如果"家庭宴会套餐"的售价在10英镑以下,约16美元,则它会更受人们的欢迎。人们认为"家庭宴会套餐"的价格更为合理,食物更为充足,人们也更喜欢、更愿意购买"家庭宴会套餐"。在这些研究发现的基础上,肯德基(英国)推出了"家庭宴会套餐"。品牌追踪研究解决的第二个问题,即"家庭宴会套餐"的推出是否会使肯德基的品牌在英国的整体形象有所提高。对于整体价值的追踪调研显示,在推出"家庭宴会套餐"时,肯德基(英国)的整体价值信用度要比竞争者——麦当劳低10个百分点,但到追踪调研阶段结束时,两者的价值信用度已经相同了。到了推出"家庭宴会套餐"的该年年底,肯德基豪华套餐销售的比例已从10%上升到20%,整整增加了一倍。

其他的追踪研究因素包括连锁餐馆的知名度、"家庭宴会套餐"的知名度以及"家庭宴会套餐"的销售情况。尽管麦当劳在英国的电视广告投放量是肯德基的4倍,但"家庭宴会套餐"的广告还是创造出了前所未有的品牌广告知名度。

人们更喜欢"家庭宴会套餐",因此其销量远高于"经济套餐"。而从财务角度看,尽管"家庭宴会套餐"的利润率比"经济套餐"低,但其总利润还是要高于后者。令肯德基员工感到惊讶的是,"家庭宴会套餐"的销量上升了,但同时"经济套餐"的销量却仍然维持在原来的水平。造成这种情况的原因可从对"家庭宴会套餐"消费者的调查结果中反映出来,即不同类型的消费者对这两种食物具有不同的喜好,一般人口多的家庭喜欢"家庭宴会套餐",而人口少的家庭仍喜欢购买"经济套餐"。

"家庭宴会"利用了肯德基原有的实力,因此从竞争地位的角度来看,"家庭宴会套餐"能有效地与其他的快餐店展开竞争。除了原有的青年男性购买者外,肯德基还将其消费者领域扩展到了家庭。相对于原有的汉堡和薯条等食品,母亲们更喜欢肯德基提供的这种有益健康并符合家庭风格的膳食,"家庭宴会套餐"最终成为肯德基(英国)首要的销售项目。在不断塑造自己的良好形象并和其他的快餐店展开有力的竞争中,肯德基从营销调研上获得了很高的收益。

思考题

1. 肯德基(英国)定义的调研问题是什么?
2. 它是怎样实施调研的?
3. 它是怎样分析调查资料的?
4. 为什么英国人更喜欢"家庭宴会套餐"?

施乐——昔日巨人如何被佳能打败

现在很少有人知道施乐(Xerox)这个品牌了,这个昔日的复印巨人今日地位尴尬。很少有公司像施乐那样,创造出那么多机会,然后又闲抛闲掷地浪费掉。在浪费了无数的机会以后,施乐终于从一个企业巨人沦为一个为了生存而挣扎的公司。

施乐曾经是美国企业界的骄傲

在复印机随处可见的今天,人们不容易理解施乐向市场推出复印机时所引起的轰动。50年代,最好的复印设备是一种名为蓝图的复印技术。复印出来的东西味道很重,而且湿乎乎的,想来大概和洗相片的过程差不多。这时人们见到了施乐发明的静电复印机——迅速、洁净、清晰,可以直接使用普通纸。市场怎么会不被施乐征服呢?施乐当时推出的最著名的复印机,因为使用的纸张尺寸为 9×14 英寸,所以命名为914复印机。914复印机简直就是施乐公司会生金蛋的鸡,为公司赢来了滚滚财富。靠它,施乐公司1968年的收入突破了10亿美元。60年代这么多钱对于一家公司来说,简直就是花不完的。

施乐公司也确实是按照已经拥有永远花不完的钱那样开始花钱了。公司大手大脚地投资于各个领域,为员工提供大量的福利,包括自由工作时间制、育儿补助、运动设施、高龄者医疗服务、在家办公,等等,创建了不需要完成任何任务的研究机构。

这个研究机构后来十分著名,就是 Palo Alto Research Center(PARC)。施乐对研究机构内的科学家不布置任何任务,他们可以任意研究自己感兴趣的项目,施乐只是付账而已。当今计算机时代的众多核心技术都是由这个机构发明的,比如图形界面和下拉菜单。苹果的乔布斯就是从这里学到了这项技术。然后微软的比尔·盖茨又把这项技术变成更大的市场成功。后来,苹果试图控告微软侵犯知识产权。对此微软的回答是,那技术是施乐发明的。当时,施乐并不看重这些并不能带来利润的发明和技术。如果复印机已经能够带来大笔的利润,为什么要关注这些东西呢?让那些科学家尽情去玩吧。施乐只要把复印机的市场垄断地位牢牢占据就万事大吉了。那么,施乐是怎样维持复印机市场的垄断地位呢?用大量的专利和越来越复杂的技术。施乐是这样盘算的。如果在复印机中加入了非常多的技术和专利,那么竞争者想要在市场中推出同样的复印机,就要购买施乐的这些专利使用权。可是,如果真的去购买,他们最终的复印机产品就会成本极高。价格也就远远超过施乐的价格。为了让专利壁垒尽可能无法逾越,施乐先后为其研发的复印机申请了500多项专利,几乎囊括了复印机的全部部件和所有关键技术环节。

当这个庞大的技术壁垒完成以后,施乐认为已经可以高枕无忧了。可惜,以后的事实表明,这个技术壁垒实际上是"马其诺防线"式的。

导致这个壁垒最终失败的原因其实正蕴含在当初建立这个壁垒的过程中。在不断丰富复印机技术的同时,施乐也在不断提高产品的价格。并且,它采取了最大利润率定价原则,也就是说,施乐不断给复印机增加一个又一个功能,每一种功能都以实现最大利润为原则来定价。于是,每加一种功能便抬高一次复印机的价格。由于当时施乐在复印机市场居于绝对的垄断地位,所以,消费者只要是需要购买复印机,就不得不乖乖地给施乐送去巨大的利润。当然,结果也就是施乐的利润猛增,股票价格也持续上涨。

可是,就在这个过程中,施乐竞争对手的机会逐渐产生了。那就是那些只需要简单复印功能且无力承担高价施乐产品的消费者。他们的需求并没有得到满足。

那么,施乐为什么会忽视这个问题呢?首先,在巨大的利润之下,施乐公司上下志得意满,根本没有兴趣去仔细深入地分析市场。看看他们对PARC满不在乎的态度就知道了。其次,施乐的复印机由于价格昂贵,购买者基本上都是公司企业,他们对价格并不特别敏感。施乐终日和这些财大气粗的顾客打交道,那些无力购买复印机的"潜在"消费者自然不被施乐放在眼里。而且,企业用户一般更加重视设备的功能完善和高可靠性,而这正是施乐的强项。在这种情况下,要施乐放下身段,生产那些低价简易的复印机,恐怕很难。施乐的这种心态并不少见。许多原本技术领先的企业,之所以最终在市场中败下阵来,就是因为不愿意放下高技术、高价格的身段。他们往往沉迷于"贵族式消费"、"高级使用者"、"专业人员设备"等自我构造的情境之中,不愿意抬头看看世界的变化,就这样一直到自己沦为边缘。

佳能敏锐的市场分析

终于,施乐的产品结构和定价策略造成的市场机会被一个凌厉的对手抓住了,这就是佳能。佳能原来是一个只生产照相机的企业,60年代,佳能打算把自己的产品线延伸到利润丰厚的办公设备领域。当然,佳能面临着施乐的专利壁垒。但是,专利保护是有期限的。美国这类产品的专利有效期为10年。佳能首先遍读施乐公司拥有的所有专利,参考其专利资源,力求在已有的技术基础上进行创新和突破;同时,佳能对复印机市场进行了深入细致的研究。在研究中,佳能走访了施乐的用户,了解他们对现有产品不满意的地方;重要的是佳能还走访了没有买过施乐复印机的企业,询问他们没有购买的原因。结果,佳能发现了巨大的市场机会。

施乐出售的复印机价格昂贵,动辄几十万、上百万元一台。虽然速度和性能都非常好,但即使是大型企业,往往也只能买得起一台。对于这些企业来说,施乐的复印机可不是普通的办公设备,而是重要的固定资产投资,就好像今日的中央空调。

这些复印机都是大型的,只能放在公司的某个固定地点,工作方式被称为"集中复印"。由于操作复杂,需要安排专人进行管理和操作。这样一来,如果有人想要复印,就要不辞辛苦地前往复印机前才行。如果公司在一个大楼里办公,大家就只好上上下下地爬楼梯。这种工作方式不仅麻烦,而且保密性不好。因为即使老板想要复印某个机密文件,也不可避免地要经过复印操作人员过目。

所有这些不便之处,都是源于施乐复印机的大型和昂贵。佳能意识到,要想从施乐手中分得复印机市场,就要反其道而行,推出体积小、简单、无须专人操作、价格便宜的复印机。佳能决定抢占这个更有发展前景的小型复印机市场。为此,佳能开发出了自己的复印技术,率先造出了第一款小型办公和家用复印机产品。虽然有了可行的产品,但佳能没有马上在市场推出。它还需要解决一个重要的问题,那就是,如果佳能推出了类似产品,得到了市场认可,以施乐的资金和技术优势,它可以迅速推出类似产品,立斩佳能于马下。这时,佳能除了碰一鼻子灰以外,收获到的也许只是一大堆其他人对弱者的同情。但那又有什么用呢?佳能意识到,必须设法改变自己和施乐之间的力量对比。而要想做到这一点,就要"有钱大家赚"。于是,佳能去找其他的日本厂商:东芝、美能达、理光等等,商谈合作的可能。

佳能把自己造出来的产品拿给这些企业看,提出联合生产这种复印机。佳能设计了一个其他人难以拒绝的合作方案。如果其他企业从佳能这里购买生产许可,相比于他们自己从头研究开发,投产时间要快一年多,而开发费用只需要十分之一。

经过佳能的努力,十来家日本企业结成了一个联盟。这些企业都从佳能那里购买生产许可证,同时针对施乐的"集中复印",推广"分散复印"概念,大举向小型化复印机市场发动集体进攻。于是,施乐的对手从佳能一家一下子变成了十几家。这样一来,施乐可就不那么容易夺回失地了。

这种企业联盟还创造出了佳能复印机行业领导者的地位。施乐过去的用户都是一些大企业,许多普通人、非专业人员由于没有接触过复印机,从来就没有听说过施乐。看到佳能率先推出小型复印机以后,他们往往把佳能认作了复印机行业的老大。

在佳能领导的企业联盟的全力攻击之下,施乐遭遇到了全方位的挑战和严重的挫折。从1976年到1981年,施乐在复印机市场的份额从82%直线下降到35%。在其后的市场份额争夺当中,施乐也曾经成功地从佳能手中夺取过部分的市场份额,但施乐已经不可挽回地从一个市场垄断者、领导者变成了一个追赶者——而且,这种追赶还很吃力。表面上看起来,施乐的失败是由于它错误的定价策略——最大利润率定价原则。正是这种片面追求利润的做法把大量潜在客户留给了竞争对手。但实际上,施乐的失败来自于巨大成功和市场支配地位带来的体制僵化和故步自封。企业家的最主要任务就是要不断地寻找和创造市场机会。那些忽略了这个原则的企业自然要受到市场机制毫不客气的惩罚。

讨论问题:

1. 施乐公司在复印机市场竞争中失去行业龙头老大的原因是什么?
2. 佳能是通过哪些渠道入手进行市场分析的?
3. 佳能竞争联盟成功的因素是什么?
4. 市场分析能够给企业带来怎样的发展机会和机遇?

小测试

1. 如何理解市场分析的含义？
2. 试说明市场分析的重要性。
3. 市场分析有哪些主要内容？
4. 简述市场分析的主要方法。

本章小结

1. 市场调查是企业经营管理决策的重要依据，能帮助企业发现自己优势，及时了解与满足消费者的需求，有利于企业掌握市场环境变化，及时调整经营策略。市场调查过程中，要坚持客观性、准确性、系统性、时效性和经济性的基本原则。市场调查主要是围绕企业经营管理活动展开的，其主要内容包括市场环境调查和市场需求调查。市场环境包括宏观环境和微观环境，市场需求包括生产者需求和消费者需求。

2. 市场调查从不同的角度均可分为不同的类型。市场调查具有系统性、科学性、时效性和不确定性等特征。

3. 市场调查的过程主要包括四个阶段和若干个步骤。

4. 市场分析是在市场调查基础上开展的技术分析，通常从宏观、中观、微观三个侧面进行分析，是一种技术分析，一般按统计分析法进行趋势预测和相关分析。其目的与任务主要是帮助企业进行市场预测，为企业发展寻求市场机会，在企业经营发展中具有重要的作用。

5. 市场分析的内容主要包括基础理论分析、市场技术分析、市场宏观分析、市场类型分析和金融市场分析共五个部分。市场分析的方法主要有系统分析法、比较分析法、结构分析法、演绎分析法、案例分析法、定性与定量分析结合法、宏观与微观分析结合法、物与人的分析结合法、直接资料法、必然结果法、复合因素法、SWOT 分析法等。

参考文献及材料

1. 李家华. 创业基础[M]. 北京：清华大学出版社，2015.
2. 施永川. 大学生创业基础[M]. 北京：高等教育出版社，2015.
3. 宋文光. 市场调查与分析[M]. 北京：高等教育出版社，2015.
4. 高金章. 市场调查与分析[M]. 上海：立信会计出版社，2008.
5. 魏玉芝，邵玉. 市场调查与分析[M]. 大连：东北财经大学出版社，2012.
6. 杜吉泽，程钧谟. 市场分析[M]. 北京：经济科学出版社，2010.

教学过程

章节	内容	时间	授课方法	教具
课程导入	为什么要做市场调查	5分钟	提问＋讨论	小组活动
案例分析	京东家电,中国人的家电网购	5分钟	阅读＋分析＋讨论	PPT
第一节 市场调查	市场调查概念与意义	10分钟	讲授＋讨论	PPT
	市场调查的类型与特征	10分钟	讲授＋讨论	PPT
	市场调查过程步骤	10分钟	讲授＋讨论	PPT
课堂小结与测试		5分钟	提问＋讨论	小组活动
讨论	市场分析的重要性	5分钟	提问＋讨论	小组活动
案例分析	共享单车过度投放后遭遇发展瓶颈	5分钟	阅读＋分析＋讨论	PPT
第二节　市场分析	市场分析概念与重要性	10分钟	讲授＋讨论	PPT
	市场分析的内容	10分钟	讲授＋讨论	PPT
	市场分析的方法	10分钟	讲授＋讨论	PPT
课堂小结与测试		5分钟	提问＋讨论	小组活动

第六章

商业模式

通过本章学习,了解商业模式的概念、作用、特征、要素和类型,掌握商业模式设计的要点和评估要点,学会商业模式的设计的方法,明确商业模式的设计逻辑,学会运用商业模式评估的方法和技巧。最终,能结合创业项目实际制定商业模式,掌握优秀商业模式设计的关键要素和重要环节。

重点:商业模式的设计方法、流程以及商业模式的评估。
难点:掌握商业模式的设计方法。

第一节　商业模式的概念与内涵

通过本节学习,学生应达到如下要求:

1. 掌握商业模式的概念。
2. 掌握商业模式的特征、作用、要素和类型。

阿里巴巴的模式创新

在中国加入世贸组织后,"中国会成为世界工厂!"的预言正逐渐变成社会现实。马云也比较早地预测到了这些宏观经济形势的变化,并敏锐地识别出这些对于中国电子商务发展路径的深刻意义。他绕开收费入网模式,依然推出了企业免费入网的概念。阿里巴巴的免费入网概念为马云争得了最大数量企业的参与。

在中国经济转型过程中,社会和市场的不确定是客观存在的,于是产生了大量而且较严重的信用问题。马云敏锐地意识到,市场信用问题越是糟糕,企业信用就越是稀缺,而越稀缺的东西就越值钱。于是,2002 年阿里巴巴强力推出企业信用认证概念,通过这些创造了很高的企业利润。

阿里巴巴并没有过早地给自己的模式定形,马云与他的团队依然饱含创新的热情,在电子商务领域尽情地挥洒着他们的智慧。

商业模式创新改变行业格局,让市场重新洗牌

★ 半数以上的企业高管认为,企业要获得成功,商业模式创新比产品创新和服务创新更为重要。(资料来源:《经济学人杂志调研报告》,2005)

★ 几乎所有接受调查的CEO都认为任职公司的商业模式需要调整,2/3以上的认为有必要进行大刀阔斧的变革。(资料来源:《IBM调查报告》,2008)

★ 1998—2007年间,在成功晋级《财富》世界500强的27家企业中,有11家认为它们成功的关键在于商业模式创新。在美国航空业,采用新商业模式的低成本航空公司从毫不起眼的无名小卒发展到如今占整个市场总值的55%。(资料来源:《哈佛商业评论》,2010(10))

一、商业模式的概念

商业模式概念最早出现在20世纪50年代,但直到20世纪90年代才开始被广泛使用和传播。今天,虽然这一名词出现的频度极高,关于它的定义仍然没有一个权威的版本。近年来,一些学者尝试对这一概念做出定义或解释,表格中列出了一些有代表性的观点。

表 6.1　商业模式的定义

学者(时间)	定义或解释
Timmers(1998)	商品模式是产品、服务和信息流的一个体系架构,包括说明各种不同的参与者以及他们的角色、各种参与者的潜在利益以及企业收入的来源。
Amit&Zott(2001)	商业模式描述了交易的内容、结构和规制,用以通过开发商业机会创造价值。
Magretta(2002)	商业模式是用以说明企业如何运营一组故事的概念,它必须回答管理者关心的一些基本问题,谁是顾客、顾客的价值何在、如何在这个领域中获得收入,以及如何以合适的成本为顾客提供价值。
Voelpel 等(2004)	商业模式表现为一定业务领域中的顾客核心价值主张和价值网络配置,包括企业的战略能力和价值网络其他成员(战略联盟及合作者)的能力,以及对这些能力的领导和管理,以持续不断地改造自己来满足包括股东在内的各种利益相关者的多重目的。
Seddon 和 Lewis(2004)	商业模式是对一组活动在组织单位中的配置,这些单位通过企业内部和外部的活动在特定的产品—市场上创造价值。
Osterwalder 等(2005)	商业模式是一个概念性工具,它借助一组要素以及要素之间的联系,用以说明一个企业的商业逻辑。它描述了企业向一个或多个顾客群提供的价值,企业为产生持续的赢利所建立的架构以及移交价值所运用的合作网络与关系资本。

(资料来源:王迎军,韩炜.新创企业成长过程中商业模式的构建研究[J].科学学与科学技术管理,2011,32(9):53)

综合目前现有研究成果,本书认为商业模式是企业整合各种资源进行战略规划,充分高效地进行"与众不同"的价值主张设计和传递,借以实现(创造、推销和交付)其价值,并产生可持续盈利的商业价值链体系。

商业模式本质上描述了企业如何创造价值、向顾客传递价值并获取价值的系统逻辑,它反映的是利益相关者之间的交易关系。也可以说商业模式是指一个完整的商品流、服务流及信息流体系,包括每一个参与者及其在该体系中起到的作用,以及每一个参与者的潜在利益和相应的收益来源和方式。

商业模式是由最基本的四者及其联系构成的:一是价值体现,即企业拟为客户创造并传递的价值;二是价值创造方式;三是价值传递方式;四是企业的盈利方式。其中,价值体现是基础,新创企业如果不能发现客户所需要的价值,那就不能为客户创造出他们所需要的价值。价值创造和传递方式,是新创企业将自己的价值构思变为现实。最后,在为客户创造并传递价值的同时,新创企业也不能忘记"自身的盈利方式是什么",至少为新创企业实现真正的现金流。

二、商业模式的内涵

1. 商业模式的作用

明确的商业模式是创业成功的重要前提。这不仅在于商业模式本身具有重要的商业价值,而且还在于商业模式直接影响企业的战略和运营的选择与实现。

(1)商业模式自身的商业价值。

好的商业模式本身具有非常重要的商业价值,如在创业规划时期,商业模式的选择可以促使创业者缜密思考创业过程中的生产、分销、成本构成等各方面的问题,这个系统的思考和整理过程对于创业者本人和其他创业者都是一笔财富;在创业团队构建中,良好的商业模式便于创业团队全面理解和支持新企业的目标和价值所在,清晰认识各自能做的贡献,从而调整自身行动以配合新企业的目标和战略规划;另外,对消费者而言,良好的商业模式能让消费者更清晰地了解新企业可能提供的产品和服务,帮助新企业迅速打开市场,实现新企业在消费者心目中的定位。

(2)商业模式在创业过程中的作用。

商业模式对于创业者尤其是初次创业者而言,可以帮助他们将创业初期非常简单的创业愿景进行细化、凝练和周密思考,形成相互支持和促进的有机整体。当然,在这个过程中由于创业者初期对信息掌握得不全面和外部环境的变化,创业者对商业模式有可能进行动态调整,甚至重新评估创业机会,放弃最初创业设想而另辟蹊径。

(3)商业模式与商业战略的关系。

从某种意义上说,商业模式相当于一个创业"地图",它为创业者提供了路径参考,逐渐引导创业者探索创业道路最终走向成功。但在现实中,商业模式和商业战略却常常被混为一谈,其实两者之间既有联系又有区别。商业模式描述的是各个组成部分是如何组合成为一个系统的,其本身更多的是考察建立或运营企业所必需的各个环节紧密构成的完整要素链,如消费者需求、产品本身、上游供应商等利益相关者的关系。商业战略主要从规划商业机会、企业资源、竞争因素等方面出发描绘一条通往成功目标的道路。作为创业者的新创企业,相对于成熟企业往往缺乏资源和品牌,只有在商业战略选择上选好定位,才可能发挥新创企业的竞争优势。因为对于成熟企业而言,由于他们占有一定的市场且有自己的业务转型压力,很难快速开发和捕捉到新机会,而新创企业作为市场的新人,往往能更容易发现机会,也能更容易地抓住机会。商业战略规划好了总体发展路径,而商业模式对于新创企业快速而高效地实现价值设计与传递,实现商业战略规划的目标具有非常重要的价值。

2. 商业模式的特征

由于各行各业的差异以及宏观或微观经济环境的影响,无论哪个商业模式都无法保证企业在任何情况下都能盈利。尽管在目前的研究中无法找到一个万用商业模式,但至少成功的商业模式都具有以下相似的特征:

(1) 全面性与系统性。

商业模式不仅仅是由一个个单独的组成部分堆积而成的,而是一个全面的、系统的概念,是企业整体经营模式的归纳和总结。企业战略规划方面,创业者必须关注企业的整体发展目标和发展方案;企业管理层面,创业者需要制定必要的方案以引导基层员工的操作和管理职能分类。因此,商业模式的全面性反映了创业者是否对创业发展中所遇到的各类问题进行了全面而系统的思考。

当然,全面系统性并不是要求商业模式能涵盖企业经营管理中的所有琐碎事务,而是需要提炼归纳,提取更为重要的要素,这样对企业的整体发展才具备更强的指导意义。

(2) 独特性与难复制性。

独特性与难以复制性是商业模式成功的重要前提。就独特性而言,创业者通过确立自己的独特性来保证市场占有率。这一独特价值表现在创业者能够向客户提供的额外价值,或者使得客户能用更低的价格获得同等价值,或者用同样的价值获得更多的价值。商业模式独特价值的根本来源是创业者所拥有的独特资源以及因资源独特性而构建的发展战略。例如,如家酒店连锁公司就是根据当时国内酒店经营模式的问题,全力拓展其独创的经济型连锁酒店,以低价、舒适、干净为特色,吸引了大批中小商务人群和休闲游客,获得了巨大成功。除了保证商业模式的独特性之外,还要注意商业模式的难复制性。一个易于被他人模仿的商业模式,即使再独特、再全面,也难以维系。迅速跟进的追随者很快就会使得企业的盈利能力大大下降。难复制性的要旨首先在于企业的商业模式要充分发挥先行者的优势,降低后行者获利的可能性,降低追随者对模仿复制现有商业模式的兴趣。其次,为了增加复制的难度,创业者在商业模式上要注重细节且严格执行,提高复制难度。当然,如果有可能,创业者最好通过申请专利保护自己的知识产权,防止被人复制。

(3) 自赢性与共赢性。

处于创业期的企业从事创业活动主要是为了获取利润,只有实现可持续的利润盈利才是企业自身生存和发展的根本所在。而商业模式是企业获取利润维持自身生存的方式,商业模式直接决定了企业的业绩,同样企业的业绩也是检验商业模式合理与否的试金石。除此之外,好的商业模式还要实现企业与主要利益相关者之间长期共赢。作为企业必须与内外部利益相关者建立紧密的合作关系,而合作关系又必须通过为利益相关者创造更多的价值来维系,那些损害了主要利益相关者利益的商业模式都不能被视为有效的模式。

（4）前瞻性与可持续性。

前瞻性与可持续性是商业模式的灵魂所在,一个好的商业模式不仅体现当下的企业发展目标,而且要能适应将来的发展,也就是具有前瞻性和可持续性,以便于企业在变幻莫测的动态商务环境下能随时调整自己的商业模式。

对于一个成功的商业模式而言,商业模式的四种特征之间的关系类似于"木桶效应",任何一个方面出现短板都有可能对整个商业模式产生重大损失。因此,作为创业者在创业初期,尤其要注意商业模式不能在一个方面出现明显的缺陷。

3.商业模式的要素

（1）商业模式九要素及简介。

Alexander Osterwalder 和 Yves Pigneur 在《商业模式新生代》一书中认为,商业模式包含九种必备要素:① 价值主张。即公司通过其产品和服务能向消费者提供何种价值。表现为:标准化或个性化的产品或服务或解决方案、宽或窄的产品范围。② 客户细分。即公司经过市场划分后所瞄准的消费者群体。表现为:本地区或全国或国际、政府或企业或个体消费者、一般大众或多部门或细分市场。③ 分销渠道。描绘公司用来接触、将价值传递为目标客户的各种途径。表现为:直接或间接,单一或多渠道。④ 客户关系。阐明公司与其客户之间所建立的联系,主要是信息沟通反馈。表现为:交易型或关系型、直接关系或间接关系。⑤ 收入来源（或收益方式）。描述公司通过各种收入流来创造财务的途径。表现为:固定或灵活的价格、高或中或低利润率、高或中或低销售量、单一或多个或灵活的渠道。⑥ 核心资源及能力。概述公司实施其商业模式所需要的资源和能力。表现为:技术或专利、品牌或成本或质量优势。⑦ 关键业务（或企业内部价值链）。描述业务流程的安排和资源的配置。表现为:标准化或柔性生产系统、强或弱的研发部门、高或低效的供应链管理。⑧ 重要伙伴。即公司同其他公司为有效提供价值而形成的合作关系网络。表现为:上下游伙伴、竞争或互补关系、联盟或非联盟。⑨ 成本结构。即运用某一商业模式的货币描述或以上八个元素的成本结构。表现为:固定或流动成本比例、高或低经营杠杆。

（2）九要素之间的关系。

商业模式九要素是一个有机系统的九个组成部分,缺一不可。另外,9 个元素或 9 个模块构成了商业模式设计的一个重要工具,即商业模式画布。

表 6.2　商业模式画布

基础设施			客　户	
重要伙伴 （谁能 帮助我）	关键业务 （我要做什么）	价值主张 （我怎样帮 助他人）	客户关系 （怎样和对方打交道）	客户细分 （我能帮助谁）
	核心资源 （我拥有什么）		分销渠道 （怎样宣传自己或交付服务）	
成本结构 （我要付出什么）			收入来源 （我能得到什么）	
财务体系				

上表中,商业模式分成两大部分,左侧主要反映商业模式的效率问题,即企业如何通过一系列的重要合作将核心资源制造成关键业务等成本投入,实现企业价值主张的效率

问题;而右侧主要体现的是价值问题,即企业如何将其价值主张通过渠道通路建立的客户关系传递给客户实现收入。此外,根据商业模式要素的内在逻辑,又可以划分为产品、客户、基础设施和财务四个部分,如产品主要是指价值主张;客户包含客户细分、客户关系以及渠道通路;基础设施包含核心资源、关键业务以及重要伙伴;财务部分包括收入来源和成本结构。

4. 商业模式的类型

大量的学者都尝试着对现有的或未来的商业模式进行分类,但同时分类也是商业模式研究的一个难点问题,目前没有哪个学者真正建立起一个全面、清晰、实用,并且令人信服的商业模式分类体系。究其原因,主要有两个:一是商业模式涉及的面过于宽泛,而研究者在对商业模式进行分类的时候,又需要将所有的商业模式因素都考虑在内,因此是非常困难的;二是在当今迅速变化的时代里,新因素、新问题层出不穷,研究者要想建立一个能够经受住时间变迁的"万能框架",不仅会非常困难,而且几乎是不可能的。为了便于让初学者对于商业模式类型有更加科学的认识,这里采用由亚历山大·奥斯特瓦德(Alexander Osterwalder)和伊夫·皮泥厄(Yves Pigneur)合作撰写的《商业模式新生代》中关于商业模式的分类:分拆商业模式、长尾商业模式、多边平台商业模式、免费的商业模式、开放式的商业模式。由于篇幅较多,为了便于清晰展示各种商业模式类型的特点,将各种类型商业模式主要特点概括成下表。

表 6.3　商业模式类型特点解析表

类型	分拆商业模式	长尾商业模式	多边平台商业模式	免费的商业模式	开放式的商业模式
背景	一种包含客户关系管理、新产品开发以及基础设施管理的整合型商业模式	价值主张仅针对大多数有利可图的客户	一种价值主张只针对一个客户细分群体	高价值高成本的价值主张仅提供给付费用户	研发资源和关键业务都被集中在企业内部
挑战	成本太高,多种相互冲突的企业文化被整合到一个实体中,带来不利的权衡取舍	针对低价值的客户细分群体提供特定价值主张成本太高	企业无法获得潜在新客户,这些客户仅能接触企业现有客户群	高价格挡住了用户	研发成本过高抑或生产率很低
解决方案	将业务拆分成三个独立且又相互联系的模型来处理:客户关系、产品创新以及基础设施建设	针对低价值客户提供新的或附加的价值主张,所产生的累积收入同样有利可图	增加"接触"企业现在客户细分群体的价值主张	针对不同的客户细分提供几个含有不同收入来源的价值主张,一种是免费的或极低成本的	通过利用外部合作伙伴来提高内部研发资源和业务效率。内部的研发成果被转化为价值主张,提供给感兴趣的价值细分群体

续表

类型	分拆商业模式	长尾商业模式	多边平台商业模式	免费的商业模式	开放式的商业模式
理论依据	IT和管理工具的发展允许以更低成本分拆并在不同商业模式中协作	IT和管理工具的发展允许以低成本针对数量庞大的新客户发布量身定制的价值主张	在两个或多个客户群体之间搭建中介运营平台，这些客户细分可以给最初的模型增加收入来源	付费客户群体为免费客户细分群体提供补贴，以便最大限度吸引客户	从外部资源获取的研发成果成本会更小，并且可以缩短上市时间。未被利用的创新在出售给外部后可能带来更多的潜在收入
案例	私人银行 移动通信运营商	出版行业 乐高	谷歌、任天堂、索尼、微软等；苹果公司的iPod、iTunes及iPhone	Skype网络免费通话与电信运营商；吉列的剃刀和刀片	宝洁、葛兰素史克

拓展阅读
tuo zhan yue du

苹果与富士康：一条产业链上的不同命运

2010年5月27日，两则看似毫无关联但几乎发生在同一时间的新闻事件引人深思。

一则新闻来自中国：2010年5月26日晚11点，富士康集团深圳龙华厂区发生第12起员工跳楼事件。由此，代工巨人富士康集团深圳工厂的"十二连跳事件"引起了全国媒体的广泛关注，甚至引发了政府的高度关注与全面介入。这家拥有近百万名员工、深陷舆论旋涡的全球最大代工企业成为全国人民关注和质疑的焦点。

另一则新闻来自美国：北京时间2010年5月27日凌晨，苹果公司超越软件巨人微软，成为全球市值最高的科技公司，股票市场价值达到2 220亿美元，而微软为2 190亿美元。苹果上一次股票市值超过微软是在1989年12月19日，随后苹果公司陷入经营泥潭，濒临破产。截至目前，苹果公司的股价已是10年前的数十倍，不仅如此，在2011年度财务报告中，苹果公司营业收入为1 082亿美元，净利润为259.22亿美元，净利润率达到了惊人的23.96％。

事情并未就此结束。2010年6月2日，富士康集团对外发布了基层员工全体加薪的消息，从6月1日起，富士康集团对企业作业员、线长、组长的薪资进行调整，员工整体薪资水平提升30％以上：作业员月薪高于900元者，上调幅度不得低于30％，即由原来的每月900元调升到每月1 200元；线长、组长在现有薪资标准基础上上调30％以上；其他职级员工，薪资也有不同程度的调整。这样的涨薪幅度，看似比例相当之大，但由于基数很低，因此个体员工涨薪的绝对金额并不高。正如有些记者所说：加薪30％，你会叫"太棒了"。加薪300元，你就会嚷"太少了"。但当你以如此低的基数乘以数十万名员工时，这无疑又是一个极为庞大、令人恐怖的数字。

据台湾《工商时报》分析报道，富士康集团此次调薪锁定3大基层族群，初步估计有45

万名员工,每人全年薪资最少增加4 800元,这意味着富士康的人工成本在一年的时间内将提高至少108亿元新台币(约22.81亿元人民币)。看来,"十二连跳事件"已经把富士康集团逼急了。

苹果公司与富士康集团又有什么关联呢? 实际上,富士康集团相当大比例的业务都来自苹果公司委托的代工业务。据说因为富士康集团曾因中国南部的"用工荒"的影响而导致苹果公司万众瞩目的平板电脑(iPad)首批供货大受影响,此次加薪事件更有传闻说苹果公司将提供2%的代工补贴。无论如何,苹果公司离不开富士康集团这样的超大规模代工厂,只有这种代工厂的存在,苹果公司才能全力以赴、心无旁骛地专注于其产品创新与应用创新;而富士康集团更离不开苹果公司这个大金主。伴随着苹果公司的发力,富士康集团董事长郭台铭成为台湾省首富。

由富士康集团的"连跳事件"我们看到了代工模式的魔咒,更清晰地看到了中国初级制造业所面临的巨大挑战。中国企业的转型升级迫在眉睫,富士康集团的"连跳事件"和众多未被披露的事件也给我们敲响了警钟。中国经济和中国企业的"低成本模式"已经走到了尽头,走入了死胡同,中国企业转型升级的核心出路就在于商业模式创新。

虽然出现了严重的"十二连跳事件",甚至这个纪录仍在不断地被打破,富士康集团仍然算是中国制造业的翘楚。相比之下,其他的中国制造企业更为可怜。毕竟富士康集团已实现了代工厂产业的规模化发展,并创造了制造业的新模式,整体营业收入达4 000亿元人民币。

但这一切成绩与价值链"链主"苹果公司相比,只能说是"丑小鸭"遇到了"天鹅"。苹果公司创造的商业奇迹不仅令漩涡之中的富士康集团汗颜,甚至令骄傲的世界级对手微软公司也颇为头痛。如果说富士康集团深陷于"低成本模式",输在了商业模式的起点,那么,苹果公司绝对是依靠商业模式的力量实现了10倍的成长,并最终超越微软公司成为科技业的霸主。

苹果公司凭什么超越了最牛的软件公司微软? 苹果公司的秘密绝不仅仅是各位读者所熟悉的、美轮美奂的产品——苹果播放器(iPod)、苹果手机(iPhone)、平板电脑,这些只是苹果公司卓越商业模式的冰山一角,仅仅是表象罢了。

实际上,在这些产品的背后,是一个又一个规模庞大的产业链的改变与重塑:在iPod的带动之下,苹果公司已经成为全球最大的在线音乐提供商,其在线音乐商店在2010年就已经销售出了100亿首歌曲,苹果公司的正版音乐下载甚至挽救了全球的唱片公司。同时,在iPhone的强势拉动之下,苹果公司已经成为全球最大的在线软件平台,全球65万余款基于苹果操作系统的在线应用和软件已经被下载300亿次以上,并依然在快速增长之中。全球有120个国家的开发者在为苹果的操作系统开发应用程序,苹果公司却不用支付任何人工成本,而且每卖出一元钱的软件与应用,苹果公司还可以从中获得30%的分成。2010年iPad的闪亮登场亦成为万众期待、引发全球关注的盛事,个人计算机(PC)行业被iPad彻底颠覆,这将推动苹果公司成为全球最大的在线阅读平台,甚至成为全球最大的游戏平台。苹果公司的成功充分证明了商业模式的力量——商业模式创新的能量和价值,将远远大于技术创新。

真可谓造物弄人,在2010年5月27日的前后几个小时内,两个原本紧密关联的企业走向了完全相反的道路。一个登上了世界市值最大的科技公司的宝座,走上了乔布斯期盼的事业巅峰,苹果公司由此成为全球瞩目的焦点。此后,即使乔布斯仙逝,也无法阻挡苹果公司前进的脚步。而另一个却成为全民质疑和批判的对象,也导致首富郭台铭陷入事业低谷。在我们感叹造物弄人之时,也真正感悟到商业模式的力量与价值。

——转引自彭志强等:《商业模式的力量》,机械工业出版社,2009

巨人网络史玉柱的创业成功故事

上下两个半场

史玉柱的创业史可以分为上下两个半场——1997年之前的巨人和1997年之后的巨人。1997年之前天不怕地不怕,高呼口号"要做中国的IBM",横冲直撞,最后惨败。留下一栋荒草肆虐的烂尾楼,外加几亿元巨债。死过一次后,才知道死亡的滋味。这10年,史玉柱如履薄冰,小心翼翼,卖脑白金,投资银行股,进军网络游戏,在一片废墟上,转眼创造了超过500亿元的财富。史玉柱为何能在下半场"惊天逆转"?是的,他的确掌握了一套独创的看家秘笈,为自己打造了几样纵横江湖的"顶级装备"。

中场休息的感悟

史玉柱,1962年出生在安徽北部的怀远县城。1980年,史玉柱以全县总分第一,数学119分的成绩考入浙江大学数学系,毕业后分配到安徽省统计局,时年24岁。由于工作出类拔萃,被作为第三梯队,送往深圳大学进修。1989年8月2日,他利用报纸《计算机世界》先打广告后收钱的时间差,用全部的4 000元做了一个8 400元的广告:"M—6401,历史性的突破"。13天后,史玉柱即获15 820元;一个月后,4 000元广告已换来10万元回报;4个月后,新的广告投入又为他赚回100万。这一年,史玉柱产生了创办公司的念头,他想:"IBM是国际公认的蓝色巨人,我办的公司也要成为中国的IBM,不如就用'巨人'这个词来命名公司。"1995年,巨人发动"三大战役",把12种保健品、10种药品、10几款软件一起推向市场,投放广告1个亿。史玉柱被《福布斯》列为大陆富豪第8位。1996年建巨人大厦资金告急,史玉柱决定将用于保健品业务的全部资金调往巨人大厦,保健品业务因资金"抽血"过量,再加上管理不善,迅速盛极而衰。巨人集团危机四伏。脑黄金的销售额达到过5.6亿元,但烂账有3亿多……

"送礼就送脑白金"

幸运的是,受到重创的史玉柱,除了缺钱外,似乎什么都不缺,公司二十多人的管理团队,在最困难的时候依然不离不弃,没有一个人离开。而且史玉柱手上已经有两个项目可供选择,一个是保健品脑白金,另外一个是他赖以起家的软件。1998年,山穷水尽的史玉柱找朋友借了50万元,开始运作脑白金。手中只有区区50万元,已容不得史玉柱再像以往那样高举高打、大鸣大放。最终,他把江阴作为东山再起的根据地。启动江阴市场之前,史玉柱首先做了一次"江阴调查"。他戴着墨镜走村串镇,挨家挨户寻访。由于白天年轻人都出去工作了,在家的都是老头老太太,半天见不到一个人。史玉柱一去,他们特别高兴,史玉柱就搬个板凳坐在院子里跟他们聊天,在聊天中进行第一手的调查。"你吃过保健品吗?""如果可以改善睡眠,你需要吗?""可以调理肠道、通便,对你有用吗?""可以增强精力呢?""价格如何如何,你愿不愿使用它?"通常,这些老人都会告诉史玉柱:"你说的这种产品我想吃,但我舍不得买。我等着我儿子买呗!"史玉柱接着问:"那你吃完保健品后一般怎么让你儿子买呢?"答案是他们往往不好意思直接告诉儿子,而是把空空如也的盒子放在显眼的地方进行暗示。史玉柱敏感地意识到其中大有名堂,他因势利导,后来推出了家喻户晓的广告"今年过节不收礼,收礼只收脑白金"。

黄金搭档

脑白金的一炮走红并没有让史玉柱满足,他立刻开始琢磨手中的另外几个产品,降血脂的、抗感冒的、补血的、治疗胃病的,还有维生素。最终,史玉柱决心力推维生素和矿物质的混合物类产品——"黄金搭档"。

2001年,黄金搭档上市,史玉柱为它准备的广告词几乎和脑白金的一样俗气:"黄金搭档送长辈,腰好腿好精神好;黄金金搭档送女士,细腻红润有光泽;黄金搭档送孩子,个子长高学习好。"在史玉柱纯熟的广告策略和成熟的销售通路推动下,黄金搭档很快走红全国市场。原来人们骂脑白金的广告恶俗,连年把它评为"十差广告之首",现在"十差广告"的前两名也是史玉柱的了,因为黄金搭档上来了。史玉柱自我解嘲:"十差广告前两名都是我们的。但是你注意,那个十佳广告是一年一换茬,十差广告是年年都不换。"这两个产品,成了保健品市场上的常青树,畅销多年仍不能遏止其销售额的增长。2007年上半年,脑白金的销售额比2006年同期又增长了160%!

开创网游新纪录

靠卖软件起家的史玉柱,自然和电脑游戏不会陌生。网络游戏《征途》刚开始做不久,就说要做第一,当时大多数员工都认为老板在吹牛。公测人数突破30万人时,史玉柱提出"保60万争80万望100万"的目标,很多人也都认为不靠谱。如今根据《征途》掌握的数据,《征途》已是同类网游在线人数与营收领域的老大。次次目标的兑现,让一些自命清高的研发能人由不可思议到心服口服。也许,他们没见过第二个这种每天花十几个小时打游戏,第二天总能甩出一些修改建议的老板。由于自己是每天玩十几个小时的骨灰级玩家,史玉柱对于《征途》的要求很严格,近乎完美主义。《征途》一直是更新最频繁的网游,研发部门的员工被内部戏称为"最值得同情的人"。《征途》项目负责人透露,史玉柱身兼主策划、最重要测试员、资深玩家数职。他参与过任何一个项目,骂过任何一个策划,原因可能只是因为一些细节问题。史玉柱经常在凌晨给同事打电话,只要发现一个小BUG,马上就得改,他眼睛不能容下沙子。有些程序员忙到凌晨四点回家,还没捂暖被窝,就接到要求上线修改的军令。史玉柱把外界对脑白金、《征途》的骂名归结到自己当初的失败上面。因为失败过,给大家留的印象根深蒂固。失败者做的事情,很容易被从负面的角度来看。如果过去一直成功,则不会这样,这是一种文化,中国历来对待失败都不宽容。

巨人归来

尽管已经过去了10年,今天的史玉柱仍经常反思那场"著名的失败",他说:"我人生中最宝贵的财富就是那段永远也无法忘记的刻骨铭心的经历。"他还说:"成功经验的总结多数是扭曲的,失败教训的总结才是正确的。"毫无疑问,"死过一次"的经历,也一定在史玉柱的心里深处留下了无法磨灭的印记。平日里,史玉柱总是有几件物件不离手。一件是一个精巧的紫砂壶,上面刻有他的名字,他不时会捧起来喝上几口。另外就是香烟和打火机。史玉柱抽烟很特别,一根烟点着还没抽几口,要开口说话时,便三根手指捏着长长的香烟往烟灰缸里一戳,几句话说完后再为自己点上一根新的。不到半个小时,烟灰缸里挤满了一堆"烟头"，都伸着长长的"脖子"。对史玉柱来说，也许抽不抽烟、抽什么牌子的香烟都不重要，重要的是手上一定要有什么东西拿着，这样才会有种踏踏实实的感觉。史玉柱告诉我们，他重新注册了"巨人公司"，很快就会把网络游戏、投资、保健品等旗下所有业务全部装进去。史玉柱还告诉我们，他在上海松江买了一块长1公里、宽1华里的地，盖了一个总部，2008年就会把所有业务搬过去。"不过，这次我修房子不敢修高了，修矮的，只有3层。"

小测试

1. 商业模式的基本问题及内涵是什么？
2. 商业模式的特征、作用以及内在逻辑是什么？

第二节　商业模式的设计与评估

学习目的与要求
xue xi mu di yu yao qiu

通过本节学习，学生应达到如下要求：
1. 掌握商业模式设计的基本理念及核心逻辑。
2. 掌握商业模式设计的程序、方法以及选择的依据。

百度

百度初始的商业模式是通过给门户网站提供搜索技术获取服务费用，当发现给门户网站提供技术服务难以有较大发展的时候，百度对自己的商业模式进行了修正，通过出售应用软件与服务获得经济回报，这个商业模式帮助百度度过了艰难的创业期。但是这个商业模式目标人群较小，是对自我技术的出售，不可能做大主营业务和持续发展，百度需要找到能够快速发展和做大的商业模式。2001年百度才确定了现在的商业模式——基于竞价排名的网络推广方式，而这个创新是百度通过借鉴Overture公司的竞价排名，并将竞价排名作为自己的主要赢利模式，最终百度通过引用国外商业模式的创新点而使自己成功上市。

剃须刀模式

早在一个世纪前，吉列凭借着"剃刀和刀片定价策略"的创新坐拥全球80％的剃须品市场。吉列刚推出这种模式时，以55美分的价格销售成本2.5美元的刀架，而把成本1美分的刀片卖到了5美分，这种定价策略帮助吉列垄断剃须刀市场数十年。目前，吉列每年从剃刀和刀片这一产品组合中获得大约40亿美元的收入，其全球市场份额比最为接近的竞争对手多6倍。其续生收入占到公司总销售收入的42％和总利润的68％。

"剃须刀模式"不再限于剃须刀和刀片，凡是对产品的配套服务要求比较高的耐用消费品都开始大规模应用。惠普通过对其打印机墨盒技术申请专利以及将使用原装墨盒作为质保条件，从下游利润中大大获益。因为，打印机本身只占到机器使用生命周期中所有利润的1/3，而其他的2/3是由墨盒创造的。双门冰箱，除了压缩机和柜体这些核心部件外，还有一些易消耗部件，如冰水分配器、水过滤器等等，在冰箱整体使用寿命中，制造商销售过滤器替换部件的毛利和从整机销售中获取的毛利是一致的。汽车行业,好像与"剃须刀"相距很远,如今也找到方法,汇入了"剃须刀模式"的滚滚洪流。无论汽车价格如何变化,国内最大的汽车销售商上海永达汽车4S店依然能够依靠一条龙的延伸服务能力赢利;而很多城市里的便利店,靠产品差价赚钱的表象与事实相去甚远,很多便利店靠公用事业补贴过活……

一、商业模式的设计理念

1. 商业模式的核心逻辑

在现实中,我们经常发现尽管大量创业企业拥有很好的市场机会、新颖的创业思路以及才干超群的创业团队,但仍然会成长乏力或快速失败,其中一个可能的重要原因便是没有建立起驱动企业健康成长的正确的商业模式。在创业早期的机会识别阶段,创业者基于对产品和市场的可行性分析,基本上明确了产品或服务的市场潜力,对产品或服务的品质特征有了较为清晰的轮廓,但对于企业如何利用市场实现新企业盈利依然模糊不清。因此,要想理解创新产品的盈利路径,就迫切需要理清以下三个核心逻辑:

(1)价值发现,即如何为顾客创造价值。

这个问题实际上是顾客价值主张的问题,即在一个既定价格上,企业向顾客提供能够帮助其完成任务的产品或服务。所有企业,哪怕街边小店,都必须有自己的商业模式。如何在产品和服务货品化和同质化速度奇快的今天保证你的小店脱颖而出,这个问题就不那么简单。于是就有了商业模式的创新。如苹果公司iPod成功后,很多具有野心的创新作品试图超越甚至颠覆iPod,但他们发现iPod早已经不是一款产品,而是一种商业模式。iPod背后是苹果公司建立的网上音像商店iTunes,购买一个iPod,等于买下一家奇大无比的音像商店。乔布斯深知,顾客购买播放器的真正目的是听音乐和看电影,而其他公司为顾客购买的是播放器本身。一种购买行为背后,隐藏着另一种购买需求,甚至这种隐藏的需求背后还潜藏着一种或多种更隐秘的需求。平庸的企业往往只能看到显而易见的需求,并且把全部精力用来满足这种浅层次的需求,而卓越的企业之所以成功就在于它们具有对顾客需求的还原能力。

(2)价值匹配,即如何将价值在企业和顾客之间传递。

为顾客和企业设计了良好的价值主张,那么如何传递呢?从逻辑上来说,只有拥有独特的顾客价值主张和企业价值主张,才可能去谋求实现这种价值主张的资源和能力。除此之外,还需要相应的资源(客户资源、产品渠道)和能力作为支撑,否则就难以形成商业模式,尤其是难以实现可持续、可赢利的收入流。

(3)价值获取,即如何为企业创造价值。

这实际是企业价值主张问题,即在为顾客提供价值的同时又如何为自己创造价值。企业要想从创造的价值中获得价值,必须考虑以下问题,如收益模式、成本结构、利润模式和利用资源的速度。

以上都是商业模式的核心逻辑。商业模式本质是要回答谁是你的顾客?顾客看重什么?它同时还回答了每个管理者都会问及的一些基本问题,如在这项业务中如何赚钱?潜在的经济逻辑是什么?如何以合理的价格为顾客提供价值?

归根结底,商业模式是将新企业开发出来的新技术或服务转换成社会产出的转换器,商业模式将两者有效地结合起来。创新技术或服务能否为顾客、合作伙伴、企业创造价值不仅仅取决于技术本身的内在特征,更是取决于商业模式的选择。许多创业企业的成功,并不是因为技术创新有多强,而是因为开发出了一套切实可行的商业模式。如阿里巴巴作为电子商务领域的佼佼者,其利用的网络技术和其他电子商务企业是一样的,其成功的关键是在于其开发了有效的商业模式。为产品相对过剩的中国供应商和全球采购商搭建了一个供需买卖的平台,在交易过程中为阿里巴巴创造了巨额利润。

商业模式是新企业开发有效创意的重要环节。一方面是新技术创意的必要补充;另一方面也是新企业得以启动筹集资金、整合优秀合作伙伴等实际工作的前提。因此商业模式是新企业盈利的核心,新企业只有开发出有效的商业模式,才能激发足够多的顾客、供应商等参与合作,创建成功的新企业才真正可行。

2. 商业模式的设计理念

根据商业模式的核心逻辑,创业者要想设计一个完善的商业模式,必须牢牢地把握商业模式中涉及的四个主要元素,即顾客、产品、价值链以及利润屏障。具体而言:

(1) 出发点:顾客需求。

创业者必须对顾客的需求和偏好有比较深刻的认识和了解,并且顾客群还必须具有一定的规模,这样才能满足创业者的生存要求。所以商业模式设计中必须要立足顾客及顾客需求,例如 20 世纪 90 年代,国内大学生出现出国热,却缺乏相应的针对托福以及 GRE 考试培训机构,于是俞敏洪创办了“新东方”。正是因为迎合了一大批大学生考托福和 GRE 的需求,新东方发展非常迅速,目前新东方已然成为国内 GRE 和托福培训企业的龙头。大量实践表明,在设计一个完善的商业模式时,分析和把握顾客需求的心理,并寻求产品或服务在市场中的最佳定位非常重要。但必须切记的是,创业初期设定目标客户群不宜太广,要找到精准客户群切入,切入越精准,风险越小,成功把握越大。

(2) 基础:产品或服务。

创业者要赢得客户的关键在于企业的产品或服务能否清晰地反映目标顾客群的需求和偏好,在为顾客创造价值的同时,也为企业创造价值。例如微软公司从 windows1.0 到最新的 windows10,美国微软公司开发的操作系统是根据顾客的需求对产品进行持续改进,才奠定了微软在操作系统领域内独一无二的垄断地位。因此,创业者应不断根据市场的变化,敏锐捕捉顾客不断变化的需求,改进和修复产品或服务中存在的问题,给予企业不断生存和发展的不竭动力。

(3) 关键:依靠核心竞争力保证利润稳定。

每种商业模式都需要一些具有核心竞争力的核心资源。这些资源使得企业得以创造并提供价值主张而获得市场,保持与某个客户群体的客户关系并获得收益。核心资源可包括四个方面:① 实物资源,即包括实物资产,如生产厂房、设备、销售点管理系统以及分销渠道等。② 知识性资源,即品牌、专营权、专利权、版权、合作关系以及客户数据库,这些在一个强大的商业模式中扮演着越来越重要的角色。如耐克、阿迪达斯作为消费品,品牌就是他们非常依赖的关键资源。微软一直依赖于软件开发以及多年积累的知识产权,而高通专注于设计和制造移动宽带设备芯片,在微芯片设计上获得的专利使它们收获了可观的专利使用费。③ 人力资源,例如在知识密集型产业和创新产业中,人力资源就是最关键的。④ 金融资源,即依赖的金融资源或金融保障,比如现金、信用额度或用于吸引关键雇员的股票分红等。例如电信运营商爱立信在自己的商业模式中加入了金融杠杆,爱立信可以选择向银行或资本市场融资,然后将收益的一部分给购买设备的客户提供卖方融资,这就更容易保证订单落入爱立信而非竞争对手手中。企业尤其是新创企业,在运行过程中注重依靠核心资源确保核心竞争力,只有确保了核心竞争力才能保证企业的利润得到最坚固的屏障。

(4)目标:实现价值链上的价值最大化。

将企业的经营活动分为基本活动和辅助活动两类,基本活动包括内部后勤、生产作业、外部后勤、市场和销售、服务等;而辅助活动则包括采购、技术开发、人力资源管理和企业基础设施等。这些互不相同但又相互关联的生产经营活动,构成了一个创造价值的动态过程,即价值链。价值链在经济活动中是无处不在的,上下游关联的企业与企业之间存在行业价值链,企业内部各业务单元的联系构成了企业的价值链,企业内部各业务单元之间也存在着价值链联结。价值链上的每一项价值活动都会对企业最终能够实现多大的价值造成影响。作为创业者要充分利用自己的核心资源,将资源集中于相对优势的领域,构筑自己的竞争优势,而将价值链中比较窄的部分,即没有竞争优势的部分进行外包,减轻自己的负担。例如,苹果公司产品的竞争优势在于无形的用户体验和创造新的需求,在于产品的设计和使用的操作系统,而不在于有形的硬件。正是由于研发战略的成功实施,苹果公司在制定生产战略时,可以选择完全外包的方式,这种方式降低了产品的成本。以 iPhone 为例,屏幕由夏普生产,处理器由三星生产,内存、电池、照像机都在中国生产、组装,但他们都没有核心技术。iPhone 中最核心的芯片必须由苹果公司完全控制,而且苹果会全程参加。换言之,所有供应商都不是苹果的唯一选择,这在某种程度上削弱了供应商与苹果讨价还价的能力,苹果可以大量的订单为筹码压低供应商的供货价。因此,同一类产品,不同企业内部运作价值链的不同,导致了产品的成本迥异,或许一个企业可能盈利,或许一个企业可能亏损。

二、商业模式的设计方法

商业模式的设计,类似于工业设计师设计工业产品,必须执着地挑战思维的边界,探究各种可能性,发现从未被开发的领域或者实现想要的功能,最终为用户创造价值。因此,商业模式设计在考虑组织架构、战略、流程和项目以及竞争对手、技术、法律环境等一系列复杂的因素中可以借鉴工业设计的办法和设计工具,具体而言有六种商业模式设计方法:客户视角、创意构思、可视化思维、构建商业模式模型、讲述故事、场景推测。

1. 客户视角

要想设计好的商业模式,必须重视客户的观点,虽然这并不意味着客户的观点是创新的唯一起点,但评估商业模式的时候一定要考虑到客户的观点。成功的创新有赖于对客户的深入理解。苹果公司 iPod 播放器就是一个很好的例子,苹果公司从一开始就理解人们实际上并不是对数字媒体播放器感兴趣。苹果公司认为,消费者想要的是能快速搜索下载和收听数字内容,包括音乐。而且,消费者也愿意为这样的解决方案付费。这个观点在当时非常独特,当时网上盗版内容盛行,很多公司认为没有人愿意付费购买在线数字音乐,但苹果通过开发一种无缝对接的音乐体验,它将 iTunes 中的音乐媒体、iTunes 在线商店和 iPod 媒体播放器整合在一起。凭借这一从客户视角的创意,苹果公司很快主宰了在线数字音乐市场。

这一方法有两大难点:难点一:如何做到对客户的透彻理解?目前比较好的方法是,通过与社会学家、人类学家合作,进行社会调查和分析,加深对客户的理解,进而更新或开发更好的产品或服务。难点二:如何甄选需要清楚关注的客户群体?在很多情况下,能够拉动未来增长的那些客户并不是现在的客户。因此,商业模式的创新不能仅仅着眼于现有的客户群,必须着眼于新客户群体。

针对一般企业无法享受到社会学家、人类学家团队的专业服务,想要清晰洞察客户需求,最好的方法是借用"移情图"(由 XPLANE 公司开发设计的一种可视化思考工具),这种方法能让企业更好地理解客户的环境、行为、担忧以及渴望,帮助企业更好地理解客户真正愿意花钱买什么,只有这样情况下设计出的商业模式才更具有生命力。

移情图的使用:首先要想出设计的商业模式中想要服务的所有可能的客户群体,从中挑选 3 个最有希望的客户群,选择一个作为第一个移情的对象。先给这些客户取个名字,识别出一些人口统计学特征,比如收入、婚姻状况等。参照以下六个问题,在白板上给新的客户建立一个档案。

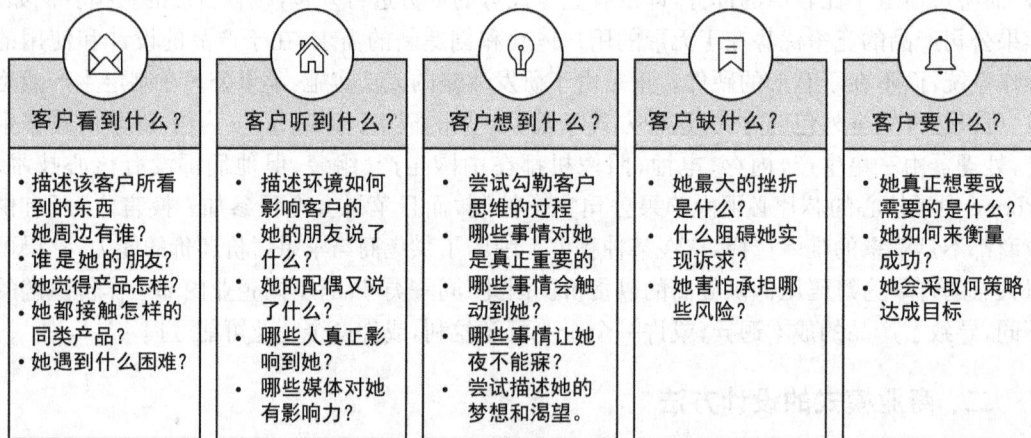

客户看到什么?	客户听到什么?	客户想到什么?	客户缺什么?	客户要什么?
• 描述该客户所看到的东西 • 她周边有谁? • 谁是她的朋友? • 她觉得产品怎样? • 她都接触怎样的同类产品? • 她遇到什么困难?	• 描述环境如何影响客户的 • 她的朋友说了什么? • 她的配偶又说了什么? • 哪些人真正影响到她? • 哪些媒体对她有影响力?	• 尝试勾勒客户思维的过程 • 哪些事情对她是真正重要的 • 哪些事情会触动到她? • 哪些事情让她夜不能寐? • 尝试描述她的梦想和渴望。	• 她最大的挫折是什么? • 什么阻碍她实现诉求? • 她害怕承担哪些风险?	• 她真正想要或需要的是什么? • 她如何来衡量成功? • 她会采取何策略达成目标

图 6.1 客户视角中的"移情图"

2. 创意构思

画出现有的商业模式是一回事,设计出一个新的创意十足的商业模式,并且能成功地识别出最佳创意的过程,这个就是创意构思。在这个过程中面临一项最重要的挑战就是如何忽略现状并停止对操作性问题的担忧,只有放下过往才能推测出未来可能有的商业模式。因此,创意构思的过程有两个主要阶段:生成创意,这个阶段数量是重点;整合创意,这个阶段要把创意进行讨论、合并组合并甄选出少数可行的创意。注意,可行的创意并不一定要是颠覆性的商业模式,它们也可以是通过扩展当前的商业模式领域提升当前的竞争力,这本身也是一种创新。

商业模式创新的创意着眼点可以是商业模式九个要素中的任何一个作为创新的起点。千变万化的商业模式创新会同时影响到多个模块。但是一般认为,按照创新的焦点分类的话,大致分为四种:资源驱动、供给驱动、客户驱动和财务驱动。这四个焦点中任何一个都可以作为重大商业模式变革的起点,也都有力地影响商业模式九宫格中的其他八个模块。当然,有时候商业模式创新也可能会源自多个焦点。具体分析过程中可以借鉴 SWOT 分析工具。各类型焦点驱动的特点详见下表：

表6.4　创意构思的类型

名称	定义	例子
资源驱动	资源驱动的创新来源于组织现有的基础设施或合作伙伴资源。企业由此出发来延伸或改变商业模式。	亚马逊公司基于它的网上零售平台推出了亚马逊云计算服务，为其他企业提供服务器资源和数据存储空间。
供给驱动	供给驱动的创新会创造全新的价值主张，并影响商业模式的其他模块。	墨西哥水泥生产商 Cemex 承诺能在 4 个小时内将混合好的水泥送到工地上，而当时业界标准是 48 小时，这就要求 Cemex 相应地改变它的商业模式。这项创新帮助 Cemex 从墨西哥的一个区域性生产商发展成世界第二大水泥生产商。
客户驱动	客户驱动的创新是基于客户需求、可获得性或者便利性的提升。和其他类型的创新一样，这种创新也会影响到商业模式的各个模块。	23andMe 公司首创了为个人客户提供的 DNA 测试服务。这项服务在此之前仅对医疗工作者和研究人员开放。这对价值主张和试验结果的通知方式都产生了重大的影响。23andMe 公司通过大规模定制化的网络档案解决了结果通知的问题。
财务驱动	由新的收益来源、定价机制或者被缩减的成本结构所驱动的创新，同样也会对商业模式的其他模块产生影响。	1958 年施乐公司发明了第一代普通纸复印机的时候，由于价格太高，以至于市场无法接受。于是，施乐以每月 95 美元的租金将复印机租给客户，这个租金中包括了免费的 2 000 次复印，超过的部分按每张 5 美分结算。这样，客户开始接受这种新型复印机，每个月复印数以千计的文件。
多点驱动	多个焦点驱动的创新能对其他模块产生深远的影响。	Hilti 是一家全球化的专业建筑工具生产商。它抛弃了直接出售工具的方式，转而向客户出租这些工具。这不仅彻底改变了 Hilti 的价值主张，而且还改变了它的收益来源，从过去的一次性销售收入转变为可重复的服务收入。

至于如何突破现状对思维的束缚，构思出创新的商业模式，可以借用"如果……会怎样"的问题来挑战传统假设，这个问题帮助创业者挣脱现有商业模式的束缚，能激发他们挑战自我思维，让更多新奇的主张进入视野。"如果……会怎样"作为一个起点会激发创业者去发现使其中的假设成立的商业模式。

具体创意构思的过程或流程可以采取很多形式。总体办法主要包含以下几个方面：① 团队组建。该方面的关键在于为了产生新颖的商业模式创意，我们的团队是否足够多样化。组建正确的团队对产生有效的新商业模式创意至关重要。团队成员的资历、年龄、经验水平、业务水平、业务领域、客户知识和专业技能都要多样化。② 知识钻研。该方面的关键在于确定商业模式创意生成之前必须钻研哪些知识。理想的团队都必须经过钻研的阶段，这可能包含总体研究、研究客户或潜在客户、详细调查新技术和评估现有的商业模式。这个过程有可能时间比较长。③ 方案开拓。这主要在于确定对商业模式的每个模块做哪些创新。这个过程要尽可能地开拓解决方案的范围，以产生尽可能多的创意。这个阶段主要追求的是创意的数量而非质量，这个过程可以使用头脑风暴的组织原则让人们聚焦在发掘创意,但必须避免过早地评价创意的价值。④ 甄选标准。主要是关于如何在大量的创意中按照何种标准对创意进行排序和甄选。这个标准必须针对企业的业务背景,同时还要涵盖预期实施时间、潜在收入、可能的客户阻力和对竞争优势的影响。⑤ 构建模型。对于每个甄选出来的创意设计完整的商业模式。标准一旦确立,团队必须有能力从若干创意中整理出最优创意的列表,由此构建 3~5 个创新的商业模式。然后,借用商业模式画布勾勒和讨论每个商业模式模型。

3. 可视化思维

商业模式是由许多模块组成的一个非常复杂的系统概念,而且模块与模块之间也有着复杂的关系,如何用最直观的方法将这些错综复杂的关系捋清楚,这就离不开可视化思维方式,即通过使用图片、草图、图表、便利贴、演示文档等可视化工具来构建和讨论各种复杂的关系,这种方式可以使商业模式变得更明确,也使得具体的讨论变成可能。可视化方法让商业模式变得鲜活起来,不再局限于抽象思维,有了形象而具体的东西,极大地提升了辩论的质量,也便于人们共同创造新的商业模式。

可视化常用的工具有两种,一是便利贴法。有三个简要的指导方针:① 要用粗的马克笔;② 每张便利贴只写一个元素;③ 每张便利贴上只写关键词。这样做的目的就是避免在单张便利贴上写过多的信息,影响后面的阅读和讨论。在讨论过程中,便利贴的位置不仅代表了商业模式中的某个模块,而且它们还引导了战略讨论的方向,另外,便利贴的移除或增添让参加讨论者深入理解商业模式的动态变化过程。二是绘画法。绘画可能比便利贴更加有效,因为图像可以更为直接地清晰地传递信息,即使再简单的绘画都很有可能激发起具有建设性的讨论,从而产生新的商业模式创意。

可视化思维的使用,一是可以加深理解商业模式的本质,可视化工具的使用可以更加直观地展现出商业模式的全貌,而且不会有更多的细节影响对本质的理解,除此之外可视化工具还可以加深对商业模式之间、各要素之间关联关系的理解;二是可以提升讨论效率。由于人类短时记忆中只能保留有限的想法,因此直观的可视化方式,用图形将隐含的假设变成具体的信息,为讨论参与者提供了一个始终可回溯的参照点,这对讨论的可持续至关重要。另外因为采用统一的方式,提供了统一的可视化语言,有利于增进创意的交流和团队的默契;三是可以探索创意。画布中使用的可视化工具可能会激发出新的创意,这对于个人和集体创作都是有益的。另外,可视化的商业模式还可以让使用者进行实战演习。通过画布中的便利贴,能看到商业模式的各个元素,这样使用者可以随意地移除或添加某个元素,然后讨论随之发生的商业变化。

4. 构建商业模式模型

构建模型广泛使用于产品设计、架构设计和交互式设计,但商业模式模型与产品设计师们理解的模型还是有一定的差异。商业模式模型是一种潜在的商业模式,是一个用于讨论、探究或者进行概念验证的工具。一个商业模式模型可以是一张简单的草图,也可以是一张充分思考过的商业模式画布。这个商业模式模型不一定要像真的商业模式,相反这个模型仅仅是一个帮助我们探究不同商业模式方向的工具。构建商业模式模型代表了永不停歇地发掘更好的商业模式,通过绘制很多(粗略的或精细的)模型来表示创业的战略选择,并不是要描绘出你真正计划要执行的想法,旨在通过给每个模型添加和移除一些元素来探索新的、甚至荒诞不经的想法。构建商业模式模型的制作过程请参照下图：

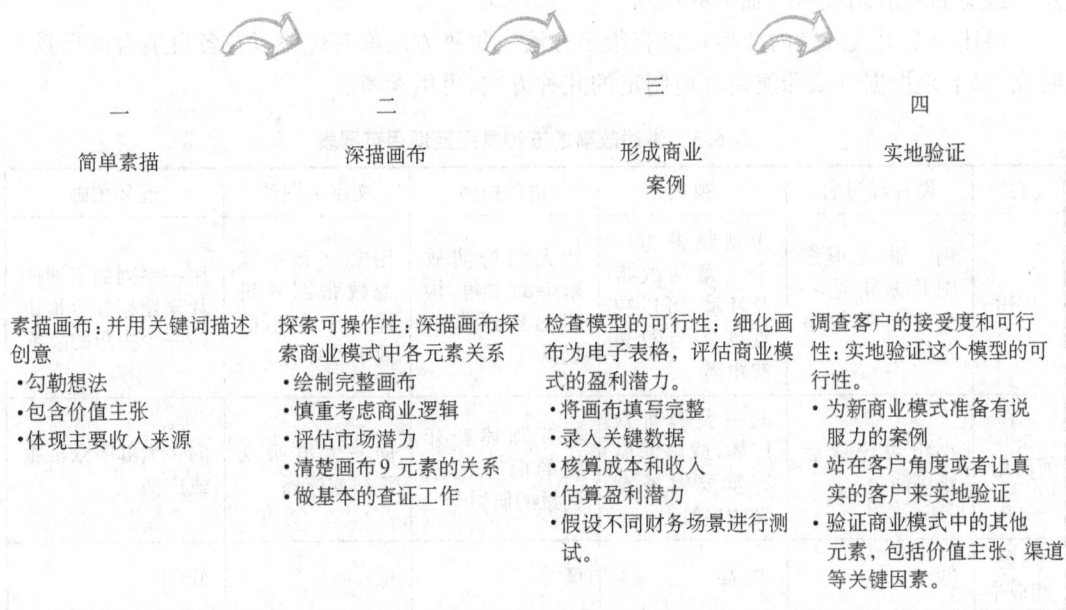

一	二	三	四
简单素描	深描画布	形成商业案例	实地验证
素描画布：并用关键词描述创意	探索可操作性：深描画布探索商业模式中各元素关系	检查模型的可行性：细化画布为电子表格，评估商业模式的盈利潜力。	调查客户的接受度和可行性：实地验证这个模型的可行性。
·勾勒想法 ·包含价值主张 ·体现主要收入来源	·绘制完整画布 ·慎重考虑商业逻辑 ·评估市场潜力 ·清楚画布9元素的关系 ·做基本的查证工作	·将画布填写完整 ·录入关键数据 ·核算成本和收入 ·估算盈利潜力 ·假设不同财务场景进行测试。	·为新商业模式准备有说服力的案例 ·站在客户角度或者让真实的客户来实地验证 ·验证商业模式中的其他元素，包括价值主张、渠道等关键因素。

图6.2 构建商业模式模型四步法示意图

5. 讲述故事

虽然我们小时经常听父母或老师给我们讲很多引人入胜的故事，但是长大后反而讲故事或者听故事的时候减少了，尤其是在现代商业社会中，讲述故事是一种被低估或未经开发的艺术。尤其是新的商业模式面临很多不理解甚至抵触的时候，讲述故事的方式就是以一种非寻常的方式让听众敞开心扉接受新的可能，如果再借助商业模式画布，这就让听众暂时放下对陌生事物的怀疑，为深度讨论商业模式及其内在逻辑提供了一个非常好的方式。具体而言，讲述故事的方式一是能以更加栩栩如生的方式向管理层推销你的商业模式，这更容易引起管理层内部对新的商业模式的兴趣和关注；二是便于向投资人推销新的商业模式。投资人更加关注的是如何为客户提供价值主张以及如何盈利的问题，而讲述故事的方式能提供一个完美的剧情，吸引听众的认可，这样就有更进一步的解释商业模式细节的机会；三是更能说服员工或者团队成员的加入。对于很多普通新员工而言，人们更容易被生动的故事而不是生涩的逻辑所吸引。

讲述故事的目的是为了引人入胜、栩栩如生地介绍一个新的商业模式。尽可能地让故事简单，且只设计一个故事主角，当然根据受众的不同也要从不同视角设置故事主角，因此故事类型主要分为公司视角和客户视角两个方面。公司视角，即以一名员工为主角来展示为什么这个新的商业模式是有价值的，这里面包含员工观察到的新商业模式所解决的客户问题，或者新商业模式比旧商业模式先进的方面，如降低成本、提升效率、增加新的收入来源，在这个故事里，员工成为促使组织内部出现新的商业模式以及商业模式转向的依据。客户视角，即从客户的视角讲述一个传奇故事，展示其面临的困难以及目标，然后简单说出企业如何将产品融入她的生活，为她创造了价值以及使她愿意为此付出钱财。这个故事必须具有情感因素和戏剧性情节,这个里面最大的挑战就是如何让故事听起来真实可信,切记一定要避免油腔滑调或居高临下的口吻。

讲述一个引人入胜的故事可以有很多方法。每种方法都有优势以及各自适合的场景和听众,以下是根据听众和演讲环境制定的几种方式,可供参考。

表 6.5　讲述故事的五种类型及适用范围表

方式	图片和旁白	视频	角色扮演	文字和图片	连环图画
描述	用一张或很多图片来讲述一个主角的故事及环境	用视频讲述一个主角的故事及环境,可以拉近现实与幻想的距离	让人们扮演故事中的主角,构建形象逼真的场景	用文字和一张或数张图片讲述一个主角的故事及环境	用一系列的卡通图片来栩栩如生地讲述一个主角的故事
何时用?	小组讨论或会场讲演	向一大群听众广播,或内部做有重要财务意义的决策	相互陈述新开发的商业模式创意的研讨会	向一大群听众汇报或广播	向一大群听众汇报或广播
时间和成本	低	中/高	低	低	低/中

6. 场景推测

场景推测能很好地指导新商业模式的开发或者旧商业模式的创新,与可视化思维、构建商业模式模型和讲述故事一样,场景推测也能让抽象的事物具体化。这里主要有两种类型的场景推测。第一种场景推测是对当前客户场景的推测,即产品或服务将被如何使用,什么样的客户会用到它们,客户的担忧、诉求以及目标,这都是基于客户视角融入客户的理解进而描绘出了独特、具体的场景。通过这个场景的推测,能将客户视角变得更加栩栩如生。第二种场景推测是对该商业模式未来可能面临的场景的推测。这不是为了预测未来,而是为了推测未来可能的具体细节。这便于让创新者能仔细体会未来各种环境下最合适的商业模式。这能加深对商业模式以及必要调整措施的理解,它能够帮助对未来做好准备。

三、商业模式的分析评估

商业模式是在特定的环境下被设计和执行的,尤其是随着互联网经济的发展,特定商业模式面临的经济环境和不确定性更严峻,甚至还面临着随时被市场颠覆的可能,这都使得时刻审视商业模式比以前任何时代都显得重要。为了能更好地对商业模式进行分析和评估,这就要从商业模式的两个方向进行分析和评估,即由外而内的商业模式环境分析以及由内而外的商业模式本身的评估两个方面。

1. 商业模式环境分析

商业模式的外在环境主要分成两大方面,即商业模式当下面临的情况以及未来可能面临的情形,关于未来预测的部分类似于场景推测的内容,在该部分就不做详述,且分析内容与当下面临的情况基本一致,所以这里就仅就商业模式当下面临的外部环境进行分析。具体而言,主要包括四个方面:

（1）市场影响力。

市场影响力主要是要考察以下几个方面的问题：① 市场问题，主要考虑影响客户环境的关键问题在哪里？哪些改变正在发生？市场将走向何方？② 市场分类，主要考虑哪些是最重要的客户群体？哪个群体的增长潜力最大？哪些群体在缩小？哪些边缘群体值得留意？③ 需求和诉求，即客户需要什么？没有被满足的客户需求里哪个最值得关注？客户真正想要搞定什么？哪些需求在增加？哪些在减少？④ 切换成本，即哪些东西将客户捆绑在一家供应商和它的服务上？哪些切换成本组织客户转投竞争对手？客户容易找到并采购类似的服务吗？品牌有多重要？⑤ 收入吸引力，即客户真正愿意花钱买的是什么？利润中最大的一块从哪里获得？客户能够轻易地找到并购买更便宜的产品和服务吗？

（2）行业影响力。

行业影响力主要是要考虑以下几个方面的问题：① （现有的）竞争对手，即谁是我们的竞争对手？哪些是我们这个领域的主流玩家？他们的竞争优势或劣势是什么？描述他们的主要产品和服务。他们聚焦哪些客户群体？他们的成本结构如何？他们对我们的客户群体、收益来源和利润有多大影响？② 新进入者（挑战者），即谁是你所处市场的新进入者？他们之间有什么不同？他们的竞争优势和劣势是什么？他们的价值主张是什么？他们聚焦哪些客户群体？他们对我们的客户群体和利润有多大程度的影响？③ 替代产品和服务，即考虑哪些产品和服务能够替代我们的产品和服务？他们的成本与我们相差多少？客户切换到这些替代品有多容易？④ 供应商和价值链上的其他厂商，即谁是行业价值链中的关键玩家？你的商业模式有多依赖其他这些玩家？⑤ 利益相关者，即哪些利益相关者会影响你的商业模式？股东、员工、政府以及其他游说者？

（3）关键趋势。

关键趋势主要是要考虑四个方面的内容：① 技术趋势，即你的产品涉及的主要技术趋势有哪些？哪些技术代表了重要的机会或颠覆性的威胁？哪些新兴技术是边缘客户正在逐步采用的？② 行业管理趋势，即哪些管理趋势会影响你的市场？哪些规则会影响你的商业模式？哪些管理规定影响客户需求？③ 社会和文化趋势，即描述关键社会趋势。文化或社会价值观上的哪些变化会影响你的商业模式？哪些趋势会影响购买者的行为？④ 社会经济趋势，即你的市场中收入和财富的分布有哪些特征？描述你所处的市场的消费特征。

（4）宏观经济影响。

宏观经济影响主要涉及四个层面的问题：① 全球市场情况，即经济处于爆发期吗？失业率多高？市场总体情况如何？② 资本市场，即资本市场处于什么状态？在你所处的市场中，获得投资有多容易？获取这些投资的成本有多高？③ 大宗商品和其他资源，即描述你的业务必备的大宗商品和其他资源的当前市场状态。执行你的商业模式所需的资源有多么容易获取？成本如何？价格走向如何？④ 经济基础设施，即你所处市场基础设施有多优良？如何评价交通、贸易以及连接供应商和客户的便利度？个人和企业的税费有多高？对商业组织的公共服务有多好？当地的生活质量如何？

2. 商业模式评估

对于商业模式本身而言，定期的由内而外的检查和评估是商业模式不断进步的基础，或者说也有可能触发一次颠覆性的商业模式创新。评估的方式可以分成总体评估和从商业模式九模块进行分模块评估两种方式。总体评估与分模块评估是两项互为补充的活动,例如其中一个模块的劣势可能对其他一个或多个模块产生影响,甚至对整个商业模式产生影响。因此,商业模式应该从单个元素角度和整体角度进行交叉评估。

整体角度评估商业模式虽然重要但不够详细,本文重点介绍对商业模式九大元素分模块评估的方式,也就是经典的SWOT(优势、劣势、机会及威胁)分析和商业模式画布结合起来。SWOT分析从四个角度来评估商业模式的每个元素,而商业模式画布给了我们讨论的框架。SWOT的魅力在于它的简洁,但也有可能导致讨论变得很模糊,因此就必须和商业模式画布结合起来,这样就可以聚焦分析和评估一个组织的商业模式及其各个模块。SWOT问了四个简单的问题,即从内部评估组织,你的组织的优势是什么? 劣势呢? 从外部环境来评估,你的组织的机会是什么? 威胁在哪里? 这四个问题中两个是有利的,两个是有害的。为了更加直观清楚地了解这种评估方式,可以借助SWOT分析工具分析商业模式画布中价值主张、成本/收入、基础设施和客户界面四个部分的优势、劣势、机会以及威胁,其中优势劣势可以放在一起进行评估,其次分析威胁部分以及机会部分,具体如下:

评估商业模式的优势及劣势。

(1) 价值主张评估。主要从价值主张与客户的匹配度、网络效应以及客户满意度等维度进行评估。

(2) 成本/收入评估。主要包括利润收入高低、收入是否稳定、回头客多少、收益来源是否多元、收益来源是否可持续以及定价机制是否符合客户的心理购买意愿。另外,成本是否可预测、成本结构能否正确匹配商业模式、运营的成本效率是否高。

(3) 基础设施评估。主要包括竞争对手复制核心资源难易程度、资源的需求是否可靠、资源部署节奏是否符合商业模式、关键业务是否得到有效执行、自有活动和外包活动是否达到理想平衡、是否与合作伙伴进行融洽的合作。

(4) 客户界面评估。主要包括客户群体是否很好地分类、是否能不断地获取新客户且保持旧客户流失率较低、分销渠道是否有效、客户的切换成本是否高、品牌效应是否高。

评估商业模式中的威胁。

(1) 对价值主张的威胁。是否存在可替换的产品和服务? 竞争对手是否具有更有竞争力的价格或者或更好的价值主张?

(2) 对成本及收入的威胁。收入受到竞争对手的威胁吗? 是否过多地依赖某一项收益来源? 哪些成本预期会增加以至于超过所支撑的收入?

(3) 对基础设施的威胁。可能面临某些资源的供应短缺吗? 资源的质量是否能得到保证? 关键业务是否会受到干扰? 合作伙伴可能和竞争对手合作吗? 是否过分依赖某些合作伙伴?

(4) 客户界面上的威胁。市场是否很快会饱和? 是否有竞争对手威胁市场份额? 客户关系是否有可能恶化? 客户转投竞争对手的可能性有多大? 市场中竞争变得白热化需要多长时间?

评估商业模式中的机会。

(1) 价值主张中的机会。能通过把产品转化为服务而产生重复性收入吗? 能否满足客户额外的需求? 我们的价值主张还有补充和外延的可能吗? 我们还能为客户做哪些工作?

（2）成本/收入中的机会。能否将一次性收入改为重复性收入？客户还愿意为哪些元素买单？还能增加或创造哪些其他收益来源？哪些地方还能减价？

（3）基础设施中的机会。使用成本更低廉的资源能获得同样的效果吗？哪些核心资源适合转移给合作伙伴？哪些核心资源开发不足？能将某些关键业务标准化吗？能提升整体效率吗？有外包的机会吗？与合作伙伴扩大合作能连接更多客户吗？

（4）客户界面的机会。能否服务新增客户群体？能否将客户更细致地分类以更好地服务客户？如何提高销售渠道的效率和效益？能否找到补充性的新渠道伙伴？如何让我们与客户的关系更加紧密？如何提升客户的切换成本？

总之，对商业模式进行结构化的 SWOT 分析会产生两个结果。它一方面简洁地说明了目前所处的位置（优势和劣势），另一方面建议了未来的方向（机会和威胁）。这些都是很有价值的信息，由此可以帮忙企业能够按照演进的方向设计新的商业模式。

四、商业模式的设计流程

本部分的内容是将本章中的商业模式概念和设计工具结合起来，以便创业者发起及进行商业模式设计活动。但由于每个商业模式项目都有自己的挑战、障碍以及成功的关键因素，而且设计者本人的出发点、生活背景都有差异，这就导致商业模式设计有可能是对某一危机环境作出的反应，也有可能是想要寻求新的增长潜力，还有很多可能是要规划将某一新产品或技术推广到市场。鉴于各种目的、各种情况下的商业模式设计情形，我们这里仅提供一个基础模板，在这个模板下各个企业可以根据自己的情况进行再调整。

为了更好地为商业模式设计者提供参考，我们将商业模式改革或创新分成两大类型，即新创企业的商业模式创新设计和成熟企业的商业模式。新创企业商业模式创新设计的目的分成四种：① 满足未被响应的市场需求；② 将新的技术、产品或服务推向市场；③ 用更好的商业模式改进市场或颠覆现有市场促使转型；④ 创造一个全新的市场。新创企业商业模式设计和创新也面临一些挑战，如如何找到正确的商业模式、在启动之前如何进行验证、如何诱导市场接受新的商业模式、如何建立商业模式的调整机制适应市场的变化以及如何管理商业模式运行过程中的一些不确定因素。而对于成熟企业而言，它们的创新通常缘于以下四种动机：① 当前商业模式出现危机；② 为了适应环境的变化，调整、改进或者捍卫当前的商业模式；③ 将新技术、产品推向市场；④ 未雨绸缪，开发和验证全新的商业模式。同样，成熟组织的商业模式创新设计业面临一些挑战，例如，如何激发企业内部股东以及管理层对新商业模式的渴望？如何在新老商业模式之间打通关系？如何管理既得利益的同时又能聚焦长远利益？等等。

商业模式设计基本流程分为五个阶段（见下表）。

表 6.6　商业模式设计五流程示意表

阶段	动员	理解	设计	实施	管理
目标	为组织成功的商业模式设计项目做准备	研究和分析商业模式设计活动所需的元素	创造并验证可行的商业模式方案,从中选择最优的方案	实地实施所选取的商业模式模型	根据市场的反应调整和优化商业模式
焦点	前期准备	钻研	探究	执行	演进
描述	为成功的商业模式设计活动做好充足的准备,让大家意识到新商业模式背后的动机,建议以统一的语言来描述、设计和分析讨论商业模式。具体包含:制定项目目标框架;验证最初的商业创意;计划;组织团队	你和商业模式设计团队完全沉浸到相关的知识中,包含客户、技术和环境。具体包含以下方面:扫描环境;研究潜在客户;访谈专家;调研已经被试过的模式;搜集创意和观点	将前一个阶段的信息和创意转化为可被开发与验证的商业模式模型。在深度探究商业模式后,选择最满意的商业模式设计。主要通过:头脑风暴;建模;验证;甄选	实施所选的商业模式设计,主要包括:尽可能多的沟通与参与;强有力的执行	建立管理组织架构来持续地监控、评估、调整或改变你的商业模式,主要包含:扫描环境;不断评估新商业模式;更新或者重新思考你的模式;在整个企业范围内调整各种商业模式;管理各种商业模式之间的协同和冲突
利用方法	商业模式画布;讲述故事	商业模式画布;环境分析与评估	商业模式画布;评估	商业模式画布;	商业模式画布;环境分析与评估
成功关键	合适的人、经验和知识	对潜在目标市场的深入理解;超越对目标市场的传统定义的条条框框	与组织中各个部门的人共同创造;有能力跳出现状看问题;花时间探索多种商业模式创意	项目管理的最佳实践;有能力和意愿快速地调整商业模式;"新""老"商业模式的对接	长远的眼光;主动性;各种商业模式的管理机制
主要风险	高估最初创意的价值	过度研究,导致研究活动和目标之间脱节;带着偏见研究,思维受到某个商业创意的约束	稀释或压制大胆的创意;轻易地青睐某些创意	干劲不足或者越来越小	未能及时调整,成为早期成功的受害者

而作为成熟企业在运作过程中除了以上步骤之外,在各个环节还有一些其他注意事项,具体如下:

1. 动员阶段

首先,要注意的是项目的合法性问题。在成熟组织内运作时,建立项目合法性是成功的一个关键因素。最好的方式就是一开始就让一名有威望的高层管理者加入项目团队从而赢得最高管理层的支持和承诺。其次,管理好既得利益者。这个过程尤其是要小心识别和管理好组织内部的各种既得利益者,辨别清楚这项设计活动是否会威胁到一些人的利益。再次,要建立跨职能团队。理想的商业模式设计团队是由组织中各种类型人才的组合,包括不同业务单元、业务职能、资历和专业技能的人才等。最后,引导决策者。必须计划好用相当多的时间来引导和教育决策者,让他们理解这些商业模式和重要性以及设计和创新的流程。这对于获得别人的认可和克服未知的阻力尤为重要,这个过程中避免过度强调商业模式的概念性内容,用故事和图像来传递信息,少讲概念和理论,实用是第一要务。

2. 理解阶段

首先,要注意绘制及评估当前商业模式。成熟组织中的创新需要从当前商业模式开始。理想状态是最好召开两次以上的各职能部门的研讨会绘制和评估当前商业模式。在讨论当前商业模式的同时也可以收集对于新商业模式的创意和观点。其次,跳出现状看问题。要跳出当前商业模式和商业模式类型来思考是非常具有挑战性的。再次,不要局限于当前的客户群体。要找到利润丰厚的新商业模式,就要在更大的范围搜索你的客户,不要仅仅限于当前的客户群体,因为未来的利润可能出现在任何地方。最后,展示进展。过度的分析有可能丧失领导层的支持,他们可能认为这个项目没有产出,于是要记得及时地展示项目的进展,可以根据阶段性成果及时展示商业模式初稿。

3. 设计阶段

首先,避免对大胆想法的遏制。成熟的组织一般会压制大胆的商业模式创意。你所要面临的挑战是如何捍卫这些大胆的创意,同时保证一旦实施不会面临铺天盖地的障碍。要取得这种平衡,可以给每个商业模式做一个"风险及收益"预测,主要涉及潜在的利润及亏损有哪些?与当前业务单元之间可能的冲突有哪些?现在的客户有什么反应?它将影响我们的品牌吗?这种方法有助于识别并明确每种模式中的不确定因素,只有明确了不确定因素才有助于你在市场中建立模型并验证它们,从而能更好地预测该模式全面启动后的表现。其次,最好使用参与式设计。设计团队最好尽可能地包含各类人员,与来自不同业务单元、不同组织层级和不同专业领域的人们一起创造商业模式。再次,做好新旧模式之间的协调关系。设计过程中要注意的是设立一个独立的商业模式还是与旧的商业模式进行整合,这个选择的正确与否很大程度上影响成功的机会。最后,避免聚焦短期利益。在探索新商业模式的时候,眼光要长远,尤其是那些大企业,否则,你的组织很有可能会错失很多未来增长的机会。

4. 实施阶段

首先,主动管理"路障":最能够提升一个新商业模式成功的可能性的因素在实际实施之前,即在动员、理解和设计阶段要组织内部人员全方位地参与。这样一个参与感十足的策略会尽早地获得相关人士的认可或者帮助发现"路障"。其次,获得项目赞助人支持:成功的第二个因素是要获得你的项目赞助人持续和明显的支持。这标志着能保证商业模式设计活动的重要性和合法性,以及减少组织既得利益者对新商业模式实施的干扰。再次,理清新旧商业模式之间的关系;第三个关键因素是为你的新商业模式创造正确的组织结构。也就是说,考虑新的商业模式是拆分成一个单独的实体还是在母公司中组建一个新的业务单元。最后,进行组织内部沟通活动;第四个关键因素是组织一次引人注意的、多渠道的内部沟通活动,这有利于打消组织内部对新模式的恐惧。

5. 管理阶段

首先,建立商业模式管理机制。考虑建立一个"商业模式管理机制"并成立一个小组来帮助其在企业内部更好地管理各种商业模式。这个小组的成员可以包括协调各种商业模式、与相关利益人互动、发起创新项目或重新设计项目,以及跟踪组织的整体商业模式演进过程。这个小组还必须管理整个组织的总体商业模式。其次,管理协同和冲突。商业模式管理小组的一个主要责任就是处理好组织中的各种商业模式,探索协同的可能,同时避免或者管理冲突。再次,重视商业模式组合问题。成功的成熟企业必须主动地管理它的商业模式"组合",用当前挣钱的业务来补贴未来的商业模式实验。最后,保持虚怀若谷的状态。保持初学者的虚怀若谷状态能帮忙我们避免成为成功的受害者。这要求所有人都不断扫视外部环境,持续地评估自己的商业模式。

拓展阅读
tuo zhan yue du

微软公司是如何打败苹果公司的?

长期以来,微软公司与苹果公司各自开发的操作系统互不兼容,自成一体。早在20世纪80年代末,苹果公司最早把图形用户界面操作系统应用到个人电脑,并在这种新颖、直观的操作系统技术上领先于其他对手。苹果公司的图形化操作系统依靠其时尚的外形、出众的操作体验,引领了当时相关领域技术发展的潮流。

然而,一段时间内,苹果公司作为一个技术领先者,拥有竞争对手所不具备的"好技术",但却没有赢得市场,苹果公司在个人电脑操作系统市场中败给了多年后才步苹果公司后尘推出图形化操作系统的微软公司。当微软公司在1995年推出成熟的图形化的视窗系统——"Windows95"之后,在短短两年间,全世界将近90%的个人计算机都装上了微软公司的视窗系统,而苹果电脑的优势却逐渐消失殆尽。

除了技术之外,微软公司的成功在很大程度上得益于其非凡的商业模式创新。当时微软公司开创了极具创新性的商业模式——"OEM"销售模式,即微软公司不是面向最终个人用户,而是事先向微机厂商销售预装视窗操作系统许可。微机厂商卖出多少台微机,就为微软公司卖出了多少份操作系统。微软公司只要把握最主要的几十家微机厂商,就几乎控制了整个微机操作系统市场。

之后,微软公司的拳头产品Windows98/NT/2000/XP/Server2003等一次又一次地成功占领了从PC到商用工作站甚至服务器的广阔市场,为微软公司带来了丰厚的利润,创造了神话般的"微软帝国"。在IT软件行业流传着一句话:"永远不要去做微软公司想做的事情。"

无疑,现在微软公司已在个人电脑软件王国建立了遥遥领先的技术优势,但除了其技术之外,我们还不得不思考其成功的商业模式。沃伦·巴菲特曾这样评价比尔·盖茨:"如果他卖的不是软件而是汉堡,他也会成为世界汉堡之王。"可见,商业模式创新对于像微软这样的技术型公司来说,其重要性一点儿不亚于技术上的创新。

戴尔的成功秘诀

1962 年后,沃尔玛从根本上改变了美国的批发业,也改变了美国人的日常生活。但是,就像美国所有的行业一样,有竞争就会有不断的创新。1984 年,又一种新商业模式出现了,这次的创新者是当年才 19 岁的麦克·戴尔,他连续多年在《福布斯》财富榜上排在前十位,2006 年的财富就达到 155 亿美元。

戴尔的故事非常有意思,而且他的商业模式跟微软、星巴克、沃尔玛都有所不同。从某种意义上,那也是时势造英雄,只不过戴尔有商业天赋,超过别人抓住了商机。今天,个人电脑几乎家家有、人人有,你可能习以为常,可实际上电脑的历史很短。电脑本身起源于第二次世界大战,起初只是专业用的电脑,没有大众化的个人或家庭电脑。1977 年,苹果公司推出一种基于视窗界面的电脑,大大提高了电脑的可用性,便于普及,成为第一代个人电脑。1981 年,IBM 也进入个人电脑市场,推出第一代 IBM 个人电脑。由于 IBM 是计算机行业的龙头,历来以制造大型计算机而出名,它的进入即标志个人电脑走上正式舞台。当时 IBM 的个人电脑商业模式是自己设计、制造,部分产品由自己的销售团队直销给大公司客户,但更多的是通过批发渠道向中小企业或个人用户销售。不过,IBM 公司太大,大型计算机是主业,对个人电脑的推销力度有限,难以两者兼顾。相比之下,1982 年新成立的康柏克计算机公司则没有历史包袱,只从事个人电脑的制造和销售,轻装上阵,很快赶上 IBM 的个人电脑销售量,成为该行业的老大。

但是,由于 IBM 和康柏克公司都是通过批发店销售电脑,这种商业模式成本很高。第一,从组装电脑到销售到拿到现金,这中间的时间太长。也就是说,IBM 造好电脑后,先在公司仓库放着,再运到各地商店,由于商店售货后往往不能马上卖掉,要租地方作为库存。不仅库存空间需要付成本,而且要用大量流动资金支持货物的储备,资本成本较高。第二,电脑技术变化很快,库存时间越长,技术过时的可能性越高,折价和报损的程度会提高,这又使成本增加。第三,由于是通过商店出卖,店面本身又需要成本,所以,电脑制造商需要给代理商不低的分成佣金。结果,不仅 IBM、康柏克的赢利空间受限,而且使电脑价格太高,不利于个人电脑需求的增长。

戴尔电脑公司的机会就是这么来的。戴尔出生在得克萨斯州,出于好奇,15 岁时买了一台苹果电脑,搬回家拆了再装,试试自己能否再装好,结果试成了。没想到的是,那次经历给他铺下了以后的致富之路。1983 年,戴尔 18 岁,是得克萨斯州立大学一年级学生。那年,他成立自己的公司,白天上学,晚上和周末帮其他公司更新个人电脑操作系统,随着业务的扩展,他开始雇佣员工。到 1985 年,在他还是大学二年级学生时,其公司的收入已达 600 万美元。

也是在 1985 年,戴尔看到 IBM、康柏克的商业模式过于呆板,既不能根据客户的需要组装电脑,又不能为多数用户量体裁衣。同时,它们的商业模式又使资金周转速度太慢,库存电脑太久、太多,占用太多批发店面,成本过高。那年,戴尔将公司改做电脑,他的模式是"先拿到客户订单,收到钱,再组装电脑,然后发货。"也就是说,你先打电话下订单,告诉戴尔你所要的电脑速度、存储器大小等,交好钱,然后戴尔电脑公司才开始组装,装好后寄到你家里。这样,戴尔不需要太多流动资金,没有库存,没有批发店面成本,更没有电脑技术过时的风险,因此也没有价格风险。既有满足用户需求的灵活性,又大大降低了成本,这使戴尔有很大的砍价空间,即使他卖的电脑比IBM、康柏克的便宜很多,戴尔电脑公司照样能赢利,而IBM、康柏克却可能亏损。

戴尔的"定制加直销"模式非常成功。例如,在20世纪90年代中期,它的平均库存时间在6—13天,而竞争对手的库存时间为75—100天。电脑淘汰速度、降价速度一直很快,这种库存时间劣势对戴尔的成功极为关键。

直销模式跟特定产品的标准化程度有关,标准化程度越高、越成熟、越简单的产品,越便于做直销。个人电脑到1985年已具备这些特点,已相当标准化。但是,有很多东西是非常个性化的。例如,时装、汽车、食物等许多商品,可能难以直销,一般人都喜欢看一眼、试一下才决定买不买。所以,批发商店不可能被淘汰,总会有市场,只是人们必须为此多付一些钱。

戴尔的"定制加直销"模式实际上很像中国的房地产开发模式,开发商在盖楼房之前,就把房子预售给客户,先得到房价,然后再用这些钱盖房,这样不仅开发商自己不需多少本钱,而且拿到这些售价后,可以把钱存在银行先赚利息,或者做别的投资,大大提高了利润空间。戴尔在大学时,没有本钱就能开公司,道理也在于此。

本章小结

对于大学生中准备创新的创业者而言,商业模式是创业之前所有设想和准备的总结,也是对企业创立起来之后发展模式的设想。仅仅发现一个好的创业机会并不能确保创业成功,决定成功的关键因素在于商业模式的设计,因为它决定了创业中转化机会的能力、效率以及赢利水平,而且即使设计出了商业模式也应根据市场环境不断设计和创新企业的商业模式以适应市场的变化。因此,本章主要包括两个方面的内容:

1. 介绍了商业模式的概念以及商业模式的作用、特征、要素以及类型等,提升创业者对商业模式的理解。

2. 在对商业模式理解的基础上,重点讲述了商业模式设计理念、设计方法、分析评估方法以及设计流程等四个方面的系统性设计商业模式的步骤,提升创业者设计商业模式的实战能力。

参考文献及材料

1. 李家华. 创业基础[M]. 北京:北京师范大学出版社,2013.
2. 施永川. 大学生创业基础[M]. 北京:高等教育出版社,2015.
3. 郎永宏,等. 创业管理[M]. 北京:科学出版社,2011.
4. 亚历山大·奥斯特瓦德,伊夫·皮尼厄. 商业模式新生代[M]. 北京:机械工业出版社,2017.
5. 三谷宏治. 商业模式全史[M]. 南京:江苏凤凰文艺出版社,2016.

6. 吉姆·米尔豪森.商业模式设计与完善[M].北京:人民邮电出版社,2017.

7. 张秀娥.创业管理[M].厦门:厦门大学出版社,2012.

教学过程

章节	内容	时间	授课方法	教具
课程导入	小调查:你了解过商业模式吗?	5分钟	课程测试	PPT
课程价值澄清	为什么学习这章内容?	5分钟	讲授	PPT
第一节 商业模式的概念与内涵	商业模式的概念	5分钟	讲授	PPT
	商业模式的内涵	15分钟	讲授	PPT
第二节 商业模式的设计与评估	商业模式的设计理念	5分钟	讲授	PPT
	商业模式的设计方法	20分钟	讲授	PPT
	商业模式的分析评估	15分钟	讲授	PPT
	商业模式的设计流程	20分钟	讲授	PPT

第七章

创业融资与创业风险

通过本章学习,了解创业融资概念及策略,认识创业风险的构成与分类,学会识别与评估创业风险。

重点:创业融资的策略,创业风险的构成与分类。

难点:创业资金的测算,创业风险的识别与规避,创业风险评估。

第一节　创业融资

通过本节学习,学生应达到如下要求:

1. 了解创业融资的概念。

2. 学会创业资金的测算方法。

3. 了解创业融资的渠道,掌握创业融资的基本策略。

大家想想创业需要启动资金,启动资金从何而来?如何做一名预言家,提前测算出你创业所需的大概资金?比如开一间奶茶店,是选择加盟还是自创品牌?如果想开一间网红奶茶店,还需要一笔价格不菲的加盟费。此外,你需要考虑工商注册等开办费用,以及店面的租金、设备、原料、人工以及日常开销等一系列问题。在你创业过程中,怎样从各个渠道获取资金支持?有什么利好政策帮助新人加入创业队伍?我们带着这些问题一起来了解创业融资的相关知识。

一、创业融资的概念与作用

创业融资是新创企业为了争取自身创建和成长所需资源而进行资源整合的过程。简单来说,就是开始创业需要多少钱的问题。对于初创企业而言,融资问题最为关键。初创的企业都会面临较严重的融资约束:一方面,因缺乏交易记录和抵押资产,很难获得银行贷款;另一方面,初创企业信用等级偏低,缺乏有效担保且初期需要资金较少,因此获得风险投资的概率比较小。

企业在初创时期,创业者自己所持的资金有限,不可能满足创业企业的全部的资金投入需求,从外部取得外源融资是必不可少的手段,因此如何有效融资是创业者极为关注的问题。创业者通过合理选择融资渠道和方式,可能降低资金成本,将创业的风险控制在一定范围之内。

二、创业资金的测算

在创业启动之前,需考虑具体的支出项目,通过比较不同方式的优劣进行选择。我们以选址为例,创业办公可以选择买房、租房或者在家办公。纵观如今的房价,买房需要的启动资金较大,虽然这属于固定资产的投资,但是买房创业的想法较难实现。租房的方式比较普遍,资金需求少,地点灵活。在家办公不需要任何资金投入,但业务和生活互相干扰,不方便接待客户。

创业开始前,至少要准备三个月所需的流动资金。除流动资金所包含的一些日常开支外,还要考虑一些不可预见费用的产生,如材料、人工、设备等价格可能发生的变化所带来的额外支出。接下来,我们来一项项测算创业所需资金。

1. 固定投资——运营前支出

运营前支出是指企业开始运营(做贸易、生产或者提供服务)以前必须支出的资金。固定资产价值较高、使用寿命较长。

(1)场所。

开办企业或公司都需要厂房、店铺等经营场所,如果可以在家开始工作,就能降低投资。大部分创业都要有门面或者具体办公地址,市中心配套设施成熟的地方租金较贵,但是人流量大,交通方便。

(2)设备。

设备是指企业需要的所有机器、工具、车辆、办公家具等。对于制造商和一些服务行业,设备往往是最大的开销。一些企业需要在设备上大量投资,因此了解清楚需要什么设备,以及选择正确的设备类型就显得非常重要。采购设备一定要货比三家,购入性价比最高的设备,节省创业初期的每一分钱。

(3)开办费。

开办费是指企业在筹建期间所发生的各种费用,包括工商注册费、税务登记费、营业执照费、各种许可证审批费、广告宣传费、加盟费、通水通电通电话通网络等费用。

2. 流动资金——运营前期支出

流动资金是指企业日常运转所需的资金,即企业开始运作直到产生的销售收入能弥补相应的开支的期间发生的支出。主要包括:购买或生产商品的生产成本;销售费用;管理费用,包括场地租金、人员工资、办公用品费用、水电费及交通差旅费用;其他费用。

流动资金的需要量取决于企业经营规模和流动资金的周转速度,也就是企业从使用流动资金采购商品到获取收入,收回流动资金的周期。因此,企业的销售情况也影响企业流动资金的需要量。

(1) 原材料和成品储存。

如果你是一名制造商,你必须预测你的生产需要多少原材料库存,这样你可以计算出在获得销售收入之前你需要多少流动资金。如果你是一个服务商,你必须预测在顾客付款之前,你提供服务需要多少材料库存。零售商和批发商必须预测在其开业之前,需要多少商品库存。

(2) 促销宣传费。

新企业开张,需要促销自己的商品或服务,而促销活动需要流动资金。微时代的今天,很多新店开张都要在相关的微博、微信公众号推广,这些宣传费用都要计入创业所需资金。

(3) 工资福利。

如果你雇佣新员工,在起步阶段就得给他们工资。你还要以工资方式支付自己家庭的生活费用。

(4) 租金。

正常情况下,企业一开始运转就要支付企业用地用房的租金。而且,你还要考虑租金可能要付3个月或6个月,会占用更多的流动资金。

(5) 保险:包括社会保险、商业保险。企业一开始运转,就必须投保并支付所有的保险费。

(6) 其他:水电煤气费、办公用品费、交通费、电话费、上网费、维修费、银行收费等。

一般来说,在销售收入能够收回成本之前,微小企业事先至少准备3个月的流动资金。为了预算更加准确,你必须制定一个现金流量计划,它会帮助你更准确地预测所需的流动资金。等你做完这个计划之后,你可能还要回头再更改启动资金里的流动资金数额。

拓展阅读
tuo zhan yue du

《人民的名义》融资之路

2017年年初,反腐大剧《人民的名义》热播,收视率突破6%,而同期电视剧没有超过1%的。鲜为人知的是,火遍大江南北的《人民的名义》差点因为融资问题而停拍。大部分银行不愿意贷款给影视、游戏、艺术品行业的公司,认为这些都属于轻资产(没有固定资产,产品以内容和创意为主),如果作品一旦没有为大众所接受,没有实物去担保。

这部热播剧的第一位投资者是高亚麟——他扮演剧中汉东油气集团总经理刘新建。当时,他刚刚成立了天津嘉会文化传媒有限公司,直接投资了4 000万,取得40%股权。其实,在开拍前,承诺投资的公司不在少数,但除了高亚麟,最终都选择了毁约。这部剧的导演李路和高亚麟是多年的老朋友。当时,高亚麟的新公司刚刚成立,《人民的名义》正在融资,二人一拍即合,一直到最后都没有毁约。此前,嘉会文化没有任何口碑作品,没有任何可抵押的固定资产,在最初的融资阶段困难重重,处处碰壁。

在经历了多次贷款失败后,杭州银行终于审批了1 000万的纯信用贷款。杭州银行的信贷员多次探班、追剧,从剧本主题、制作团队等多个维度进行分析。认为首先,该剧的立项主题符合主旋律,又是十年来第一部反腐剧。其次,演员阵容强大,都是中国影坛的老戏骨,演技精湛。三是资金分配比例较合理。演员片酬仅占整个戏的 40％左右,说明会花很多少钱在电视剧本身的制作上。

在整个融资过程的七八个月里,导演李路一直承受着巨大的压力。"太折磨人了,但没想过放弃。"经历了几十次的违约后,最终入局了五家公司:天津嘉会文化、北京正和顺文化、上海利达影业、大盛国际传媒、凤凰传奇影业。开机 15 天后,融资全部完成,最终《人民的名义》共融资 1 亿元。融资完成后,作为导演兼制片人的李路对成本控制也非常严格。与当下一些小鲜肉主演的热播剧不同,《人民的名义》80 名演员的片酬加起来只占了约一半的费用,保证了电视剧本身的制作有足够的资金支持。

钱的事情暂时解决了,困难却还在继续。为了找到合适的播出平台,总发行人李学政和高亚麟去了湖南两次。湖南台对此抱有很高的热情,很快做出反应。最终,湖南卫视以高价买断了该剧的版权。当《人民的名义》占据各大热搜排行榜首位时,版权方湖南卫视、PPTV成了最大赢家。

做个抠门的创业者

马云说,"今天很残酷,明天更残酷,后天很美好,但是绝大部分人是死在明天晚上,只有那些真正的英雄才能见到后天的太阳"。创业之初,最重要的问题是如何生存下来,在行业中站稳脚跟。刚刚起步,一定要学会平衡现金流,做好成本控制。

杜宇是一名独立学院的大四毕业生,朋友多,鬼点子多,肯干有冲劲。大学四年,他一直在快递公司做兼职,舍友经常让他帮忙把快递带回宿舍。杜宇的学校占地面积约 70 万平方米,从西苑走到东苑要花上半个小时。骑着小黄车,车篓里放着舍友的快递,杜宇突然有了一个想法,小黄车改变了同学们"最后三公里"的出行习惯,那能不能想个主意解决几万师生快递"最后三公里"的问题。带着这个想法,杜宇找到了负责学院大学生创业园的陈老师。陈老师肯定了杜宇的想法,并帮助他分析了实现这个想法将面临的困难。说干就干,杜宇找了几个老乡,拿着东拼西凑的 2 万元创立了校园第一家快递送上门服务点——速达便利站。

杜宇充分运用创业课老师教自己的"买、租、借、偷"省钱窍门。"买不如租,租不如借",他首先申请了学院大学生创业园项目,办公地点位于校园的中心位置,关键是租金免费。买的价格再低,不如去租;租的价格再低,不如找人借。在这一思想的指导下,他谈了好几家,才从旧货市场以两折的价格买了一批办公用品。办公室内的电脑和网线都是团队成员自己带来的。为了节约开支,杜宇找到动漫专业的好友,免费设计了广告牌和 logo。杜宇组织团队中计算机专业的同学,熬夜奋战一个月,终于制作出速达便利站的手机 App。

为了节约人力成本,杜宇他们几个利用课余时间自己做宣传,跑快递公司谈合作。在宣传中,杜宇采用了最传统、最原始也最有效的方法——发传单。同时,积极参与影响力较大的"新声飞扬"、"主持人大赛"、"迎新晚会"等活动,通过横幅、微信公众号大力宣传速达便利站。在一系列宣传之后,杜宇他们收到了大批同学的帮忙短信。

这个"抠门"的小团队终于开始盈利,资金紧张的问题得到了有效的缓解。在创业融资起步期间,在成本控制上要发挥这种算计能力,甚至是钻研能力。

三、创业融资的渠道与策略

"我觉得企业最初期就是缺钱,缺钱是最大的压力。"这是潘石屹创业时的切身感悟。怎么样完成创业融资,需要遵循什么样的原则? 融资的渠道有哪些? 什么钱可要,什么钱不可要?

1. 创业融资的原则

对于新创企业而言,融资是极为重要而复杂的环节。为了获得有效的资金注入,降低融资风险,应该遵循以下原则。

(1) 及时性原则。

在创业初期,自己的资金有限,不可能满足创业的高投入需求,从外部取得融资是必不可少的手段。及时地获取外部资金,使得融资与投资在时间上相协调,避免因资金缺口而影响生产经营,也要防止因资金筹集过多,使得闲置资金过多而造成资金使用成本的增加。

(2) 多元化原则。

为了满足创业多方面的融资需求,企业需要从多种渠道、不同融资方式相结合筹集资金。美国经济学家詹姆斯·托宾说过,"不要把你所有鸡蛋都放在一个篮子里,但也不要放在太多篮子里"。借鉴大师的名言,我们创业融资也不要从一个篮子里拿,但也不要从太多篮子里拿。创业者应该合理确定资本结构,主要包括合理确定股权资本与债权资本的结构、合理确定长期资本与短期资本的结构。合理有效地融资组合不但能够分散、转移风险,而且能够降低企业的融资成本和债务负担。

(3) 社会化原则。

融资社会化是指创业的融资需要社会各方面的力量,特别是需要政府的引导和扶持。创业的发展不仅具有极高的成长性和效益性,而且对国家经济发展具有极为重要的战略意义,创业融资离不开国家及相关机构的支持。

2. 创业融资的方式及特点

俗话说,"巧妇难为无米之炊"。对大学生创业者而言,如何筹集到足够的创业资金是关键的第一步。

创业融资的方式就是指启动创业的钱从何而来。按投资人所拥有的权利划分,可以分为股权融资、债权融资和混合融资。其中,股权融资是指创业者愿意让出部分企业所有权,通过企业增资引进新的股东的融资方式。股权融资所获得的资金,创业者无须还本付息,但新股东将与创业者共同分享企业的赢利与增长。债权融资是指创业者通过借钱的方式进行融资,企业首先要承担获得资金的利息,另外在借款到期后要向债权人偿还资金的本金。混合型融资指既带有权益融资特征又带有债务特征的特殊融资。在西方,这种融资方式扮演了重要的角色。

(1) 股权融资渠道。

① 自主投资。

很多创业者以自筹资金为主,在自筹资金中,主要是自己或家庭成员、朋友、合伙人、股东投入的资本。一般来说,成功的企业家的创业资金有 30% 来自自己的积蓄。使用自有资金,可以节省有限的精力、时间、降低费用。向家人、亲戚、朋友借钱,是很多创业者采取的方法。优势是成功的概率高、投资和利息条件更优惠,而且能够更快拿到钱。

② 合伙经营。

不少人选择合伙创业的方式来减轻创业初期资金的压力,人多力量大,一个人出资几万元,启动资金很快就凑齐。阿里巴巴刚刚创立的时候,就是18位"创业罗汉"筹集了50万元的本钱,其中包括了马云的妻子、曾经的同事、学生、朋友等。合作伙伴之间可以实现优势互补,依协议享受权利,承担义务,并对企业债务承担无限(有限)责任。

③ 众筹募资。

创业者可以把自己的产品或创意提交到众筹平台,发起募集资金,由感兴趣的人来捐献指定数目的资金,如这个项目能制造出来产品,捐助者可以在项目完成后得到一定的回报。有了这种平台的帮助,任何有想法的人都可以启动一个新产品的设计生产。众筹平台有众筹网、淘宝众筹等。众筹网于2013年2月正式上线,是中国最具影响力的众筹平台,为项目发起者提供募资、投资、孵化、运营一站式的众筹服务,提供包括智能硬件、娱乐演艺、影视图书、公益服务等10大频道,4 000多个项目。

④ 风投资金和天使基金。

风险投资(Venture Capital,简称VC)是指投资商将资本投向蕴藏着失败风险的高新技术及其产品的研究开发领域,旨在促使高新技术成果尽快商品化、产业化,以取得高资本收益的一种投资过程。风险投资商以投资换股权的方式,积极参与对新兴企业的投资。对于风险投资商而言,最关心的无疑是投资所带来的回报。一个风险投资公司每年评估成百上千份潜在投资,通常情况下,只有不到1%能获得该公司的融资承诺。创业者想成功地获得风险投资,必须具备成长空间,有明确的自我定位、好的商业模式、执行力强的团队,并准备一份完整的《商业计划书》。

天使基金主要面向的是初创期和种子期的企业,它的作用主要是对萌生中的中小企业提供"种子资金",是最温柔的风险资金,投资资金数量都比较少,一般几万到几十万不等,而且投不投、投多少资金主要依据投资者个人的眼光和喜好。我们耳熟能详的世纪佳缘、聚美优品、卓越网等知名企业在创业初期都获得过天使基金的青睐。

⑤ 发行股票。

发行股票是中小企业公开向社会筹集资金的渠道之一。我国将要推行股票发行注册制,将全面打开企业上市渠道,方便企业直接吸纳社会闲散资金,进一步激发全民创新创业热情。

(2)债权融资渠道。

① 银行贷款。

银行贷款被誉为创业融资的"蓄水池",按贷款担保条件不同可分为担保贷款、抵押贷款、信用贷款、贴现贷款等。大部分创业者没有经营历史和累积的优质商业信用,因此比较适合的银行贷款形式主要有抵押贷款和担保贷款。

抵押贷款是指借款人向银行提供一定的财产作为信贷抵押的贷款方式。抵押品通常包括有价证券、国债券、各种股票、房地产以及货物的提单、仓库栈单或其他各种证明物品所有权的单据。贷款到期,借款人必须如数归还,否则银行有权处理抵押品,作为一种补偿。

银行能接受的抵押物大致分为两类:不动产抵押贷款和动产抵押贷款。不动产抵押贷款是指以房屋、土地为抵押品获得的贷款。动产抵押贷款是指借款人以其自有或第三人所有的商品、原材料、车辆及设备等动产向银行抵押,也可用国债、存单、银票等进行抵押,并从银行获得资金的一种融资方式。抵押品包括有形资产和无形资产。有形资产包括房屋、汽车、机器设备、原材料、产品等,无形资产包括专利权、有价证券(股票、债券、国库券、提单等)。创业者在资金不足的情况下,可以把商品或原材料作为抵押品。也可申请无形资产贷款,即一种新的贷款抵押方式,创业者可以用知识产权、商标权、专利权、著作权、特许经营权等无形资产作为抵押,这种贷款方式适用于高科技企业。

担保贷款是指借款人不能足额提供抵押(质押)时,银行有权按照合同要求由贷款人认可的第三方提供承担清偿贷款连带责任。担保人是具有代为清偿债务能力的法人、其他组织、专业担保公司或者公民。创业者可以申请专业担保公司向银行申请贷款。专业担保公司是政府或民间组织的专门公司,大多属于公共服务性非营利性的组织,具有门槛低、办事效率高、放贷速度快等优势。目前,全国各地都有类似性质的担保机构,创业者在选择专业担保贷款公司时一定要充分了解担保公司的资产情况及社会信誉,在签约时要有严谨的法律文本,操作规范,谨防受骗上当。

② 财务公司贷款。

财务公司主要向中小企业提供汽车及设备贷款。

③ 典当贷款。

典当期限,短则 5 天,长则半年,到期还可以延期;典当金额少则几百元,多则上百万、上千万,这些都可以双方协商约定。小企业的扩张发展可以选择典当贷款。

④ P2P 贷款。

这是新兴的网络贷款,个人与个人之间通过网络的小额信用借贷交易,一般需要借助电子商务网络平台,帮助借贷双方确立借贷关系,并完成相关手续。如果需要少量营运资金,可以尝试一下 P2P 的网络贷款,在网上寻找合适的贷款人和借款人。

通过网络融资的时候,大学生创业者要谨防高利息的校园贷,不能让 5 000 元"滚"成 10 万元的噩梦发生。2017 年 6 月 28 日,银监会、教育部、人社部曾联合发布《关于进一步加强校园贷规范管理工作的通知》,明确提到,从事校园网贷业务的网贷机构一律暂停新发校园网贷业务,根据自身存量业务情况,制定明确的退出整改计划。2017 年 9 月 6 日,教育部明确要求,"取缔校园贷款业务,任何网络贷款机构都不允许向在校大学生发放贷款"。

(3) 混合融资渠道。

① 政府资金。

在我国,从政府手中获得政策性资金是一个不容忽视的融资渠道。政府财政资金最大特点是政策导向要大于盈利导向。创业者可以从资金、渠道、政策等几个方面关注政府资金。

政策扶持资金。政府财政资金在某一个时间段会对某些领域倾斜,比如"十二五"期间,国家重点扶持七大行业,包括节能环保、新一代信息技术、生物、高端装备制造产业、新能源、新材料、新能源汽车产品。如果创业者的项目正好处于国家重点扶持的领域,就有可能享受到政策资金的雨露,可以直接向当地主管部门申请,例如科技厅(局)、农业厅(局)。政策性扶持资金基本上是无利息的,但数量不会很大。

低息或贴息贷款。贷款资金由政策性银行或商业银行发放,但是利息由政府主导的担保公司补贴。这种形式常常用于对小型企业的扶持和帮助下岗人员再就业。收到补贴的企业或人只需要偿还银行本金即可,无须支付利息。比如创业贷款,是银行推出的一项新业务,是指具有一定生产经营能力或已经从事生产经营的个人,因创业或再创业提出资金需求申请,经银行认可有效担保后而发放的一种专项贷款。期限一般为 1 年,最长不超过 3 年,可以享受政府低息待遇。创业者可以依据自身条件留意相应政策。

税费返还,政府通过减免税款来支持企业发展。

贷款援助。政府对中小企业的贷款援助包括贷款担保、贷款贴息和直接发放优惠贷款三种方式。政府专门设立贷款担保基金,为中小企业提供贷款担保和贴息贷款、自然灾害贷款及优惠贷款。

② 非金融投资机构融资。

对中小企业融资时,较多情况下都会以附属债加认购权的形式出现,在企业较小或发展早期会按照与一般商业银行贷款相近的成本收取利息,在企业成功后则以股权的形式收取对其所承担的高过一般贷款风险的补偿。这种融资形式介于股权与债权之间,式样灵活,通常又称为中间融资。

③ 融资租赁。

融资租赁是指出租人根据承租人对租赁物件的特定要求和对供货人的选择,出资向供货人购买租赁物件,并租给承租人使用,承租人则分期向出租人支付租金,在租赁期间租赁物件的所有权属于出租人所有,承租人拥有租赁物件的使用权。

④ 众创空间。

2014 年李克强总理提出"大众创业,万众创新"的号召。众创空间是互联网时代促进创新创业的新平台。

腾讯公司推出的"云＋创业扶持计划",主要针对软件开发、互联网或移动互联网相关业务。该计划包括孵化计划、起飞计划、腾飞计划,满足条件的初创企业分别可获得 1 万、30 万、100 万元的扶持资源包,扶持有效期都是一年。此外,还提供各类技术支持、护航服务、腾讯云培训服务,等等。

拓展阅读
tuo zhan yue du

"创业者的银行"

以"创业者的银行"为定位,以服务"三创"(即创客、创投、创新型企业)为根本宗旨,全国首家专注创新创业的银行——北京中关村银行股份有限公司,今天正式开业运行。位于我国创新创业高地的中关村银行,是北京市首家民营银行,其筹建得到政府的大力支持,是首都金融领域深化供给侧改革的实质性举措。

该行注册资本 40 亿元人民币,由 11 家中关村知名上市公司共同发起设立,在北京市战略布局国家科技金融创新中心建设,丰富和完善多层次资本市场,积极促进金融对实体经济支撑作用的背景下应运而生。

中关村银行董事长郭洪表示,该行的最大特色是科技金融,这是中关村银行所肩负的重要历史使命和天然基因决定的。中关村银行将以建设全国科技创新中心和具有全球影响力的科技创新中心为引领,主动服务国家科技重大专项、科技创新 2030 重大项目建设,努力打造成为科技金融深度融合的旗帜;将充分发挥民营银行体制机制优势,解决传统体制下难以破解的中小微企业融资难、融资贵问题。

中关村银行所处的中关村示范区,是北京市建设全国科技创新中心的主要载体,是全国创新创业最为活跃的地方。目前,中关村有 2 万家高新技术企业,其中 4 000 余家为高科技、高成长企业,60 余家为估值超过 10 亿美元的独角兽企业,独角兽企业的数量,为全国总量的一半。拥有优质科技企业资源的中关村示范区,近年来试点了投贷联动等科技金融创新改革政策,吸引银行的科技分行、支行和其他金融机构前来参与创新创业。在这个看似中国"最不缺钱的地方",仍然存在着科技型中小企业融资难、融资贵的难题。有调查显示,示范区内收入 2 000 万元以下的企业当年获得融资的不足 3%。

中关村银行致力于服务创新创业、推动行业转型升级、服务全国科技创新中心建设,将按照"伙伴共赢、场景融合、科技驱动"的思路,积极应用大数据、云计算、人工智能、区块链等前沿技术构建基础平台,形成机会发现、交易服务、大数据风控、智能投顾以及智能运营等智慧金融核心能力,跨界整合社会优质资源,从用户需求出发,解决行业痛点,向创新创业企业开放对接金融服务能力,建立共赢伙伴关系。并通过场景合作及共建,打造开放、融合、共享的综合金融服务平台,努力建设成为场景化、智能化、平台化的生态型银行。

该行还将协调各发起股东出资成立投资公司,与其紧密互动开展认股权贷款等投贷联动业务,与投资机构和同业合作共同早期发现和服务于未来的高成长企业、独角兽企业和领军企业。同时,将在有关部门支持下,不断探索适合我国国情和市场环境的金融服务创新创业的新模式,建设兼具创投银行和智慧金融特点的复合型银行。

(摘自中国经济网)

ofo 骑行中的融资

2014 年,ofo 共享单车创立,成为国内首个共享单车公司,首创无桩共享单车出行模式。ofo 小黄车的创始人兼 CEO 戴威说:"创业最重要的是要找到一个很长的赛道,在这个赛道上舍命狂奔。"

15 个月之后,5 个 90 后小伙融资总额已超过 40 亿元。"共享"、"单车"这两个概念也成为互联网行业的新宠。在越来越多的城市里,小黄车、小橙车、小绿车、小蓝车等等正在改变人们"最后三公里"的出行习惯。如今,ofo 小黄车已经在中国、美国、英国、新加坡、哈萨克斯坦投放了超 600 万辆共享单车,为全球用户提供了超 10 亿人次出行服务。

小黄车刚刚起步时,戴威和他的同伴们做过山地车网络出租,两个月只有一笔订单;做过高端自行车的金融分期,一共卖出 5 辆车;做过二手自行车交易平台、与骑行相关的智能可穿戴设备,但都没有引起较大的反响。2014 年年底,ofo 将方向转向骑行旅游,将自行车租给游客,带着他们到处骑行。在这个项目上,ofo 拿到了 100 万元天使投资,之后赶上了 2015 年上半年资本市场的疯狂。在疯狂的资本市场驱使下,ofo 决定给每一个注册 ofo 骑游应用的用户送一瓶脉动饮料,结果一个月就没钱了。

2015 年 4 月底,ofo 账面上只剩 400 元钱,但 2 个程序员、5 个运营还等着发工资。马上就要从北大考古专业毕业的张巳丁颇为忧伤:"觉得这个公司要死了,自己毕业后还是要去修文物了。"他们改变了战略! ofo 无桩共享单车的模式慢慢成形:自行车被装上了密码锁,手机扫码后获得开锁密码,按骑行时间或里程计费。戴威、薛鼎和张巳丁这些 ofo 的元老们开始在校园里游说同学,给他们讲解自己的"共享单车计划"。2015 年 6 月 6 日,终于有人找来,愿意共享自己的自行车。那是一辆破旧的蓝色山地车,ofo以最快的速度给这辆车上了车牌,编号8808。

2016年1月份拿到金沙江创投的1 000万元A轮融资后,小黄车又进入了北京的20多所高校和武汉、上海、天津等城市的校园。戴威并不知道,他们将迎来创业路上"游戏规则"的又一场艰难的考验。ofo的创始团队展开了激烈的争执,最后由戴威决定——封校,ofo自行车只能在校园内使用。封校之后,ofo的日订单数从2万单"跳升"到8万单,5月17日达到106 322单,突破了10万单,5月26日,ofo获得了经纬中国领投的B轮融资。

紧接着,ofo获得1.3亿美元的C轮融资。2016年11月,ofo宣布正式开启城市服务;2周后,日订单超过150万单,成为继淘宝、京东、滴滴等互联网巨头之后,中国第9家日订单过百万的互联网平台;12月,ofo进军海外,在美国旧金山、英国伦敦、新加坡开始运营。一个数字足够说明ofo令人目眩的扩张速度:2016年10月,ofo只有6万多辆单车,8个月后,这个数字扩大了100倍。

小测试

1. 请大家根据所学的启动资金需求分析,填写"创业资金预测表"。

创业资金预测表

类别	项目名称	金额(流动资金为三个月的预算)	备注(对费用及其他事项的说明)
固定资产购置	土地,房产,机器设备等		
开办费	工商注册、税务登记		
	市场调查费、差旅费、咨询费		
	培训费、资料费		
	各种许可证审批费用		
	连锁加盟费用		
	其他费用		
	合计		
流动资金	原材料成本		
	场地租金		
	职工薪酬		
	办公用品		
	水电费、交通差旅费		
	其他费用		
	合计		
启动资金合计			

2. 创业融资的种类、渠道各有哪些？

3. 如何有效获得创业融资？

第二节　创业风险

学习目的与要求
xue xi mu di yu yao qiu

通过本节学习，学生应达到如下要求：

1. 认识创业风险的构成与分类。

2. 掌握一定的识别规避创业风险的知识。

3. 了解创业风险的评估工作。

每个创业团队在创业过程中都会面临环境、政策、融资等方面的挑战和问题，要结合当前和今后的发展进行自我分析和判断，为不断发展的创业项目把脉问诊。

一、创业风险的概念与分类

创业风险就是指在创业中存在的风险，贯穿于创业的整个过程，由于创业各个因素的不确定性，创业者或团队的能力与实力的有限性，有可能导致创业不能顺利进行或达到预期望值的各类风险。

1. 创业技术风险

创业技术风险是指由于技术的不确定性而导致创业失败的可能性。创业的活动实际上是将某一创新技术应用到实践，将其转化为产品或服务的过程。其中，技术是否可行，在预期与实践之间是否出现偏差，存在的不确定性使创业存在巨大的风险。

2. 创业市场风险

创业市场风险是指在创业的市场实现这一环节，由于市场的不确定性而导致创业失败的可能性。

（1）市场需求量的不确定性。通常，人们对传统技术产品的需求量相对稳定，而创业往往依托的是创新，这种新鲜出炉的技术或产品是否能被大众所接受，存在很大的不确定性。很多创业者在做创业计划时，常常会根据调查的数据进行主观的推论，结果可能过高估了市场的需求量。

（2）市场接受时间的危险性。无论是市场上已有的同类产品，还是全新的产品，被大众所接受的过程都会很长，因此不可避免地出现产品销售不畅的情况，甚至造成产品积压，从而给创业企业资金周转带来困难，甚至导致创业夭折。

（3）市场竞争能力的不稳定性。对于高新技术产品，创业者也很难确定它的未来市场竞争能力。在产品价格上，高新技术产品的研制开发成本较高，为了实现高收益，产品在上市的时候售价也会较高。另一方面，当新产品逐步被大众所接受时，高利润会吸引众多的竞争者模仿，可能造成供大于求的局面，导致价格下跌，从而影响高技术产品的投资回报。

（4）市场战略的不确定性。吸引人眼球的高技术产品或商业点子，如果没有好的市场战略，在价格定位、用户选择、上市时间、市场区域划分等方面出现失误，就会给产品的市场开拓造成困难，甚至功亏一篑。

3．创业管理风险

创业管理风险是指在创业过程中因管理不善而导致创业失败的风险。

（1）创业者的素质。在创业阶段，创业者要"十八般武艺，样样精通"。首先，创业者应具有强烈的创业精神，因为创业者如果固守陈旧，就无法保持技术创新的优势。其次，创业者应具有献身精神，能吃苦耐劳，勇于承担义务。而且，在创业初期困难较多，因而创业者不仅需要较好的体力，而且还需要具备良好的心理素质。最后，创业者应具有一定的领导能力和凝聚力，带领整个团队共同创业，在关键时刻做出正确果断的决定。

（2）决策风险。创业者决策的失误会给新创企业带来致命的风险。在创业过程中，需要民主决策与管理，这一阶段更多的是实行集权式决策与管理。因此，对于创业者而言，"兼听则明"，绝不可以根据自己的喜怒哀乐或个人偏好而做出决策。

（3）组织风险。创业企业迅速发展，不适时调整组织机构，往往会引发创业企业的潜在危机。其中，管理体制的不合理是主要原因之一。因此，对于新创企业，创业者从最开始就应该注意组织结构的设计、调整，人力资源的甄选、考评，酬薪的设计及学习与培训等管理；从创业开始就需要建立健全各种规章制度，并建立起企业文化。

4．创业财务风险

创业财务风险是指资金不能适应需求而导致创业失败的可能性。要想创业，除了具备创业家的素质和选择合适的项目外，还需要具有一定的资金。

一方面，创业所需的资金规模较大，融资渠道较少。另一方面，创业需要持续的投资支持。随着创业活动的进一步实施，往往需要进一步投资，如资金不能按时按需到位，就有可能导致创业失败。

5．成长风险

成长风险是指因创业企业成长带来的风险。一些企业在快速成长阶段，要继续保持收益，需要不断地推出能解决新问题的产品或服务。当企业从创业阶段发展到管理阶段成熟起来时，它们的增长速度减缓了，因为它们需要很小心谨慎地保护资产。

6．创业环境风险

创业环境风险是指由于所处的社会环境、政策、法律变化或意外灾害发生而造成创业失败的可能性。

二、创业风险的识别与规避

创业有风险，从商须谨慎。市场经济条件下，创业总是有风险的，不敢承担风险就难以发展。关键是创业者要树立风险意识，在经营活动中尽可能识别风险、降低风险、规避风险。关于风险，股神巴菲特说过，"成功的秘诀有三条：第一，尽量避免风险，保住本金；第二条，尽量避免风险，保住本金；第三，坚决牢记第一、第二条"。

创业风险识别是创业者依据企业发展的各个阶段，对面临的潜在风险运用各种方法加以判断、归类并鉴定风险性质的过程。创业就是在风险和收益之间进行选择和权衡，创业风险是客观存在的,是可以识别的也是可以防范的。创业风险识别是一项复杂而精细的工作,包含了感知风险和分析风险两个环节。感知风险是指了解各种风险,是风险识别的基础,在此基础上开展分析。分析风险是指分析引起风险事故的各种因素,是风险识别的关键步骤。

一个优秀的创业者不会被动地去承担风险,而是要主动出击,积极地采取各种方法规避风险。以下将讲述规避创业风险的四大法宝和八个妙招。

1. 创业风险规避的四大法宝

(1) 步步分析。创业者对每一步都要学会分析风险,做什么都要留有余地,对可能出现的风险要有明确的认识和克服的预案。

(2) 跟踪评估。通过分析,评估风险带来的负面影响等级。例如,投资一旦失误,可能造成多大的损失。

(3) 预防风险。例如,对投资方案进行评估,对市场进行周密调查,制定科学的资金使用政策等。创业者要有未雨绸缪的意识,不仅要识别风险所面临的性质及可能的后果,更重要的是识别创业过程中各种潜在的风险,为采取有效措施提供依据。

(4) 转移风险。如财产意外事故保险,以租赁代替购买设备。

2. 创业风险规避的八个妙招

创业要考虑得更为周到,更为长远,从积极方面入手,规避风险,防患于未然。

(1) 以变制胜。变则通,经营者要适应外部环境的变化,随时作出调整。

(2) 出其不意,攻其不备。核心是一个"奇"字,用出奇的产品、出奇的经营理念、出奇的经营方式和服务方式去战胜竞争对手。

(3) 以快制胜。机不可失,时不再来,比对手快一分就能多一分机会。对什么都左顾右盼的人必然会被市场所淘汰。决策者要争分夺秒、当机立断。

(4) 后发制人。从制胜策略看,后发制人比先发制人更好,可以更多地吸收别人的经验,时机抓得更准,制胜把握更大。

(5) 集中优势重点突破。这一策略特别适用于小企业,因为小企业人力、物力、财力比较弱,如果不把有限的力量集中起来很难取胜。

(6) 趋利避害,扬长避短。经营什么产品,选择什么样的市场,都要仔细掂量,发挥自己优势。干应该干的,干可以干的,有所为,有所不为。

(7) 积少成多。作为一名创业者要用"滴水穿石"的精神去争取每一份利润,看不起微利未必能成功。

(8) 以廉制胜。"薄利多销"历来是商家多选的一种经营策略。

拓展阅读
tuo zhan yue du

三个人的创业

张薇,某高校美术专业2016届毕业生。2016年,她与同学刘静、吴娇等人开办了奇点科技有限公司。该公司是一家手机APP设计、品牌互动广告和网络全程营销的运营服务商。这个项目涵盖大学生衣食住行、吃喝玩乐、学习培训等几个大板块,还提供大学生的化妆、发型、服饰搭配等方面的培训。刘静、吴娇是计算机专业出身,计算机水平较高,提供全面的技术支持。

奇点科技有限公司在开办之初就不可避免地遇到了各类的风险。比如,技术开发和使用风险、财务风险、团队人才流失风险等。成立之初,找商家加盟是最困难的事情。通过两个月的走访,张薇终于拉到了100多个商家的加盟,虽然只有少数商家付了服务费,但是小小的起步已经让这三个姑娘欣欣雀跃。网站速度的延迟、商家订单短信接收不到,差点让刚起步的"奇点"垮掉。张薇迅速决定换掉了服务器,不仅提高了网站的运转速度,还利用自己的美术功底重新设计 App,使整个页面更加吸引人。

在三个姑娘的创业过程中,奇点科技有限公司经历了三次较大的人事变动。第一次创业,姐妹友情深厚,共患难同困苦,在公司处于低谷的时候,大家一起想办法,干劲十足。而恰恰是在有起色的时候,却无法共享乐,姑娘们之间的猜忌,沟通不畅,导致对盈利分配问题上产生了意见分歧。紧接着,三人在公司发展的重心问题上也产生了分歧。技术关键人物刘静直接从公司离职。随着她的离职,奇点在技术方面都需要请专业的公司帮忙,还要另外支付一笔价格不菲的服务费。紧接着,由于 App 在校园的迅速推广,工作人员严重不足,张薇决定招人。一批录用了十名员工,但是人员分工安排没有详细的要求,也没有明确的工作制度。随后,矛盾纷争迭起,公司业务难以开展。张薇痛定思痛,将员工全部清退。此后,张薇想从头再来,可是只剩下她一个光杆司令,因为之前的纷争,很多合作商户已经退出。接踵而至的问题导致了奇点科技有限公司真正意义上的夭折。

本章小结

任何企业的生产经营都需要资金的支撑。对于新企业而言,无论是进行产品研发还是产品的生产和销售,都需要大量的资金投入。创业者通过合理选择融资渠道和方式,可能降低资金成本,将创业企业的财务风险控制在一定范围之间。通过对企业不同发展阶段融资需求特点的分析,有利于创业者做出科学的融资决策,使创业企业实现更高层次的发展。

创业风险是一种概率,在未演化成为威胁之前,并不对创业活动造成直接的负面影响。新企业在开办之初就要怀揣有备无患、防微杜渐的意识,制定并执行各种有效的应付风险的对策,把风险损失限制在企业可承受范围之内。

参考文献及材料

1. 赵兴,赵静,张晓翊. 大学生创业模拟实训教程[M]. 北京:高等教育出版社,2006.
2. 秦小冬,赵云昌. 大学生创业教程[M]. 北京:清华大学出版社,2017.
3. 陈海涛,杨正. 世界那么大我们创业吧[M]. 北京:中国法制出版社,2016.
4. 张德山. 大学生创业教育案例分析[M]. 镇江:江苏大学出版社,2015.
5. 刘辉,李强,王秀艳. 大学生创新创业教程[M]. 上海:上海交通大学出版社,2016.

教学过程

章节	内容	时间	授课方法	教具
课程导入	启动资金从何而来	10 分钟	提问、讲授	PPT
第一节 创业融资	创业融资的概念与作用	5 分钟	讲授	PPT
	创业资金的测算	10 分钟	讲授	PPT
	小测试	15 分钟	测试	创业资金预测表
	创业融资的渠道与策略	15 分钟	讲授、拓展阅读	PPT、教材
第二节 创业风险	创业案例	5 分钟	阅读与讨论	教材
	创业风险的概念与分类	15 分钟	讲授	PPT
	创业风险的识别与规避	15 分钟	讲授	PPT

第八章

创业计划

本章摘要
ben zhang zhai yao

通过本章学习,了解创业计划的含义、重要作用和基本内容,掌握创业计划的市场调查和评价要点,学会创业计划书的书写规范和格式,明确创业计划书的设计思想,学会运用创业计划书可行性评估的方法和技巧,能结合相关创业项目撰写创业计划书,掌握优秀创业计划书应包括的关键因素和环节。

学习重点和难点
xue xi zhong dian he nan dian

重点:创业计划书的基本内容和撰写。

难点:

1. 创业计划书的市场调查。

2. 创业计划书的可行性评估。

奋斗只是一种行动的昭示,而实际的行动却应该有详细的计划、清楚的段落、坚定的意志和力量。

——戴尔·卡耐基

90 后大学生开发恋爱笔记 App 获千万投资

付小龙是恋爱笔记 App 的创始人,生于 1992 年,通过创业初期的尝试和推广,恋爱笔记 App 用户已突破 200 万人。2014 年 10 月,其项目获得世纪佳缘 1 000 万 A 轮融资,他也成为武汉青年创业者中的传奇人物。此前,他通过参加 360 全国首届大学生应用开发大赛,在 400 多支参赛队伍中,拿下第一名,斩获 80 万元天使投资。

尝到了参加比赛的甜头,付小龙没有采用撒网式给投资人发商业计划书的方式,而是直接报名参加了创业邦的"创新中国创业大赛"并顺利进入全国总决赛。因为此比赛的强大影响力,开始不断地有投资人主动联系他,在与各投资人的谈判中,付小龙不断地完善商业计划书,不断提升自己。他总结出一套介绍项目的方法,应按照这样的顺序进行介绍:你正在做的是什么?为什么要做这件事?它的市场前景有多大?竞争环境怎么样?你接下来准备怎么做?你的团队是否适合做这件事?你需要多少钱同时愿意出让多少股份?诚恳而自信也是加分点,你就是个小年轻,就没必要去装成熟。

付小龙的成功融资给了我们什么启示？成功＝计划（目标）＋正确的方法＋有效的行动。当你遇到了创业机会、选定了创业目标、组建了创业团队、筹集了创业资金、收集了创业信息等，是否就可以进行创业了呢？回答是：No。现在你必须提出一份完整的创业计划书，这是整个创业过程中的重要一环，是整个创业过程的灵魂，是叩响投资者大门的"敲门砖"。毕竟，一份优秀的创业计划书往往会使创业者达到事半功倍的效果。选定了创业目标与确定创业的动机之后，在资金、人员、市场等各方面的条件都已准备妥当或已经累积了相当实力的时候，就必须提出一份完整的创业计划书。

第一节　创业计划概述

学习目的与要求
xue xi mu di yu yao qiu

通过本节学习，应达到如下要求：
1. 了解创业计划的含义。
2. 认识创业计划书的重要意义。
3. 掌握创业计划书的基本内容。

一、创业计划的概念

1. 创业计划

从词义上讲，创业计划可以是动词，也可以是名词。若作为动词理解，创业是一项涉及面广、影响因素复杂多变的事业，要想取得成功，就须事先对创业活动所涉及的所有环节进行周密安排与策划，强调整个创业准备的过程。

若作为名词理解，创业策划与分析最终将以文字形式体现出来，这就是创业计划书，是创业者撰写的商业计划。这里，我们主要将其视为名词，将创业计划理解为对特定创业活动具体筹划的系统描述，是各项职能计划（如市场营销、财务、制造、人力资源计划）的集成，是企业融资成功的重要因素之一，创业计划可以使企业有计划地开展创业活动，增加成功的概率。

当然，创业计划并非只是创业企业所必要的，对于那些已经建立的组织，制定创业计划也是一项非常有价值的活动、一种很好的实践模式。

2. 创业计划书

创业计划书是用国际惯例通用的标准文本格式写成的项目建议书，是全面介绍项目运作情况，阐述产品市场及其竞争、风险等未来发展前景和融资要求的书面材料，对创业者的创业构想进行描述，通过这些寻求投资者的资金支持，来规范创业行为。

创业计划书是企业管理团队和企业本身给风险投资方的第一印象，从人员、制度、管理、产品、营销、市场等各方面对即将展开的创业项目进行可行性分析，其目的就是向风险投资者和一切对投资项目感兴趣的人展现项目投资的潜力和价值，向投资人介绍风险企业的产业和创业环境、市场分析和预测、主要风险因素、管理人员队伍、财务信息、投资建议等情况，以便投资人能对创业项目评判，从而获得融资。

可以说,创业计划是一种重要的商业文件,描述创办新的风险企业(提供产品与服务)时所有相关的外部及内部要素并向风险投资人游说以取得风险投资的商业可行性报告。在美国,这种计划是作为一种吸引私人投资人和风险投资家进行投资的"商业包装"而起源的。与此同时,对于创办新企业或新项目的主体来说,这样的商业文件提供与展示自身的更多信息,有助于让合作伙伴更好地了解自己,在创业运作过程中扮演着重要角色。

在创业计划书中,创业者需要重点回答5个W和一个H的问题,即我们是谁(who)、要做什么(what)、为什么要做(why)、什么时候做(when)、在什么地方做(where)和怎样做(how)等相关问题。

大学生创业计划是创业者在创业初期筹资、融资的一项重要活动,也是一种重要手段,是对企业或者拟建企业进行宣传和包装的文件,它向风险投资商、银行、客户和供应商宣传企业及其经营方式,同时,又为企业未来的经营管理提供必要的分析基础和衡量标准。因此,创业计划书必须要说明:创办企业的目的是什么? 为什么要冒风险,花精力时间、资源、资金去创办风险企业? 创办企业所需的资金是多少? 为什么要这么多钱,为什么值得投资人注入资金?

二、创业计划的意义

创业计划具有明显的创业价值,是一种业务构思策划、一份吸引投资的宣传书,为今后运营决策以及发展提供了方向,其意义主要体现在以下几方面:

1. 指导作用

创业计划是创业全过程的纲领性文件,是创业实践的战略设计和现实指导。为创业者、创业管理团队和企业雇员提供一份清晰的、关于创业企业发展目标和发展战略的说明书,它能引导企业不同阶段的创业实践,让人了解"做什么"和"怎样做"。初创的风险企业通过制订创业计划,把正反理由都书写下来,然后再逐条推敲,使得创业者及其投资者、员工均会对创业发展目标、发展战略有更清晰的认识,从而有助于创业实践获得思想上和行动上的统一,进而进入实质运作阶段。因此,可以说,创业计划对于创业实践具有非常重要的指导作用,但那种没有真正的战略思考、不具有可操作性的创业文件没有明显的效果。

创业计划为新创事业设定目标与发展路径,并展现创业团队的决心与创业者期望能够呈现的价值。因此,创业计划就成了组织成员在经营决策时的指引方针。在经历各种挑战与种种困难的创业过程中,组织成员很容易忘记当初创业的目标与愿景,这时将创业计划作为方针指引,有助于凝聚成员对于新事业发展的共识。在创业计划的写作过程中,创业团队成员们不断反复讨论、修改、整合意见,除了可以凝聚组织共识,也能使未来新创事业的运作更有效率。

创业计划是一个持续性的计划过程,创业前的计划往往与实际执行情况会有所落差,因此在新事业发展过程中,还需要不断地收集新信息,分析计划目标与实况的差距,修订行动方案,调整经营策略与阶段目标。这种应变式的计划过程,将有助于连接计划目标与实际行动方案,创业团队也能在持续的计划过程中不断地学习成长,更具有执行效率。

2. 整合作用

在创业的过程中,对于分散的生产要素,对于凌乱的信息,对于互不衔接的各种工作,创业计划具有重要的整合作用,这也是创业计划最根本、最重要的作用。通过编写创业计划、梳理思路、进行调研、完善信息,找到各个程序之间的衔接点,最终把各种资源有序地整合起来、调动起来,围绕着创造和形成商业利润,进行最佳要素的组合。这种整合,能把各种分散的资源聚拢起来,形成一种增量资源;能全面审视新创事业未来可能遭遇的全部问题,并针对这些经营问题提出对策,以获得明显的经济效益;可避免遗漏任何重要议题,以提升危机处理能力与降低新创事业的风险;有助于提升创业家的事业经营能力,增加事业成功的机会。

对于已建企业来说,创业计划可以为企业的下一步发展确定比较具体的方向和重点,使员工了解企业的经营目标,配合其他鼓励方式,激励他们为共同的目标而努力。

对于大学生创业来说,创业计划主要是明确目标、制订计划的详细过程,不但能帮助自己,更能让合作者了解自己企业的价值。比如,与新创企业提供的产品类别有关的顾客的基本需求是什么,即该产品提供什么价值、为顾客解决什么问题;当前市场怎样满足这种需求,即提供什么产品,它们有什么特性;市场为何没有满足这些需求,即为什么顾客不满意以及不满的程度;如何才能更好地满足顾客需求,即如何改进产品或提供产品的方式……通过对以上问题的回答可以界定创业机会的价值,即市场中存在未被满足的需求,企业能以更好的方式满足需求就意味着创业机会。

3. 引资作用

由于大多创业者很难完全靠自有资金去创业,因此,无论在创业起步阶段还是成长阶段,向外部融资都是创业者所面临的一个艰巨任务。

创业计划的制定基于有效的信息收集和分析。这些信息有利于确定创业机会的价值,有利于确定创业的宗旨、目标和方法。创业计划的结构也有利于指导创业者去收集必要的信息以确保创业的成功。制定创业计划的过程也是指导创业者收集信息,从而确定创业是否可行和要达到什么目标的过程。创业计划书详细描述了一切创业的内容,包括创业的种类、资金、阶段目标、财务预估、营销策略、风险评估等。好的创业计划会给企业带来丰厚的创业资本投入,为企业今后的发展奠定扎实的基础。

创业计划不仅要告知潜在的投资者新创企业所具有的成长潜力和收益回报,而且还要表明所包含的风险。这是一个机会,不仅要使其相信创业者拥有与创业成功相关的知识、经验与能力,而且还要使其相信新创企业所提供的产品或服务具有市场竞争力和良好的市场前景。无数的融资事例已充分证明,创业计划的质量以及其作为沟通工具的有效性,对能否引起投资者的兴趣和获得必要的投资至关重要。

毕竟,资金是企业的血液,是创业的要素,是创业企业能够获得快速发展和崛起的前提。创业企业要获得风险投资的支持,其中一个重要的途径就是从展示创业计划开始。因此,写好创业计划对获得风险投资支持起着不可替代的作用。

4. 聚才作用

创业计划是一个有效的对外沟通渠道,可将创业者的事业构想、愿景与发展潜力展现出来。具有吸引力的创业计划,可让投资人感受到创业者的强烈意图与新事业的成功可能,因此,能够为新事业争取到许多有利的外部资源。创业计划的聚才作用是很宽泛的,主要表现在以下几个方面:

（1）吸引各类人才进入企业；

（2）吸引新股东加盟；

（3）吸引有志之士加入管理团队；

（4）获得赞助和支持。

此外，对于创业初期的创业团队来说，团队中的每一个员工都是创业者所需要的重要人力资源，因为创业活动要靠他们去进行，创业目标要靠他们去实现。员工投身于新创企业，旨在获取投资回报，即个人的收益和成长。因此，创业计划要描绘新创企业的发展前景和成长潜力，使员工对企业及个人的未来充满信心，并为此去努力工作。同时，创业计划明确了要从事什么项目和活动，从而使员工了解将要充当什么角色、完成什么工作以及自己是否胜任这些工作。由于创业计划明确了需要什么样的员工、从事什么工作、带来什么回报等内容，因此对于吸引所需要的人力资源加入新创企业中来，具有重要作用。

三、创业计划的基本框架

创业计划没有固定格式，依据阅读对象的不同，结合创业计划目的的不同，侧重点也不同。因此，一个创业计划需要向阅读者说明自己要卖什么东西、目标客户是谁、竞争程度如何、资金的来源、盈利能力以及未来的发展。因此，不管创业计划有多少种形式，都应该有一定的框架并包含一些基本要素。

一般来讲，创业计划的基本框架和要素如下：

（1）计划摘要：对整个创业计划的简明概括。

（2）公司概述：介绍公司背景及现状、创业企业目的、创业企业的公司定位、创业企业的战略制定。

（3）产品或服务介绍：清晰描述产品或服务，突出产品或服务的独特性。

（4）市场分析：包括目标市场、市场规模及发展趋势，主要竞争企业和竞争状况，及估计将达到的市场份额。

（5）营销计划：包括目标市场战略、定价策略、销售战略、分销战略、广告和促销策略等。

（6）运营方案：包括制定运营战略、运营范围以及日常运营等。

（7）管理团队：描述团队构成及工作背景，介绍关键人物以及岗位职责，设计创业企业组织结构、薪酬及所有权。

（8）财务状况及财务预测分析：介绍公司的财务计划，讨论关键的财务表现驱动因素，进行创业项目财务预测分析：包括收入报告、平衡报表、前两年的季度报表、每年的年度报表、现金流量及成本分析。

（9）重大风险：客观说明企业发展潜在的风险及针对风险准备的应急方案。

（10）融资方案和回报：描述资金结构及数量、投资回报率、利益分配方式、可能的推出方式等。

四、创业计划的主要内容

由于创业计划是由创业者准备的全方位的项目计划，对于新创办的企业来说，创业计划所反映的是企业的现实需要和需求,体现的是创业者及其经营团队的创业理念和创业目标,表明了企业的发展方向和产品(或服务)的市场潜力,对企业的发展起着至关重要的作用。一个较为完善的创业计划至少要体现以下几个部分:

1. 封面

封面是客户或投资者最先接触到的,因此要从审美和艺术的角度去设计,力求达到最佳的视觉冲击。好的封面会使阅读者产生最初的好感,形成良好的第一印象。封面用纸的纸质要坚硬耐磨,尽量使用彩色纸张,也可以使用透明胶片,这样可以使创业计划书的外观更具吸引力。

当然,要做到创业计划内容清楚和封面美观的兼顾,在封面上要包括创办企业的名称、地点、性质,创办者的姓名、电话等内容。

2. 目录

封面下面有必要做一个目录表,这样可以使创业计划书层次更加清晰,也便于阅读者查找相关的内容。当做好创业计划后,要重新编排页码。

3. 摘要

摘要是位于整个计划最前面的部分,涵盖了计划的要点,是浓缩了的创业计划书的精华,是阅读者了解整个计划书最直接的部分,要求一目了然,以便读者能在最短的时间内评审计划并做出判断。

计划摘要一般包括公司介绍、管理者及其组织、主要产品和业务范围市场概貌、营销策略、销售计划、生产管理计划、财务计划、资金需求状况等。摘要尽量简明、生动。特别要说明自己与其他企业的不同之处以及能导致企业取得成功的市场因素。

大学生创业计划的摘要内容应有鲜明的特点,如在介绍企业时,首先要介绍创办企业的思路等,要让阅读者感受到大学生创业的独特之处,并通过对市场的调查,说明企业产品或服务的市场价值及潜在市场,结合现有市场产品或服务的市场环境,用自己的创新思想使阅读者对你的产品或服务感兴趣。

其他方面也要体现大学生这一独特群体的独特之处,在介绍时都要有所体现,把可行性原则体现在方方面面。

4. 市场环境

市场环境部分,主要明确产品或服务市场的现有情况及态势,详细介绍竞争对手情况及顾客和供应商特征等。

(1)市场情况。

市场情况主要是通过对目标市场的调查,明确这一市场的规模、增长趋势和特点。它决定了新创办企业在这一市场的发展潜力,是否有足够大的发展空间,是否会吸引大批企业加入该市场,导致竞争进一步加剧。

(2)竞争情况。

从竞争对手的现状,包括数量、构成等数据,显示新创企业在这一行业立足的可能性以及通过何种途径闯出立足之地。分析自己的优势、劣势分别在哪里,如何保持优势,弥补劣势,保持优势的资本是什么,等等。

（3）顾客分析。

即确定企业产品或服务的目标市场顾客，分析企业的产品或服务会被哪些人所接受，这些人数量有多大，潜在消费群有多大。这些分析将为企业制定营销计划提供依据。

（4）供应商分析。

这里的供应商是指与新创企业有联系的关系单位或长期合作单位。要对其进行实力、信用、价格等方面的评估，在此基础上选择合适的供应商。

在介绍市场环境时，要充分体现对市场调查结果的综合运用，不但要分析调查数据，更要从数据中分析出自己企业的潜在优势，让数据为企业服务。

5. 产品或服务介绍

产品或服务是创业计划的重点，这部分内容主要包括对产品或服务的所有权、潜在的优势、市场的进入和成长战略的描述。在进行投资项目评估时，投资人最关心的问题之一就是产品或服务是否具有独特性和新颖性，能否快速进入并占领市场。产品介绍的内容包括所有与企业产品或服务有关的细节。

（1）产品或服务的描述。

这部分内容包括对产品或服务的应用进行讨论，对产品或服务的主要用途、第二用途及最终用途进行描述。在创业计划中还要特别强调产品或服务独有的特征，以及这些特征将如何为企业创造更大的价值，要突出目前市场上的产品或服务与创业企业将要提供的产品或服务之间的不同，要向顾客讲清楚怎样才能增加产品或服务的价值，需要多长时间才能收回为购买产品或服务所付出的投资，产品或服务的售价及成本，产品或服务可能存在的缺陷。

在创业计划书中还必须向投资者说明产品或服务开发的现状以及还需要多长时间、多少资金才能完成开发、测试并将产品或服务投放市场；如果可能的话，向投资者提供产品的性能、特点和图片等详细信息。另外，在创业计划书中还应阐明创业企业可能具有的领先优势，以及怎样使创业企业在行业中获得有利的、稳固的地位；产品或服务可能具有的某些特殊竞争优势，包括产品或服务获得的专利、商业机密等。

（2）进入战略和成长战略的描述。

在创业计划书中要向投资者指出创业企业的营销计划中的关键成功变量，这包括企业的创新产品、时机优势、营销方法、产品的定价、分销与促销计划、广告等。在创业计划中还必须阐明创业企业的发展速度以及五年内的发展规模，企业开发第二阶段产品或服务的计划、企业的商业机会、产品的增加价值以及相对其他企业的竞争优势如何，得出创业企业产品或服务的进入战略和成长战略。

6. 管理团队和组织结构

管理团队与创业企业的组织结构又被称为管理计划。在投资者考虑的所有因素中，管理团队的素质是首要的，甚至比产品或服务更重要。大多数投资者宁愿向一个拥有一流水平的管理团队和二流产品或服务的企业投资，也不愿意向一个拥有二流水平的管理团队和一流产品或服务的企业投资。创业企业家在管理计划中必须详细说明创业团队须具备的能力、团队关键管理人员及其主要职责、企业的组织结构、组织模式，描述企业董事会、其他投资者的所有权状况，团队成员的敬业精神，以及企业中的技术、管理、商业技能和经验达到了合理的平衡。

（1）对关键管理角色的描述。

要对每一个关键人员的教育背景、工作经历、专业知识、工作业绩、商业技能、领导能力、个人品质等进行详细描述，向投资者展示他们完成所分配角色的能力。这里要特别强调关键管理人员以前的创业经历和管理方面的业绩，要列出每个关键管理人员的完整简历，包括他们的培训经历、管理经验、已有成就等。在创业计划中，除了描述关键管理人员的优点，还应提及其缺点，让投资者感觉到可信。在创业计划中，还必须突出团队整体在个人知识结构、能力结构、动力结构、年龄结构上的互补性，让投资者感到这个团队在整体上能够取长补短、个体上能用人所长；同时，还要突出管理团队是一个团结的领导集体，高层管理人员之间能够互相支持。如果可能，也可以在创业计划中介绍创业企业的关键雇员，向投资者展示雇员的爱岗、敬业、勤奋。

（2）对支持和服务的描述。

创业企业的发展离不开其他社会资源的支持和服务，这种社会资源又被称为企业外脑。创业企业家要在创业计划中列出企业需要的支持和服务，指出创业企业所选的法律顾问、财务顾问、管理顾问、广告专家、营销顾问、投资顾问、银行顾问、咨询家、产业专家等的名字、所属公司、背景资料以及他们将提供的支持和服务。

（3）对激励约束机制的描述。

投资者十分看重企业的激励约束机制，要在创业计划中说明所有员工，包括管理团队中的关键成员的工资发放办法、员工的持股计划、股票期权实施办法、红利分配原则，员工升迁发展的机会、员工股票持有和处置的限制、员工凭业绩分配股票期权及其他奖金计划，企业文化，如何增强企业的凝聚力，如何加强对员工的持久激励，企业的内部约束机制和外部约束机制，企业吸引人才的计划以及吸引人才的原则、条件和待遇等。

（4）对组织结构和组织模式的描述。

投资者将根据创业企业的特点考察企业的组织结构和组织模式是否合理。要在创业计划中说明企业将采取哪种组织结构，并附上企业的组织结构图；说明企业是独资公司、股份合作制企业、有限责任公司还是股份制企业。要在创业计划中讨论企业董事会的规模、拟定的董事会成员，并对董事会成员的背景进行说明；阐明企业的其他股东及他们的权利和义务，其他投资者拥有股份的百分比是多少，他们的股票被收购的时间和价格有何限制等。

7. 营销计划

在确定了产品或服务的目标市场和目标顾客之后，创业者就要制定营销计划了。这是企业最富有挑战性的环节。营销计划向人们展示企业如何赢得客户，所以制订营销计划是整个创业计划中的重要部分。投资者将从计划书的这一部分来判断创业者是否真的有可行的战略。营销计划应该建立在市场调研和数据分析的基础上，营销计划包括销售与分销策略以及广告与促销计划等。

现代社会，制定营销计划，是在对市场进行全面分析的情况下完成的，我们一般采用形势分析法，即 SWOT 分析法。

SWOT 分析法是指与机会（opportunities）和风险（threats）相关的优势（strengths）和劣势（weakness）。优势和劣势是针对企业及其产品而言的，而机会和风险则通常指企业难以控制的外部因素。SWOT 分析法主要是把握企业及其产品或服务的优势和劣势,明确所存在的风险及市场上获取成功的机会。在此基础上,考虑如何努力发掘优势,把握机会,规避风险。

由于自身产品或服务的知名度低,新创企业很难进入已经稳定的其他企业的销售渠道中,因此,企业可以根据自身产品或服务的特点及优势,展开适当的广告宣传及免费试用等销售活动。这样在创业初期可以开发新的销售渠道,并可争夺业已稳定的其他企业的销售渠道。

大学生创业过程中,营销计划可以说是难度最大的一个环节,因为大学生理论多于实际操作经验。根据这一特点,创业初期应该根据实际需要,聘请有经验的营销人才为企业产品或服务的营销宣传出谋划策,为企业的宣传形式和营销手段想新方法,找新出路,争取获得最优产品营销方案。

8. 财务计划

财务计划是创业计划书中最为重要的部分,因为在创业初期,资金的筹措是非常关键的,也是验证创业计划可行性的关键步骤。本部分内容旨在说明创业项目的经济效益,是衡量投资回报的重要依据,同时要对企业未来的财务状况做出分析与预测,并提供足够的证据对所做的计划和分析予以支持。

制定财务计划时需要花费大量的时间和精力做具体分析,包括现金流量表、资产负债表以及损益表等。作为创业企业来说,现金流量表是投资者最为看重的,资产负债表和损益表都是企业创办并经营一段时间后的运营情况反映。一般来说,财务计划包括成本项目构成及预测、现金流量计划预测。

第二节　创业计划书的撰写

学习目的与要求
xue xi mu di yu yao qiu

通过本节学习,应达到如下要求:
1. 了解创业计划书的撰写原则
2. 掌握创业计划书的撰写技巧

周鸿祎:教您打造十页完美商业计划书

天使投资人周鸿祎认为写出一份好的商业计划书,首先切记不可长篇大论;其次要用平实的语言介绍创业者的第一步计划。投资人的时间有限。要抓住留给你的短暂时间,写好、说好商业计划书,就需要你闭住眼睛不看这份计划书,也能准确表述其中内容,并引起对方的兴趣。所以,对于早期融资的项目,一份好的计划书就是一个不超过 10 页的 PPT。最重要的是要有干货。面对热情的创业者,周鸿祎给出这样 10 条建议:

第一,用几句话清楚说明你发现目前市场中存在一个什么空白点,或者存在一个什么问题,以及这个问题有多严重,几句话就够了。很多人写了 300 张纸,抄上一些报告。投资人天天在看这个,还需要你教育他吗?比如,网游市场里盗号严重,你有一个产品能解决这个问题，只需要一句话说清楚就可以。

第二，你有什么样的解决方案，或者什么样的产品，能够解决这个问题？你的方案或产品是什么，提供了怎样的功能？

第三，你的产品将面对的用户群是哪些？一定要有一个对用户群的划分。

第四，说明你的竞争力。为什么这件事你能做，而别人不能做？是你有更多的免费带宽，还是存储可以不要钱？这只是个比方。否则如果这件事谁都能干，为什么要投资给你？你有什么特别的核心竞争力？有什么与众不同的地方？所以，关键不在于所干事情的大小，而在于你能比别人干得好，与别人干得不一样。

第五，再论证一下这个市场有多大，你认为这个市场的未来是怎么样？

第六，说明你将如何挣钱？如果真的不知道怎么挣钱，你可以不说，可以老老实实地说，我不知道这个怎么挣钱，但是中国有一亿用户会用，如果有一亿用户我觉得肯定有它的价值。想不清楚如何挣钱没有关系，投资人比你有经验，告诉他你的产品多有价值就行。

第七，再用简单的几句话告诉投资人，这个市场里有没有其他人在干，具体情况是怎样。不要说"我这个想法前无古人后无来者"这样的话，投资人一听这话就要打个问号。有其他人在做同样的事不可怕，重要的是你能不能对这个产业或行业有一个基本了解和客观认知。要说实话、干实事，可以进行一些简单的优势分析。

第八，突出自己的亮点。只要有一点比对方亮就行。刚出来的产品肯定有很多问题，说明你的优点在哪里。

第九，在倒数第二张纸上做财务分析，可以简单一些。不要预算未来三年挣多少钱，没人会信。说说未来一年或者六个月需要多少钱，用这些钱干什么？

第十，最后，如果别人还愿意听下去，介绍一下自己的团队，团队成员的优秀之处，以及自己做过什么。

一个包含以上内容的计划，就是一份非常好的商业计划书了。

周鸿祎总结道："做商业计划书就是说大实话。怎么想的就怎么说，用最朴素、最明了的语言，说出你的行动计划，说出第一步准备干什么。"对于创业者，学会写商业计划书，学会以一个良好的心态建立一个合作的团队，完成第一个挑战——获得风险投资，这样创业就有了一个很好的开始。

从周鸿祎的金玉良言里读出了什么呢？关于创业计划书，我们还有一些原则要遵循，还有一些主题思想要体现，唯有如此，才能制定出成功的创业计划书。

一、创业计划书的撰写原则

创业计划书是创业者所写的商业文件中最主要的一个。那些既不能给投资者以充分的信息也不能使投资者激动起来的创业计划书，其最终结果只能是被扔进垃圾箱里。那么，如何制订创业计划书呢？换言之，怎样写好创业计划书并使它具有可行性呢？为了确保创业计划书能"击中目标"，在创业计划书设计时，形式上应该遵循以下原则：

一是主题要明确。项目名称要体现创业项目的主旨和目标；封面要精心设计，体现项目特色，简洁规范，避免过于花哨；开门见山地综述计划摘要，简明阐述公司介绍，包括主要产品和业务范围、市场概况、营销策略、营销计划、生产管理计划、管理者及其组织、财务计划、资金需求等;计划书的目录要符合逻辑思路且框架清晰;正文要依序论述,循序渐进;附录要尽可能丰富。

二是结构合理。创业计划书一般分创业本体、创业计划、附录等三大部分,包括计划摘要、产品或服务介绍、制造生产管理、市场分析等内容;在具体书写时,个别章节可以拆分或合并,但该有的内容不可或缺,只是阐述的内容多少而已。

三是内容充实、重点突出,论据充分,论证严谨。特别是市场调研部分,资料要翔实,可信度要高;营销策略部分要具有可操作性,且有特色和创意;风险评估要客观且能应对。

四是方法要科学,分析要规范。对于市场调研、财务效益可行性研究等,一定要采用科学的方法,分析要客观科学,计算公式、财务报表要规范。

五是文字要通畅,表述要准确。在创业计划书中,文字通俗易懂,表达严谨,谨防语病错别字,同时排版装订也要整齐,行文格式、参考资料要准确规范。

此外,在创业计划的撰写上,我们还需要注意把握以下几点:

1. 关注产品

在创业计划书中,应提供所有与企业的产品或服务有关的细节,包括企业所实施的所有调查。这些问题包括:产品正处于什么样的发展阶段?它的独特性怎样?企业分销产品的方法是什么?谁会使用企业的产品?为什么?产品的生产成本是多少?售价是多少?企业发展新的现代化产品的计划是什么?把出资者拉到企业的产品或服务中来,这样出资者就会和创业者一样对产品有兴趣。在创业计划书中,企业家应尽量用简单的词语来描述,让出资者感到产品或服务的美妙与鼓舞人心。

2. 敢于竞争

在创业计划书中,创业者应细致分析竞争对手的情况。竞争对手都是谁?他们的产品是如何工作的?竞争对手的产品与本企业的产品相比,有哪些相同点和不同点?竞争对手所采用的营销策略是什么?要明确每个竞争者的销售额,毛利润、收入以及市场份额,然后再讨论本企业相对于每个竞争者所具有的竞争优势,要向投资者展示,顾客偏爱本企业的原因是:本企业的产品质量好,送货迅速,定位合适等,创业计划书要使它的读者相信,本企业不仅是行业中的有力竞争者,而且将来还会是确定行业标准的领先者。在创业计划书中,企业家还应阐明竞争者给本企业带来的风险以及本企业所采取的对策。

3. 了解市场

创业计划书要给投资者提供企业对目标市场的深入分析和理解。要细致分析经济、地理、职业以及心理等因素对消费者选择购买本企业产品这一行为的影响,以及各个因素所起的作用。创业计划书中还应包括一个主要的营销计划,计划中应列出本企业打算开展广告、促销以及公共关系活动的地区,明确每一项活动的预算和收益。创业计划书中还应简述一下企业的销售战略:企业是使用外面的销售团队还是使用内部职员?企业是使用转卖商、分销商还是特许商?企业将提供何种类型的销售培训?此外,创业计划书还应特别关注销售中的细节问题。

4. 表明行动的方针

企业的行动计划应该是无懈可击的。创业计划书中应该明确下列问题:企业如何把产品推向市场？如何设计生产线？如何组装产品？企业生产需要哪些原料？企业拥有哪些生产资源，还需要什么生产资源？生产和设备的成本是多少？企业是买设备还是租设备？解释与产品组装、储存以及发送有关的固定成本和变动成本的情况。

5. 展示管理队伍

把一个创业想法转化为一个成功的创业企业，其关键的因素就是要有一支强有力的管理队伍。这支队伍的成员必须有较高的专业技术知识、管理才能和多年工作经验，要给投资者这样一种感觉："看，这支队伍里都有谁！如果这个公司是一支足球队的话，他们就会一直杀入世界杯决赛！"管理者的职能就是计划、组织、控制和指导公司实现目标的行动。在创业计划书中，应首先描述一下整个管理队伍及其职责，然而再分别介绍每位管理人员的特殊才能、特点和造诣，细致描述每个管理者将对公司所做的贡献。创业计划书中还应明确管理目标以及组织结构图。

二、创业计划书的撰写技巧

创业计划书具有一些共同的特征。总的来说，创业计划书应该能提供一个清晰的、容易为人理解的画面，显示商业投资的机会和风险，兼顾内容和形式两个方面因素。

1. 创业计划书应当简洁明了

人们在阅读一份自己特别感兴趣的创业计划书时，都希望能立即找到问题及其解决办法，这需要创业计划书有一个相当清晰的结构。并不是拥有纯粹的数据分析便可以使读者信服，但以一种简明的方式，按重要程度给出直接的结论却可以做到这一点。对于任何可能会引起读者兴趣的主题，都应该进行全面而简洁的论证。

2. 使用通俗的语言

鉴于人们在阅读创业计划书时一般不会有作者在旁边回答问题或者给予解释，所以创业计划应尽量采用通俗的语言以避免读者产生误解。创业计划书应该用事实说话。应尽可能让表述显得客观，以使读者可以仔细掂量你的说法。像广告一样的计划并不能很好地吸引读者，反而可能会引起读者的反感、怀疑和猜测，令他们无法接受。

3. 掌握最新的信息

你掌握的信息应是最新的并且是可以确信完全正确的。只有当你已经采取措施或至少是有办法消除你计划中的缺陷时，你才能在计划书中提起它。

4. 应当让外行也能看懂

一些创业者认为他们可以用大量的技术细节、精细的设计方案、完整的分析报告打动读者，但大多数时候并不是这样。只有少量的技术专家参与创业计划的评估，许多读者是全然不懂技术的门外汉，他们更欣赏一种简单的解说，也许用一个草图或图片做进一步的说明，效果会更好。如果非要加入一些技术细节，可以把它放到附录里面去。

5. 写作风格应当一致

一份创业计划，通常由几个人一起撰写，但最后的版本应由一个人统一完成，以避免写作风格和分析深度不一致。创业计划是敲门砖，它不仅要以一种风格完成，而且应该看起来统一、专业。例如，标题的大小和类型都应该和文字的内容和结构相协调，优美而整洁。恰当地使用图片也会为计划书增色不少。当然，也可以在创业计划书上加上公司的标志。

附件 1：创业计划作品模板

第一部分：封面设计

创业计划书

A. 公司名称

B. 公司性质

C. 公司地址

D. 邮编

E. 公司负责人姓名

F. 职务

G. 电话

H. E-mail

I. 公司主页

第二部分：目录

目录

- 概要
- 公司概述
- 产品与服务
- 市场分析
- 竞争分析
- 市场销售战略
- 财务分析
- 附录

（完成商业计划书后，注意确认目录页码与对应正文的一致性）

第三部分：创业计划的具体内容

1. 概要

用一个非常简练的计划及商业模型的摘要，介绍你的商业项目，作为这个商业计划的写作大纲。字数一般在 500 字左右。

2. 公司概述

(1) 公司的宗旨。

(2) 公司的名称、公司的结构。

(3) 公司经营理念。指出公司的远景目标。描述公司追求的荣誉和目标。描述各有关团体和人士如何受益。

(4) 公司经营策略。用最简洁的方式，描述你的产品/服务；准备解决什么样的困难；准备如何解决；公司为什么是最合适的人选。

(5) 相对价值增值。说明你的产品为消费者提供了什么新的价值。

(6) 公司设施。需要对计划中的公司设备加以详细描述，如生产设备及厂房。

3. 产品与服务

用简洁的方式、描述公司的产品/服务。注意不需要透露公司的核心技术，主要介绍公司的技术、产品的功能、应用领域、市场前景等。

（1）产品优势。说明你的产品为消费者提供了什么样的价值，以及你所提供的服务方式有哪些。你的产品填补了哪些急需补充的市场空白。可以在这里加上你的产品或服务的照片。

（2）技术描述。独有技术简介；技术发展环境；研究与开发；未来的产品及服务；说明公司的下一代产品，并同时说明未来将为消费者提供更多的服务与产品支持。

4. 市场分析

简要叙述你的公司处于什么样的行业、市场或专向补充区域。这一市场的特征是什么？你的分析与市场调查机构的投资分析有什么不同。分析是否有新生市场，你将如何发展这个新生市场。

（1）市场描述。包括行业竞争情况，该行业的市场价值，行业发展趋势，细分市场，可能出现的业务合并，可能面临的困难，等等。

（2）目标市场。包括目标市场的竞争者，我们的产品拥有的优势，等等。

（3）目标消费群。是什么因素促使人们购买你的产品？你的技术、产品对于用户的吸引力在何处？人们为什么选择你的产品、服务或公司？

5. 竞争分析

对根据产品、价格、市场份额、地区、营销方式、管理手段、特征以及财务力量划分的重要竞争者进行分析。

（1）竞争描述。

（2）竞争战略和市场进入障碍。

分析进入细分市场的主要障碍及竞争对手模仿你的障碍。

6. 营销策略及销售

（1）营销计划。描述你所希望进行的业务，以及你所希望进入的细分市场，曾经使用的分销渠道，如零售、直销、电子媒介等，还要描述你所希望达到的市场份额。

（2）销售战略。描述你采取的销售策略。包括如何促销产品；通过何种方式：广告、邮件推销，电台广播还是电视广告。

（3）分销渠道及合作伙伴。

（4）定价战略。

（5）市场沟通。要使你的产品能成为消费者需求的热点，唯一原则就是寻找一切可能有利于销售的途径与消费者进行沟通，如促销展出、广告、新闻发布、大型会议或研讨会、网络促销、捆绑促销、媒体刊登、邮件广告。

7. 财务分析

（1）财务数据概要。财务分析是对投资机会进行评估的基础，它需要体现出你对财务状况的乐观预估。

（2）收入预估表。利用对销售量的预估和已产生的生产和运营的成本，准备至少三年的收入预估表。重点说明主要存在的几项风险，比如，可能会导致销售锐减的风险，以及在当前的生产能力下，采取缩减成本的方式所带来的不利影响。这些风险都将影响销售目标和利润的最终实现。还要说明收益随之而变化的情况。收入状况是财务管理中可盈利计划的一部分。它可以显示出潜在的新资金投资可行性。建议前两年以月为单位统计,再往后以季度为单位统计。

(3)资产负债表。对任何重大的事项或不寻常的事项做出标注,比如流动债产、其他应付账款、到期的债务。

(4)现金流和盈亏平衡分析。这比资产负债表和收入报表更为重要,在阶段性时间节点将会有多少现钱,是投资者很关心的问题。

8. 附录

可以在这一部分列出以下材料:

(1)公司背景及结构。

(2)团队人员简历。

(3)公司宣传品。

(4)市场研究数据。

本章小结

一份可靠的、精心准备的创业计划对任何创业者都是必要的。创业计划是一份全方位的项目计划,是创业运作的指导书,是整个创业过程中重要的组成部分。

创业者应该重视创业计划在创业中的作用,它帮助创业者明确创业的可行性和创业战略,帮助创业者更加了解自己创业的价值;创业计划书更是创业者和投资者沟通的重要方式和工具。

创业者应该掌握创业计划书包括的具体内容。对于一个新创办的企业来说,创业计划书所反映的是企业的现实需求,体现的是创业者及其经营团队的创业理念和创业目标,表明了企业的发展方向和产品或服务的市场潜力等。因此,创业计划书是汇集整个经营团队的思想和智慧写出的真实想法,对整个创业起到指导性作用。

在撰写创业计划书之前,创业者要考虑很多细节问题,对影响创业过程的重要因素考虑清楚。要想制订好的创业计划书,在了解影响创业计划的因素后,要考虑创业计划的制订过程。从根本上讲,准备创业方案是一个展望项目未来前景、细致探索其中的合理思路、确认实施项目的各种必要资源、寻求所需支持的过程。不同企业有各自的特点,应根据企业的特点设计创业计划书的内容和结构。

创业计划书的功能并不仅仅局限于融资,它还是企业走向成功的阶梯,因为它在企业的规划、经营和发展过程中能对创业者进行引导。创业计划书应保持客观态度,过度乐观或悲观对企业的创立发展都会造成不利的影响,新的企业也很难按照该计划发展。

制订一份创业计划书不是一劳永逸的事情,随着企业的发展,你要不断地修订计划。

小测试

1. 创业计划的概念及其作用?

2. 创业计划书包括哪些内容?

3. 影响创业计划的因素有哪些?

4. 如何制定出成功的创业计划书?

参考文献及材料

1. 陈敏.创业基础[M].北京:北京师范大学出版社,2013.

2. 卢福财.创业通论[M].北京:高等教育出版社,2017.

3. 董青春.大学生创业教程[M].北京:北京航空航天大学出版社,2010.

4. 赵延忧.大学生创业教程[M].北京:北京大学出版社,2010.

5. 刘红宁.创新创业通论[M].北京:高等教育出版社,2016.

教学过程

章节	内容	时间	授课方法	教具
课程导入	付小龙的创业故事	5分钟	讲授	PPT
第一节 创业计划概述	创业计划的概念	5分钟	讲授	PPT
	创业计划的意义	5分钟	讲授	PPT
	创业计划的基本框架	10分钟	讲授	PPT
	创业计划的主要内容	20分钟	讲授	PPT
第二节 创业计划书的撰写	创业计划书的撰写原则	15分钟	讲授	PPT
	创业计划书的撰写技巧	20分钟	讲授	PPT
小测试	如何制定出成功的创业计划书?	10分钟	讲授	PPT

第九章

创新创业竞赛

本章摘要
ben zhang zhai yao

通过本章学习，了解目前主要的大学生创新创业竞赛项目，掌握对创新创业竞赛作品 PPT 的制作技巧，能依照范例制作出较为出彩的幻灯片；结合 PPT 制作具备实用演讲技能，能把握好演讲的核心内容及注意事项；熟悉路演的流程及原则，并了解常见问题。

学习重点和难点
xue xi zhong dian he nan dian

重点：掌握 PPT 制作范例，项目演讲及路演过程中的关键要素。

难点：熟练运用 PPT 制作技巧和实用演讲技巧，通过路演讲一个动人的创业故事。

第一节　大学生创新创业竞赛介绍

学习目的与要求
xue xi mu di yu yao qiu

通过本节学习，学生应达到如下要求：

1. 全面了解目前主要的大学生创新创业竞赛项目的种类。

2. 熟知各类创新创业竞赛的比赛内容、比赛时间等。

创业三年，我头顶无数光环，却过着走钢丝一样的生活

——e村e品的创业自述

广州迅睿成立3年了，按照官方统计，能撑过3年的创业公司都算是成功了一半，可是我实在没有弹冠相庆的喜悦之感，3年的探索，走了不少弯路，项目才逐步走上轨道，可是未来在何方，又有谁能知道？

3年来，我从一个"创业小白"到很多媒体笔下的"创业男神"，头顶着无数光环让我没有任何放弃的理由和借口，各种诱惑和迷茫闪烁得像都市夜晚的霓虹灯，井喷的数据和惨淡的经营刺激得就像雨中的过山车。时常慨叹于马佳佳的冷艳、余佳文的神勇和王锐旭的睿智；不断流连于资本市场的风起云涌和手起刀落；可是，其中辛酸苦辣、峰回路转，又岂是短短的

几段文字能够浓缩。

2014，顶着光环讲故事

2014年既是"双创"的元年，也是大学生创业井喷之年，无数大学生团队在媒体的鼓吹下和社会创业氛围的推动下加入了创业大军的行列，各种O2O和"互联网＋"一夜之间成了90后专属的宠儿。各路"实践派"学生用一轮高过一轮的融资额为"读书无用论"高调地正名，而如今，那些曾经风靡一时的创业英雄脸萌、足记、一亩田和水果营行都已人去楼空。

3年前，为了参加"挑战杯"，我们组建了团队，注册了公司，做了一项跟现在很多学生一样想做的事情：校园周边电商C2C。当时整个互联网还属于PC时代，我们注册了域名，购买了服务器，把一个叫"校酷网"的商城整上线，希望分淘宝的蛋糕。竞价排名、广告位、购物抽佣等通通用上，最高峰的时候，线上有52个活跃的入驻商户，平均日下单量达到50多单。

可是好景不长，我们每参加一次比赛就被评委打击一次，那时还没有O2O的概念，多数评委认为"校园周边"蛋糕不大、想象空间不多，加之有淘宝这座大山在前面挡着，是块"红海"。不如改做农产品电商可能会有机会。

于是，坚持了半年的项目居然为了打比赛而被迫更改。

现在想来，有多少大学生创业团队最初的目标其实也只是为了打个比赛呢？

我们提出了个很漂亮的口号"带着农民去创业"，做一个可溯源的农产品电商体系。正是因为这个口号的正能量和团队的努力，我们在随后参加的各路比赛中所向披靡，成功地拿到了第三届"赢在广州"大学生创业大赛第1名，全国"挑战杯"金奖以及各类创业大赛的桂冠，荣誉之外，我们还拿到了很多创业补贴，各路风投也伸出了橄榄枝。

凯旋后，我开始参加各种高校和创业圈的宣讲活动，中国青年报、南方日报、广东卫视、南方卫视等媒体也一路报道，当时有一篇关于"创业男神"的报道短短几天的时间点击量上了10万＋，"90后创业者"、"农村电商带头人"、"在校生创业"、"省委书记接见"、"前学联副主席"、"校学生会主席"……身上被贴上了各种标签，一时间，我成了创业英雄。

即便是报道有些渲染、说辞有点托大，我都觉得这是情理之中的，创业者，就要会讲故事。有朋友问我，你天天都忙着出席各种活动，有时间做项目吗？一句话问得我哑口无言。

2015，创业路上无数坑

然而，理想是丰满的，现实是骨感的。

比赛过后，小伙伴有的升学、有的工作、有的出国，团队走的走、散的散，留下一群慕名而来的实习生。

真正打理项目的已经寥寥无几，看着网络上各种吹出来的融资额和运营业绩，我开始心虚，可是虚荣心和自尊心又迫使我要坚持，继续编织出一个五彩斑斓的外表和成功人士的形象。

现金流的短缺、运营经验的匮乏、仓储物流的短板、选材选品的失误，再加上融资的拉锯战，各种问题接踵而至，我开始走上了创业的马拉松，项目一直进展缓慢。放弃了公务员、留校或高薪岗位的机会，选择了一条看似风光实际却荆棘满布的创业路，看着身边工作的同学买车的买车、买房的买房，在即将毕业之际，说实话，我焦急过、我犹豫过。

在选品上，由于没有做好市场调查和因为资金短缺，创业前期，我们基本上是能合作的产品就推送上架，于是有了98元一斤的山东樱桃、23元1斤的从化荔枝、28元一斤的河源龙眼,给消费者造成一种性价比不高的感觉,而且这些水果很容易在物流运输过程中变质,买过一次就没有回头客了。清远"一点红"番薯的营销失误,差点让我们赔光了信用,看着一箱箱霉变的番薯和雪片一样飞来的投诉,我深深地慨叹创业不易。

在平台上,我们开了淘宝、换了京东、选了微店、改了有赞,甚至还花了大半年的时间开发了自己的商城,兜兜转转在平台上做了很多的无用功。最后发现,消费者都很精明,只要你的产品性价比足够高,口碑足够好,即使你什么平台都没有,只建个微信群都能赚钱。我渐渐体会到,真正为用户创造了价值才能赚钱,才有可能成功。

在模式上,我们一直在2B和2C的模式上摇摆不定,这估计也是很多电商类的创业团队遇到的客观问题。很明显B端的大单可以给团队带来足够的现金流,但是需要消耗在谈判和洽谈的时间上特别多,而且订单波动大。而C端虽然不需要通过谈判,只要做好宣传推广,发展粉丝用户,但需要靠积累,前期用户量太少带动不起现金流,项目很容易中途夭折。最后我们选择了一条B端与C端相结合的道路,即一方面通过线下B端导流回线上C端,最终回归C端,保证创业初期的现金回流;另一方面,C端也继续通过各种线上线下营销累积用户。

在融资上,经过长达半年的拉锯战,我们谈了几家机构,最终拿了广东粤科100万的天使轮投资,这多少得益于"中国青创板"的推荐。但由于前期没有非常明显的技术壁垒和模式创新,项目进度缓慢。由于不懂得商标保护,我们一开始只注册了网络类的"e村e品"商标,后来才发现食品类的"e村e品"已经被抢注,不得不通过谈判高价回购。

2016,走在悬崖望远方

2016,留给自己的时间也没多少了,直到毕业的那一刻,当晓阳校长亲手帮我拨过流苏的那一刻,我深深地感觉到自己肩上的责任。作为学生,我可以给失败找出很多的借口,一旦毕业,就不能再小打小闹,团队8个全职员工的工资需要我开,项目下一轮的资金需要我去考虑,我做的任何一个错误决策,都有可能导致整个项目解体。

3年来,我们的团队经过无数次的淘汰、重组,慢慢地把一群有梦想的年轻人聚集到一起,2个月来,运营部的同事夜以继日,研究方案,相继跟"我爱翻寻味"等电视媒体、中粮集团平台以及各个微信大号合作,把原来8 800多的粉丝做到了3万多,线下10几个小区的开拓也同步进行,我们的业绩稳步上升。

2016年4月,我们相继开发了属于自己的加工品,第一款产品黑糖姜枣饮经过食品学院教授的指导,做了11次试验之后终于上线。我们把种植在1 000米海拔的天堂姜作为原材料,辅以黑糖、大枣、枸杞和冬瓜,做成了加工品,在短短的2个月内卖出了近3 000瓶,各个投放平台的销量持续上升。事实验证,通过单品引爆,打通源头产品到延伸品的路线是对的。

我们与佳鲜农庄、祈福新村、高德汇、汇景新城等线下商铺或小区合作,逐步铺开自己运营的产品,同时不断开发属于自己品牌的加工品。通过主打元宵、端午、中秋、春节等传统节日主题,在农产品礼包上发力,将各种单品通过礼包从B端达到C端用户。同时释放了一批期权给团队,激发团队的活力。

一、"挑战杯"全国大学生系列科技学术竞赛[①]

"挑战杯"全国大学生系列科技学术竞赛,是由共青团中央、中国科协、教育部和全国学联、地方省级人民政府共同主办的全国性的大学生课外学术科技创业类竞赛,承办高校为国内著名大学。"挑战杯"竞赛在中国共有两个并列项目,一个是"挑战杯"全国大学生课外学术科技作品竞赛("大挑");另一个则是"挑战杯"中国大学生创业计划竞赛("小挑")。这两个项目的全国竞赛交叉轮流开展,每个项目每两年举办一届。

"挑战杯"系列竞赛被誉为中国大学生科技创新创业的"奥林匹克"盛会,是目前国内大学生最关注的、最热门的全国性竞赛,也是全国最具代表性、权威性、示范性、导向性的大学生竞赛。自 1989 年首届竞赛举办以来,"挑战杯"竞赛始终坚持"崇尚科学、追求真知、勤奋学习、锐意创新、迎接挑战"的宗旨,在促进青年创新人才成长、深化高校素质教育、推动经济社会发展等方面发挥了积极作用,在广大高校乃至社会上产生了广泛而良好的影响,被誉为当代大学生科技创新的"奥林匹克"盛会。

1. 竞赛的类型

(1)大学生创业计划竞赛简介。

大学生创业计划竞赛起源于美国,又称商业计划竞赛,是风靡全球高校的重要赛事。它借用风险投资的运作模式,要求参赛者组成优势互补的竞赛小组,提出一项具有市场前景的技术、产品或者服务,并围绕这一技术、产品或服务,以获得风险投资为目的,完成一份完整、具体、深入的创业计划。

"挑战杯"大学生创业计划竞赛采取学校、省(自治区、直辖市)和全国三级赛制,分预赛、复赛、决赛三个赛段进行。大力实施"科教兴国"战略,努力培养广大青年的创新、创业意识,造就一代符合未来挑战要求的高素质人才,已经成为实现中华民族伟大复兴的时代要求。作为学生科技活动的新载体,创业计划竞赛在培养复合型、创新型人才,促进高校产学研结合,推动国内风险投资体系建立方面发挥出越来越积极的作用。

(2)课外学术科技作品竞赛简介。

参加"挑战杯"大学生课外学术科技作品竞赛的作品一般分为三大类:自然科学类学术论文、社会科学类社会调查报告和学术论文、科技发明制作,凡在举办竞赛终审决赛的当年 7 月 1 日起前正式注册的全日制非成人教育的各类高等院校的在校中国籍本专科生和硕士研究生、博士研究生(均不含在职研究生)都可申报参赛。每个学校选送参加竞赛的作品总数不得超过 6 件(每人只限报一件作品)、作品中研究生的作品不得超过 3 件,其中博士研究生作品不得超过 1 件。各类作品先经过省级选拔或发起院校直接报送至组委会,再由全国评审委员会对其进行预审,并最终评选出 80% 左右的参赛作品进入终审,终审的结果是,参赛的三类作品各有特等奖、一等奖、二等奖、三等奖,且分别约占该类作品总数的 3%、8%、24% 和 65%。

2. 竞赛的章程

第一章 总则(2004 年 6 月 10 日全国组委会第一次全体会议通过)

[①] 资料来源:百度百科。

第一条　"挑战杯"全国大学生课外学术科技作品竞赛是由共青团中央、中国科协、教育部、全国学联主办的大学生课外学术科技活动中一项具有导向性、示范性和群众性的竞赛活动，每两年举办一届。

第二条　竞赛的宗旨：崇尚科学、追求真知、勤奋学习、锐意创新、迎接挑战。

第三条　竞赛的目的：引导和激励高校学生实事求是、刻苦钻研、勇于创新、多出成果、提高素质，培养学生创新精神和实践能力，并在此基础上促进高校学生课外学术科技活动的蓬勃开展，发现和培养一批在学术科技上有作为、有潜力的优秀人才。

第四条　竞赛的基本方式：高等学校在校学生申报自然科学类学术论文、哲学社会科学类社会调查报告和学术论文、科技发明制作三类作品参赛；聘请专家评定出具有较高学术理论水平、实际应用价值和创新意义的优秀作品，给予奖励；组织学术交流和科技成果的展览、转让活动。

第二章　组织机构及其职责

第五条　竞赛设立领导小组，由主办单位和承办单位的有关负责人组成，负责指导竞赛活动，并对全国组织委员会和全国评审委员会提交的问题进行协调和裁决。

第六条　竞赛设立全国组织委员会，由主办单位、承办单位和联合发起单位（含高校、新闻单位、相关企业）的有关负责人组成。主办单位和承办单位分别委派有关负责同志作为组委会成员，各联合发起单位推荐一名主管领导作为组委会成员。全国组织委员会设主任一名，副主任若干名。

第七条　全国组织委员会的职责如下：

1. 审议、修改竞赛的章程和评审规则；

2. 筹集竞赛组织、评审、奖励所需的经费；

3. 投票表决竞赛承办高校；

4. 议决其他应由组委会议决的事项。

第八条　全国组织委员会下设秘书处，负责按照全国组委会通过的章程组织竞赛活动并向全国组委会报告工作。秘书处设秘书长一名，由承办单位有关领导担任；设副秘书长若干名。

第九条　竞赛设立全国评审委员会，由主办单位聘请的相关学科具有高级职称的非高校专家组成。全国评审委员会设主任一名，常务副主任二名，评审委员若干名。

全国评审委员会经主办单位批准成立，有权在本章程和评审规则所规定的原则下，独立开展评审工作。

第十条　全国评审委员会职责如下：

1. 在本章程和评审规则基础上制定评审实施细则；

2. 审看参赛作品及其演示，对作者进行问辩；

3. 确定参赛作品获奖等次。

第十一条　竞赛设立作品资格评判委员会，在全国组委会第二次全体会议召开时成立，由全国评审委员会常务副主任 1 名、评审委员 3 名（根据被评判作品学科分布选定）、主办单位各 1 名代表、全国组织委员会高校委员中抽签产生的 10 名代表组成。资格评判委员会主任由全国评审委员会常务副主任担任。资格评判委员会会议由资格评判委员会主任负责召集。

第十二条　作品资格评判委员会职责如下：

1. 授权全国组委会秘书处在预审开始至终审决赛结束前接受参赛学校和学生、评委、社会各界人士对参赛作品资格的质疑投诉；

2. 在终审决赛结束前，如出现被质疑投诉作品，资格评判委员会应召开会议，对被质疑投诉的参赛作品的作者及所属学校进行质询；

3. 投票表决被质疑投诉作品是否具备参赛资格。

第十三条　全国组委会秘书处对质疑投诉者的姓名、单位予以保密。质疑投诉者须提供相关证据或明确的线索。资格评判委员会开会时，到会委员超过2/3方可进行表决；表决时实行回避制度；若参加表决委员中有2/3以上认为该作品不具备参赛资格，则评委会对该作品不予评审，其参赛得分随之取消。全国组委会秘书处不受理匿名质疑投诉。

终审决赛结束后，对作品的质疑投诉继续按本章程第三十三条执行。

第十四条　主办单位根据团体总分优先原则，确定上届竞赛总分前70名的学校为联合发起高校，并可根据终审决赛规模、地区平衡、学校类别及代表性、承办地区等因素作部分调整。

第十五条　各省（区、市）、各高校应举办与全国竞赛接轨的届次化的学生课外学术科技作品竞赛。各省（区、市）团委、科协、教育部门、学联联合设立省级组织协调委员会和评审委员会，负责本省（区、市）竞赛的组织协调、参赛作品资格审查和作品初评等有关工作。

第三章　参赛资格与作品申报

第十六条　凡在举办竞赛终审决赛的当年7月1日以前正式注册的全日制非成人教育的各类高等院校在校中国籍专科生、本科生、硕士研究生和博士研究生（均不含在职研究生）都可申报作品参赛。

第十七条　申报参赛的作品必须是距竞赛终审决赛当年7月1日前两年内完成的学生课外学术科技或社会实践活动成果，可分为个人作品和集体作品。申报个人作品的，申报者必须承担申报作品60%以上的研究工作，作品鉴定证书、专利证书及发表的有关作品上的署名均应为第一作者，合作者必须是学生且不得超过两人；凡作者超过三人的项目或者不超过三人，但无法区分第一作者的项目，均须申报集体作品。集体作品的作者必须均为学生。凡有合作者的个人作品或集体作品，均按学历最高的作者划分至本专科生、硕士研究生或博士研究生类进行评审。

毕业设计和课程设计（论文）、学年论文和学位论文、国际竞赛中获奖的作品、获国家级奖励成果（含本竞赛主办单位参与举办的其他全国性竞赛的获奖作品）等均不在申报范围之列。

第十八条　申报参赛的作品分为自然科学类学术论文、哲学社会科学类社会调查报告和学术论文、科技发明制作三大类。自然科学类学术论文作者限本专科生。哲学社会科学类社会调查报告和学术论文限定在哲学、经济、社会、法律、教育、管理六个学科内。科技发明制作类分为a、b两类：a类指科技含量较高、制作投入较大的作品；b类指投入较少，且为生产技术或社会生活带来便利的小发明、小制作等。

第十九条　参赛作品涉及下列内容时，必须由申报者提供有关部门的证明材料，否则不予评审。

动植物新品种的发现或培育,须有省级以上农科部门或科研院所开具证明;

对国家保护动植物的研究,须有省级以上林业部门开具证明,证明该项研究的过程中未产生对所研究的动植物繁衍、生长不利的影响;

新药物的研究,须有卫生行政部门授权机构的鉴定证明;

医疗卫生研究须通过专家鉴定,并最好附有在公开发行的专业性杂志上发表过的文章;

涉及燃气用具等与人民生命财产安全有关用具的研究,须有国家相应行政部门授权机构的认定证明。

第二十条　参赛作品必须由两名具有高级专业技术职称的指导教师(或教研组)推荐,经本校学籍管理、教务、科研管理部门审核确认。

第二十一条　每个学校选送参加竞赛的作品总数不得超过6件,每人限报一件,作品中研究生的作品不得超过作品总数的1/2,其中博士研究生的作品不得超过1件。参赛作品须经过本省(区、市)组织协调委员会进行资格及形式审查和本省(区、市)评审委员会初步评定,方可上报全国组委会办公室。各省(区、市)选送全国竞赛的作品数额由主办单位统一确定。每所发起学校可直接报送3件作品(含在6件作品之中)参加全国竞赛。

第四章　展览、交流、转让

第二十二条　全国评审委员会推荐通过预审的一定比例的自然科学类学术论文、哲学社会科学类社会调查报告和学术论文及全部科技发明制作类作品参加展览。科技发明制作类作品须有实物或模型参展。

第二十三条　全国组委会将在竞赛的终审决赛阶段组织多种形式的学术交流和工作交流活动,并适时举办单项展示赛或邀请赛等丰富"挑战杯"竞赛的活动

第二十四条　全国组织委员会在终审决赛期间,举办成果转让活动;成果是否转让不作为作品评审获奖的依据。

第二十五条　全国组织委员会拥有组织转让获奖作品的优先权。成果产权及利益分配由学校和作者协商确定。

全国组织委员会可以结集出版竞赛获奖的作品及评委评语。

第五章　奖励

第二十六条　全国评审委员会对各省级组织协调委员会和发起高校报送的参赛作品进行预审,评出80%左右的参赛作品进入终审决赛。参赛的自然科学类学术论文、哲学社会科学类社会调查报告和学术论文、科技发明制作三类作品各设特等奖、一等奖、二等奖、三等奖。各等次奖分别约占进入终审决赛各类作品总数的3%、8%、24%和65%。本专科生、硕士研究生、博士研究生三个学历层次作者的作品获奖数与其进入终审决赛作品数成正比例。科技发明制作类中a类和b类作品分别按上述比例设奖。

第二十七条　参加全国终审决赛的作品,确认资格有效的,由全国组织委员会向作者颁发证书,并视情况颁发相应的奖金。参加各省(区、市)预赛的作品,确认资格有效而又未进入全国竞赛的,由各省(区、市)组织协调委员会向作者颁发证书。

第二十八条　竞赛以学校为单位计算参赛得分,团体总分按名次排列,按位次公布。最高荣誉"挑战杯"为流动杯,授予团体总分第一名的学校;设"优胜杯"若干,分别授予团体总分第二至第二十一名的学校。累计三次捧得"挑战杯"的学校,可永久保存复制的"挑战杯"

一座。

第二十九条　各等次奖计分方法如下：特等奖作品每件计100分，一等奖作品每件计70分，二等奖作品每件计40分，三等奖作品每件计20分，上报至全国组委会但未通过预审的作品每件计10分。如遇总积分相等，则以获特等奖的个数决定同一名次内的排序，以此类推至三等奖。

第三十条　竞赛设10个左右省级优秀组织奖和进入终审决赛高校数30％左右的高校优秀组织奖，奖励在竞赛组织工作中表现突出的省份和高校。省级优秀组织奖由主办单位根据《优秀组织奖评选办法》评定，报全国组织委员会确认。高校优秀组织奖由各省（区、市）组织协调委员会参照《优秀组织奖评选办法》提名，主办单位确定后报全国组织委员会确认。

第三十一条　在符合竞赛宗旨、具有良好导向作用的前提下，可联合社会有关方面设立、评选专项奖。专项奖不计分。

附则

第三十二条　竞赛联合发起高校应向全国组织委员会交纳规定数额的发起组织费。参加全国终审决赛的作品，作者所在学校应向全国组织委员会交纳规定数额的参赛费。发起组织费、参赛费主要用于竞赛的组织、评审、奖励所需经费的补充。

第三十三条　竞赛结束后，对获奖作品保留一个月的质疑投诉期。若收到投诉，竞赛领导小组将委托主办单位有关部门进行调查。经调查，如确认该作品资格不符者，取消该作品获得的奖励，重新计算作者所在学校团体总分及名次，取消该校、该省所获的优秀组织奖，通报全国组织委员会成员单位；并视情节轻重，分别给予所在学校取消下届联合发起单位资格或参赛资格的处罚。

竞赛组委会保护投诉人的合法权益。

第三十四条　承办竞赛的高校应按当届组委会通过的申办办法，申请承办下一届竞赛活动；获得历届"挑战杯"和"优胜杯"的学校具有承办下届竞赛的优先权；当届组委会通过一定的民主程序产生下届承办单位。

第三十五条　竞赛承办单位有权以全国组织委员会名义寻求赞助。最高荣誉"挑战杯"不得用于寻求赞助。

3. "大挑"与"小挑"的区别

两者在比赛侧重点不同，"大挑"注重学术科技发明创作带来的实际意义与特点，而"小挑"更注重市场与技术服务的完美结合，商业性更强，"小挑"奖项设置为金奖、银奖、铜奖，而"大挑"设置特等奖、一等奖、二等奖、三等奖，"大挑"发起高校可报6件作品，其中3件为高校直推作品，另外3件要与省赛组织方协商推荐，而"小挑"只能推荐3件作品进国赛，"大挑"有学历限制而"小挑"没有，"大挑"按专本科组、硕士组、博士组分开评审，"大挑"国赛最多可以报8人，而"小挑"最多可以报10人，"大挑"比赛证书盖共青团中央、中国科协、教育部、全国学联、举办地人民政府的章，而"小挑"证书只盖共青团中央、中国科协、教育部、全国学联的章。

二、"创青春"全国大学生创业大赛[①]

创青春是"创青春"全国大学生创业大赛的简称,是"挑战杯"中国大学生创业计划竞赛的改革提升。

2013年11月8日,习近平总书记向2013年全球创业周中国站活动组委会专门致贺信,特别强调了青年学生在创新创业中的重要作用,并指出全社会都应当重视和支持青年创新创业。党的十八届三中全会对"健全促进就业创业体制机制"作出专门部署,指出了明确方向。为贯彻落实习近平总书记系列重要讲话和党中央有关指示精神,适应大学生创业发展的形势需要,共青团中央、教育部、人力资源和社会保障部、中国科协、全国学联决定,在原有"挑战杯"中国大学生创业计划竞赛的基础上,自2014年起共同组织开展"创青春"全国大学生创业大赛,每两年举办一次。

1. 组织机构

大赛设立领导小组,由主办单位、承办单位的有关领导组成。

大赛设立全国组织委员会(以下简称"全国组委会"),由主办单位、支持单位、承办单位的有关负责人组成,负责大赛各项工作的组织开展。全国组委会下设秘书处,负责大赛的日常事务。

大赛设立指导委员会,由全国组委会邀请享有较高知名度并关注青年创业的经济学家、企业家、风险投资界和新闻媒体界等人士担任成员。

大赛设立全国评审委员会(以下简称"全国评委会"),由全国组委会聘请非高校的各相关领域专家学者、企业家、风险投资界人士、青年创业典型等组成,负责参赛项目的评审工作。

各省(自治区、直辖市)可根据实际,成立相应机构,负责本地预赛的组织开展、项目评审等相关工作。

2. 大赛内容

大赛下设3项主体赛事:大学生创业计划竞赛、创业实践挑战赛、公益创业赛。

其中,大学生创业计划竞赛面向高等学校在校学生,以商业计划书评审、现场答辩等作为参赛项目的主要评价内容。

创业实践挑战赛面向高等学校在校学生或毕业未满5年的高校毕业生,且已投入实际创业3个月以上,以经营状况、发展前景等作为参赛项目的主要评价内容。

公益创业赛面向高等学校在校学生,以创办非营利性质社会组织的计划和实践等作为参赛项目的主要评价内容。

以上3项主体赛事须通过组织省级预赛或评审后进行选拔报送。

三、"互联网＋"大学生创新创业大赛[②]

"互联网＋"是中国"互联网＋"大学生创新创业大赛的简称,以"'互联网＋'成就梦想,

---

① 资料来源:百度百科。

② 资料来源:全国大学生创业服务网 http://cy.ncss.org.cn/#

创新创业开辟未来"为主题,由教育部与有关部委和吉林省人民政府共同主办。大赛旨在深化高等教育综合改革,激发大学生的创造力,培养造就"大众创业、万众创新"的生力军;推动赛事成果转化,促进"互联网＋"新业态形成,服务经济提质增效升级;以创新引领创业、创业带动就业,推动高校毕业生更高质量创业就业。

1. 大赛的目的与任务

深化高等教育综合改革,激发大学生的创造力,培养造就"大众创业、万众创新"的生力军;推动赛事成果转化和产学研用紧密结合,促进"互联网＋"新业态形成,服务经济提质增效升级;以创新引领创业、创业带动就业,推动高校毕业生更高质量创业就业。

重在把大赛作为深化创新创业教育改革的重要抓手,引导各地各高校主动服务创新驱动发展战略,积极开展教学改革探索,把创新创业教育融入人才培养,切实提高大学生的创新精神、创业意识和创新创业能力。

大赛设立组织委员会(简称大赛组委会),负责大赛的组织实施;设立专家委员会,由大赛组委会邀请行业企业、创投机构、孵化器(科技园、产业园、众创空间、加速器等)、高校和科研院所专家组成,负责参赛项目的评审工作,指导大学生创新创业。

2. 参赛组别

根据参赛项目所处的创业阶段、已获投资情况和项目特点,大赛分为创意组、初创组、成长组、就业创业组,鼓励报初创组、成长组项目。

(1)创意组。参赛项目具有较好的创意和较为成型的产品原型或服务模式,尚未完成工商登记注册。参赛申报人须为团队负责人,须为普通高等学校在校生(可为本专科生、研究生,不含在职生)。

(2)初创组。参赛项目工商登记注册未满3年,且获机构或个人股权投资不超过1轮次。参赛申报人须为初创企业法人代表,须为普通高等学校在校生(可为本专科生、研究生,不含在职生),或毕业5年以内的毕业生(含毕业的本专科生、研究生,不含在职生)。企业法人在教育部大赛通知发布之日后进行变更的不予认可。

(3)成长组。参赛项目工商登记注册3年以上;或工商登记注册未满3年,且获机构或个人股权投资2轮次以上(含2轮次)。参赛申报人须为企业法人代表,须为普通高等学校在校生(可为本专科生、研究生,不含在职生),或毕业5年以内的毕业生(含毕业的本专科生、研究生,不含在职生)。企业法人在教育部大赛通知发布之日后进行变更的不予认可。

(4)就业创业组。参赛项目有效提升大学生就业数量与就业质量,主要面向高职高专院校的创新创业项目(高职高专院校也可申报其他符合条件的组别),其他高校也可申报本组。

初创组、成长组、就业创业组中已完成工商登记注册参赛项目的股权结构中,参赛成员合计不得少于1/3。对于高校科技成果转化的项目,允许将拥有科研成果的老师的股权合并计算,合并计算的股权不得少于50%(其中参赛成员合计不得少于15%)。

以创新创业团队为单位报名参赛,允许跨校组建团队(跨校组队的成绩列入团队负责人所在学校成绩)。每个团队的参赛成员不少于3人,须为项目的实际成员,指导教师不得超过3人。参赛团队所报参赛创业项目,须为本团队策划或经营的项目,不可借用他人项目参赛。

3. 参赛类别

参赛项目要求能够将移动互联网、云计算、大数据、人工智能、物联网等新一代信息技术与经济社会各领域紧密结合,培育基于互联网新时代的新产品、新服务、新业态、新模式。发挥互联网在促进产业升级以及信息化和工业化深度融合中的作用,促进制造业、农业、能源、环保等产业转型升级。发挥互联网在社会服务中的作用,创新网络化服务模式,促进互联网与教育、医疗、交通、金融、消费生活等深度融合。参赛项目主要包括以下类型:

(1)"互联网+"现代农业,包括农、林、牧、渔等;

(2)"互联网+"制造业,包括智能硬件、先进制造、工业自动化、生物医药、节能环保、新材料、军工等;

(3)"互联网+"信息技术服务,包括工具软件、社交网络、媒体门户、企业服务等;

(4)"互联网+"文化创意服务,包括广播影视、设计服务、文化艺术、旅游休闲、艺术品交易、广告会展、动漫娱乐、体育竞技等;

(5)"互联网+"商务服务,包括电子商务、消费生活、金融、财经法务、房产家居、高效物流等;

(6)"互联网+"公共服务,包括教育培训、医疗健康、交通、人力资源服务等;

(7)"互联网+"公益创业,以社会价值为导向的非营利性创业。

四、全国大学生电子商务"创新、创意、创业"挑战赛

全国大学生电子商务"创新、创意、创业"挑战赛(以下简称"三创赛")是由教育部主办、面向全国高校(含港澳台地区)的大学生竞赛项目,是教育部高等教育司重点支持项目。根据教育部、财政部(教高函〔2010〕13 号)文件精神,全国大学生电子商务"创新、创意、创业"挑战赛是激发大学生兴趣与潜能,培养大学生创新意识、创意思维、创业能力以及团队协同实战精神的学科性竞赛。"三创赛"为高等学校落实教育部、财政部《关于实施高等学校本科教学质量与教学改革工程的意见》、开展创新教育和实践教学改革、加强产学研之间联系起到积极示范作用。

"三创赛"是由中华人民共和国教育部主管,教育部高等学校电子商务类专业教学指导委员会主办,"三创赛"竞赛组织委员会、全国决赛承办单位、分省选拔赛承办单位和参赛学校组织实施的全国性竞赛,竞赛分为校赛、省赛和全国总决赛三级赛事。

从 2009 年至 2016 年,"三创赛"总决赛分别在杭州、西安、成都、武汉、成都、西安举办,参赛团队从第一届的 1 500 多支、第二届的 3 800 多支,发展到第三届的 4 900 多支,第四届的 6 300 多支,第五届的 14 000 多支,以及第六届的 16 000 多支团队、1 000 多所参赛学校报名。覆盖规模越来越大。

"三创赛"多年来得到了从教育部、商务部到各省、直辖市、自治区教育厅(教委)、商务厅(局)等的大力支持;得到了全国越来越多企业的大力支持和赞助;同时得到了社会各界包括新闻媒体的大力支持,央视《朝闻天下》节目专门对第六届"三创赛"进行播报宣传。该赛事在全国高校和社会产生了巨大反响,极大地促进了大学生的就业和创业。

从 2009 年开始,举办以"创新、创意、创业"为主题的全国大学生电子商务"三创赛",营造出了产学研紧密结合的大学生实训实战氛围。大学生通过竞赛挑战企业需求项目,激励

创意、创新、创业热情,建立高校教育教学与社会经济发展紧密联系的立交桥。在教育部高等教育司的指导下,探索和建立全国大学生电子商务竞赛的长效机制,努力使"三创赛"成为培养人才和发现人才的重要途径,把"三创赛"打造成我国高等教育中的品牌赛事。

1. 主要流程与规则

(1) 报名注册与竞赛准备:在"三创赛"通知发布后,参赛的各个高校应积极组织本校大学生在"三创赛"官网上报名预注册,确认高校参赛团队通过审核成为第六届"三创赛"的正式参赛队伍。

(2) 学校组织建设与校内竞赛:"三创赛"参赛学校应在大赛报名期内组建好校内竞赛项目工作组,争取社会(企业、政府等)的支持,对本校参赛队和指导教师给予尽可能的指导、支持和帮助(通过鼓励政策、保障措施等激励学生和教师参赛)。"三创赛"参赛学校的竞赛项目组在计划时间里,参照官网上竞赛规则和评分表,进行校内竞赛。

(3) 分省组织建设与分省选拔赛:"三创赛"分省选拔赛的承办学校应在大赛报名期内组建好分省选拔赛竞赛组织委员会,争取社会(企业、政府等)的支持,对本省参赛学校给予尽可能的指导、支持和帮助(通过鼓励政策、保障措施等激励本省学生和教师参赛)。每个学校参加"三创赛"分省选拔赛的参赛队伍不得超过 10 个。

(4) 全国决赛组织与全国决赛:"三创赛"全国决赛承办学校应在大赛报名期内组建好全国决赛竞赛组织委员会,争取社会(企业、政府等)的支持,通过鼓励政策、保障措施等激励全国各省学生和教师参赛。每个学校参加"三创赛"全国总决赛的参赛队伍不得超过 5 个。

2. 奖项设置

(1) 根据校赛、省赛、总决赛竞赛的具体情况可以分为两类(学生队和混合队)设置奖项。

(2) 省级选拔赛获奖:评选出省选拔赛的特、一、二、三等奖若干名,获奖队名额原则上要求特等奖不超过参赛队数的 5%(可空缺),一等奖不超过参赛队数的 10%,二等奖不超过参赛队数的 20%,三等奖不超过参赛队数的 30%。还可以设置单项奖(最佳创新奖、最佳创意奖、最佳创业奖等)、主题竞赛(互联网金融、校园电子商务、三农电子商务、健康电子商务、旅游电子商务等)奖。

(3) 总决赛获奖(全国总决赛控制参赛队为 150 个左右):评选出全国决赛的特、一、二、三等奖若干名,获奖队名额原则上要求特等奖不超过参赛队数的 10%(可空缺),一等奖不超过参赛队数的 15%,二等奖不超过参赛队数的 25%,三等奖不超过参赛队数的 40%,大赛另设单项奖:最佳创新奖、最佳创意奖、最佳创业奖等;同时针对主题竞赛,各设主题竞赛奖。在特等奖的基础上还可以评选出前三名,作为特别资助对象,鼓励其创业。

3. 竞赛评审打分规则

电子商务参赛作品评分标准

评分项目	评分说明	项目分值
实用性与创新能力	面向现实应用问题,具有解决问题的实用价值,体现出创新能力与元素,对目标企业有吸引力。	15

评分项目	评分说明	项目分值
产品与服务	对产品与服务的描述清晰,特色鲜明,有较显著的竞争优势或市场优势。	15
市场分析	对产品或服务的市场容量、市场定位与竞争力等进行合理的分析,方法恰当、内容具体,对目标企业具有较强的说服力。	15
营销策略	对营销策略、营销成本、产品与服务定价、营销渠道及其拓展、促销方式等进行深入分析,具有吸引力、可行性和一定的创新性。	15
方案实现	通过功能设置、技术实现等,设计并实施具体解决方案,需求分析到位,解决方案设计合理。	20
总体评价	背景及现状介绍清楚;团队结构合理,工作努力;商业目的明确、合理;公司市场定位准确;创意、创新、创业理念出色;对专家提问理解正确、回答流畅、内容准确可信。	20
得分合计		100

单列项分值(可以不打分,每项最高 10 分)

评分项目	评分说明	各项满分
创意	有新意、独特思路。	10
创新	独创性、技术或模式的新颖性。	10
创业	完整性、可运行性。	10

五、其他类竞赛

1. 全国大学生数学建模竞赛

数学建模竞赛由美国于 1985 年发起,目的是促进数模的教学,培养学生应用数学的能力。我国的全国大学生数学建模竞赛创办于 1992 年,每年一届,目前已成为全国高校规模最大的基础性学科竞赛,也是世界上规模最大的数学建模竞赛。2014 年,来自全国 33 个省/市/自治区(包括香港和澳门特区)及新加坡、美国的 1 338 所院校、25 347 个队(其中本科组 22 233 队、专科组 3 114 队)、7 万多名大学生报名参加了本项竞赛。2016 年,来自全国 33 个省/市/自治区(包括香港和澳门特区)及新加坡的 1 367 所院校,31 199 个队(其中本科组 28 046 队、专科组 3 153 队),近 93 000 名大学生报名参加本项竞赛。

全国大学生数学建模竞赛是全国高校规模最大的课外科技活动之一。该竞赛每年 9 月(一般在上旬某个周末的星期五至下个星期一共 3 天、72 小时)举行,竞赛面向全国大专院校的学生,不分专业,但分本科、专科两组,本科组竞赛所有大学生均可参加,专科组竞赛只有专科生(包括高职、高专)可以参加。想参加的同学可以向本校教务部门咨询,如有必要也可直接与全国竞赛组委会或各省(市、自治区)赛区组委会联系。

2. 全国大学生电子设计竞赛

全国大学生电子设计竞赛是教育部倡导的大学生学科竞赛之一,它有助于高等学校实施素质教育,培养大学生的实践创新意识与基本能力、团队协作的人文精神和理论联系实际的学风;有助于学生工程实践素质的培养、提高学生针对实际问题进行电子设计制作的能力;有助于吸引、鼓励广大青年学生踊跃参加课外科技活动,为优秀人才的脱颖而出创造条件。

全国大学生电子设计竞赛的特点是与高等学校相关专业的课程体系和课程内容改革密切结合,以推动其课程教学、教学改革和实验室建设工作。竞赛的特色是与理论联系实际学风建设紧密结合,竞赛内容既有理论设计,又有实际制作,以全面检验和加强参赛学生的理论基础和实践创新能力。

全国大学生电子设计竞赛的组织运行模式为:"政府主办、专家主导、学生主体、社会参与"十六字方针,以充分调动各方面的参与积极性。

全国大学生电子设计竞赛网址为:http://www.nuedc.com.cn

大学生电子设计竞赛交流社区网址为:http://www.nuedc-training.com.cn

全国大学生电子设计竞赛每逢单数年的 9 月份举办,赛期 4 天(具体日期届时通知)。在双数的非竞赛年份,根据实际需要由全国竞赛组委会和有关赛区组织开展全国的专题性竞赛,同时积极鼓励各赛区和学校根据自身条件适时组织开展赛区和学校一级的大学生电子设计竞赛。

竞赛采用全国统一命题、分赛区组织的方式,竞赛采用"半封闭、相对集中"的组织方式进行。竞赛期间学生可以查阅有关纸介或网络技术资料,队内学生可以集体商讨设计思想、确定设计方案,分工负责、团结协作,以队为基本单位独立完成竞赛任务;竞赛期间不允许任何教师或其他人员进行任何形式的指导或引导;竞赛期间参赛队员不得与队外任何人员讨论商量。参赛学校应将参赛学生相对集中在实验室内进行竞赛,便于组织人员巡查。为保证竞赛工作,竞赛所需设备、元器件等均由各参赛学校负责提供。

3. 美国大学生数学建模竞赛

1985 年,在美国科学基金会的资助下,创办了一个名为"数学建模竞赛"(Mathematical Competition In Modeling 后改名 Mathematical Contest In Modeling,简称 MCM)、一年一度举办的、大学水平的竞赛,MCM 的宗旨是鼓励大学师生对范围并不固定的各种实际问题予以阐明、分析并提出解法,目的是促进数模的教学,培养学生应用数学的能力。它是一种彻底公开的竞赛,每年设若干个来自不受限制的任何领域的实际问题,学生以 3 人组成一队的形式参赛,在 4 天内任选一题,完成该实际问题的数学建模的全过程,并就问题的重述、简化和假设及其合理性的论述、数学模型的建立和求解(及软件)、检验和改进、模型的优缺点及其可能的应用范围的自我评述等内容写出论文。由专家组成的评阅组进行评阅,评出优秀论文,并给予某种奖励。它只有唯一的禁律,就是在竞赛期间参赛人员不得与队外任何人(包括指导教师)讨论赛题,但可以利用任何图书资料、互联网上的资料、任何类型的计算机和软件等,为充分发挥参赛学生的创造性提供了广阔的空间。第一届 MCM 举办时,就有美国 70 所大学 90 个队参加,到 1992 年已经有美国及其他一些国家的 189 所大学 292 个队参加。据主办方公布的信息,2014 年美国大学生数学建模竞赛吸引了包括美国、中国在内的来自全球 19 个国家和地区的 7783 支队伍参赛,该竞赛已经成为一种国际性竞赛,影响极其广泛。

4. "蓝桥杯"全国软件专业人才设计与创业大赛

"蓝桥杯"大赛即全国软件专业人才设计与创业大赛。为推动软件开发技术的发展,促进软件专业技术人才培养,向软件行业输送具有创新能力和实践能力的高端人才,提升高校毕业生的就业竞争力,全面推动行业发展及人才培养进程,工业和信息化部人才交流中心特举办"全国软件专业人才设计与创业大赛"。

大赛秉承"立足行业,结合实际,实战演练,促进就业"的宗旨,成为政府、企业、协会联手构筑的人才培养、选拔平台。预赛广泛参与,决赛重点选拔;以赛促学,竞赛内容基于所学专业知识。分赛区选拔赛优胜奖及以上、全国总决赛优胜奖及以上获奖选手均可获得由工业和信息化部人才交流中心及大赛组委会联合颁发的获奖证书;总决赛三等奖及以上选手,如果获得本校免试推研资格,将获得北京大学软件与微电子学院及众多知名高校的面试资格,并优先录取为该院普通硕士研究生;大赛优秀获奖选手将获得 IBM、百度等众多知名企业的免笔试直接面试及特别优秀者直接录用的绿色通道。

大赛的指导单位为教育部高校学生司,主办单位为教育部高等学校计算机科学与技术教学指导委员会、工业和信息化部人才交流中心,支持单位为中国软件行业协会。

大赛官方网站网址为:www.lanqiao.org

大赛包括个人赛和团队赛两个比赛项目,团队赛设软件创业赛一个组别,个人赛设以下组别:

(1) JAVA 软件开发。

对象:具有正式全日制学籍并且符合相关科目报名要求的研究生、本科及高职高专学生(以报名时状态为准),以个人为单位进行比赛。该专业方向设大学 A 组、大学 B 组、大学 C 组。说明:"985"、"211"院校本科生只能报大学 A 组,所有院校研究生只能报大学 A 组,其他院校本科生可自行选择报大学 A 组或大学 B 组,高职高专院校可报大学 C 组或自行选择报任意组别。

(2) C/C++程序设计。

对象:具有正式全日制学籍并且符合相关科目报名要求的研究生、本科生及高职高专学生(以报名时状态为准),以个人为单位进行比赛。该专业方向设大学 A 组、大学 B 组、大学 C 组。说明:"985"、"211"院校本科生只能报大学 A 组,所有院校研究生只能报大学 A 组,其他院校本科生可自行选择报大学 A 组或大学 B 组,高职高专院校可报大学 C 组或自行选择报任意组别。

(3) 嵌入式设计与开发。

对象:具有正式学籍的在校全日制研究生、本科及高职高专学生(以报名时状态为准),以个人为单位进行比赛。该专业方向设大学组。

(4) 单片机设计与开发。

对象:具有正式学籍的在校全日制本科及高职高专学生(以报名时状态为准),以个人为单位进行比赛。该专业方向设大学组。

(5) 用户体验设计赛。

对象:具有正式全日制学籍并且符合报名要求的所有在读研究生、本科生及高职高专学生(以报名时状态为准),以个人为单位进行报名参赛,不限专业。

(6) 少儿创意编程组。

对象:年龄范围在 9—14 岁的中小学生。

第二节　竞赛准备与展示

学习目的与要求
xue xi mu di yu yao qiu

通过本章学习,学生应达到如下要求:

1. 全面熟悉 PPT 制作的核心内容,掌握如何让 PPT 展示更出彩的技巧。

2. 了解实用演讲技术的技巧,熟悉创业计划书的演讲内容。

3. 掌握项目路演过程中的关键要素、创业路演策略及路演中常见的问题。

你能通过电梯法则测试做一次自我介绍吗?

电梯法则测试是指"在乘电梯的 30 秒内,清晰准确地向客户解释清楚解决方案"。这是麦肯锡公司检验其陈述咨询报告是否合格的方法之一。

CTR 风险投资公司的罗杰·布瓦斯维特对电梯法则测试的价值做出了最好的总结:"在进行商业汇报时,尤其就我本人而言,如果不能通过电梯法则测试,就不应与任何人讨论。"

如果你无法简明扼要、准确无误地阐述自己的想法,要么是由于你没有充分理解资料,需要再熟悉熟悉,要么就是因为你的结构不够清晰、准确,需要再考虑考虑。组织一下语言,看看能否在 30 秒内向你的同学介绍你是一个怎样的人。

一、PPT 制作

1. 竞赛作品 PPT 制作的要点

Microsoft Office PowerPoint,是微软公司的演示文稿软件。用户可以在投影仪或者计算机上进行演示,也可以将演示文稿打印出来,制作成胶片,以便应用到更广泛的领域中。利用 Microsoft Office PowerPoint 不仅可以创建演示文稿,还可以在互联网上召开面对面会议、远程会议或在网上给观众展示演示文稿。

一套完整的 PPT 文件一般包含:片头、动画、PPT 封面、前言、目录、过渡页、图表页、图片页、文字页、封底、片尾动画等;所采用的素材有:文字、图片、图表、动画、声音、影片等。国际领先的 PPT 设计公司有:ThemeGallery、PoweredTemplate、PresentationLoad 等。中国的 PPT 应用水平逐步提高,应用领域越来越广;PPT 正成为人们工作生活的重要组成部分,在工作汇报、企业宣传、产品推介、婚礼庆典、项目竞标、管理咨询、教育培训等领域占着举足轻重的地位。[①]

创新创业大赛的作品要有一个完整的呈现,必须要有一份逻辑清晰、观点突出、设计出彩的 PPT,才会给评委和听众留下参赛者专业且用心准备的印象。视觉化手段更容易传递关键信息,但是竞赛作品 PPT 又不等同于普通的文稿演示,要做出一个成功的竞赛 PPT,我们得从目标、环境、逻辑、设计和准备五个角度去准备。下面提供一份 PPT 设计的提纲建议:

---

① 百度百科 https://baike.baidu.com。

要点一：封面——项目(公司)名称，项目人姓名、身份等。

要点二：我们发现哪里存在市场机会。

要点三：我们是怎样创造性地解决问题。

要点四：为什么是你能解决这个问题。（优势、产品分析）

要点五：我们已经做了哪些业绩。（运营情况）

要点六：我们搭建了一个怎样的团队。

要点七：我们未来一段时间的财务收支预估。（收入模式）

要点八：我们希望得到多少融资。

要点九：我们会如何使用这笔融资。

要点十：展示愿景，发起号召。

有了提纲就可以组织 PPT 的页面素材，在此基础上可以确定自己 PPT 的风格，PPT 一要符合所在行业的视觉风格，二要符合竞赛作品的个性气质，三要兼顾听众的阅读体验，这样制作出来的 PPT 作品才能吸引人。

2. 竞赛作品 PPT 制作的范例

竞赛作品名称/标志
项目负责人姓名
项目负责人联系方式
对评委表达感谢
日期

注：这张幻灯片必须醒目、整齐，务必至少包含有一位项目负责人的联系方式。必须在首页 PPT 标记上正确的日期，并对听取创业计划演讲的对象表达感谢，从而使得演讲更具人性化色彩。

第1张幻灯片：竞赛作品概述
一、对参赛项目的简要介绍
二、对项目要点的简单介绍
三、简要阐述参赛项目成功创业可能带来的潜在的积极效果和预期收益(如商业的、社会的、财务的)

注：这张幻灯片旨在让听众对参赛项目以及其潜在价值形成总体上的认识。

第2张幻灯片：目前存在的问题及不足
一、说明亟待解决的问题
1. 问题在哪儿
2. 为什么顾客对现有结果不满意
3. 此问题未来会得到好转还是会变得更糟
二、通过调查研究以证实问题
1. 潜在顾客的想法是什么
2. 专家观点是什么
三、问题的严重性

注:首先得提出问题,接着说明你的项目是为了解决这个问题。你必须通过原始调查或间接调查验证你的观点。

第 3 张幻灯片:提出的解决办法

一、说明你的参赛项目对所提出的问题的解决方案

    1. 展示你的解决方案与其他解决方案相比所具有的显著差异性

    2. 展示你的解决方案怎样改变顾客的生活,是更富足还是更高效或更实用

二、说明将如何设置进入障碍,如何防止他人短期内复制你的方案

注:说明你的创业项目旨在提供问题的解决方法,说明你的解决方案为什么会优于别人。

第 4 张幻灯片:机会和目标市场

清楚地表明目标市场的具体定位

    1. 分析商业和环境的变化趋势能为目标市场提供足够的推动力

    如果可能,用图表展示目标市场规模、预期销售额(最少三年)和预期市场份额

    2. 说明怎样实现预计的销售额

注:十分清楚地说明目标市场的具体定位。如果认为有必要,要用图示方式说明是怎样对市场进行细分的。

第 5 张幻灯片:技术

一、如果有需要,介绍参赛项目的技术,或是参赛项目的独特之处

    1. 不要太多论述技术方法

    2. 你的描述应让人易于理解

二、展示参赛项目的产品/产品模型的图片,或者加以描述

    如果可以的话,演讲时展示产品的样品

三、说明可能涉及的知识产权问题

注:这张幻灯片并非必需,但通常情况下会有。必须介绍参赛项目的技术,介绍其产品/服务的不同寻常之处,最好有一个展示产品/服务的图片。

第 6 张幻灯片:竞争

一、详述参赛项目将面临的直接的、间接的以及未来的竞争者

二、展示参赛项目的竞争者分析方格

三、以竞争者分析方格说明参赛项目与竞争对手相比的竞争优势

    1. 说明为什么参赛项目的竞争优势具有持久性

    2. 如果退出策略是被某个实力更强的竞争对手收购,不妨在这里提出这种可能性

注:展示参赛项目面临的竞争格局,通过竞争者分析方格,可以从视觉上更加直观地描述你的竞争优势。

第 7 张幻灯片:营销和销售

一、描述参赛项目的总体市场营销策略

二、描述参赛项目的定价策略

三、说明参赛项目的销售过程

    1. 说明行业内消费者的购买动机是什么。

    2. 说明怎样唤起消费者对自己的产品/服务的注意。

    3. 说明产品怎样抵达最终消费者。

四、说明是自己培育消费力量还是与中间商合作

注：以描述总体市场营销策略为开端，说明你的定价策略，究竟是使用成本定价法还是价值定价法。比较分析产品价格与竞争对手的差异性。

第 8 张幻灯片：管理团队

一、介绍参赛项目现有的管理团队

    1. 介绍他们的个人背景与专长

    2. 介绍他们的背景、专长在成就事业中怎样发挥出关键作用

    3. 介绍团队如何展开合作

二、说明管理团队成员的空缺以及你打算如何来弥补此空缺

三、简要地介绍参赛项目的创业公司构成

注：介绍团队是如何组成的，以及解释团队成员的背景、专长对公司的成功能发挥怎样重要的作用。

第 9 张幻灯片：财务规划

介绍未来 3—5 年你总体的收入规划及现金流规划

    1. 尽量把规划内容集中在一张幻灯片上

    2. 如果显示的字体太小，就换另一张幻灯片

注：介绍未来 3—5 年你总体的收入规划及现金流规划。按行业规范给出你的计划销售利润率。

第 10 张幻灯片：现状

一、强调到今天为止，参赛项目所取得的重大进展

二、介绍发起人、管理团队、前期投资，说明资金是如何使用的

三、介绍参赛项目的创业企业现有的所有权结构

四、介绍参赛项目的创业企业的产权形式

注：介绍创业公司的现状，突出强调企业已经取得的重大进展。可以采用图例方式显示现有的所有权结构和法定的产权形式等。

第 11 张幻灯片：总结

一、概括介绍出项目最大的优势

二、概括介绍出创业团队最大的优势

三、介绍企业的退出战略

四、征求反馈意见

注：总结一下你的创业团队的最大优势，还要对评委的工作给予感谢。

3. 滨江学院优秀竞赛作品 PPT 赏析

"邳县农民画电子商务计划"公益创业项目,获得第七届全国大学生电子商务"创新、创意及创业"挑战赛江苏赛区选拔赛一等奖、2016 年"创青春"江苏省大学生创业大赛银奖。

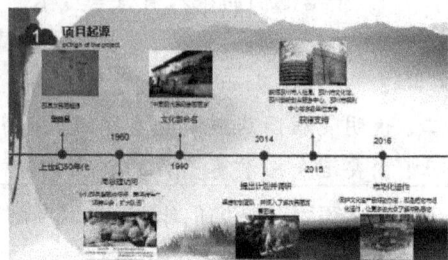

拓展阅读

定制画

二、陈述与演讲

你最近同意担任一场大学的创业计划大赛评委。在演讲前一周,你收到了赛会组织者的一封邮件,里面提到了一些关于大赛的重要信息,其中有句话让你回味良久。组织者这样说道:"我想,你会对学生为了验证创意所做的市场调查而感到印象深刻。"如果这句判断属实,到时你会期待学生做了什么样的市场调查?

当你被要求向人口头介绍自己的创业计划书时,首先需要考虑的是如何着手准备这项任务以及如何进行一场精彩的创业计划书演讲。你怎样向人展示你自己以及你与演讲对象的互动方式与创业计划书一样重要,这些将是评判你能否成为一个有效创业者的重要线索,所以以一种恰当的方式准备和进行商务演讲至关重要。

1. 如何准备竞赛作品的陈述与演讲

如果你的创业计划书令投资人或者银行家感兴趣,或者需要与其他竞争者竞争商业机会,你通常需要对你的创业计划书进行口头介绍,这时,你希望自己做好了充分准备,充满信心,泰然自若地向别人推荐你的创业计划。如果介绍进展顺利,那么距离获得你所需要的投资就更近一步。如果推介失败,那么你的创业进程就会受挫,甚至意味着你的创业启动的失败。

因此商务演讲是创业竞赛重要的环节之一,通过对竞赛作品的陈述与演讲,可以让评委更加准确和直观地了解你的参赛作品。下面将就如何进行精彩的商务演讲提供入门知识,我们大多数人很少进行口头演讲,所以精心的准备和平时经常的锻炼是成功的关键。通过一种好的演说方式来增加自己的成功机会就是本部分内容期望你能够掌握的。

准备演讲的第一步是尽可能多地搜集听你演讲的听众的信息,这可能需要你去努力搜集情报,但这么做通常都十分值得,所有的风险投资公司都有自己的网站,上面会列出公司曾经投资的企业和合作伙伴,通过网络搜索和仔细调查也很容易找到有关天使投资者的背景信息。如果你的创业计划书要与其他对手一起竞争,那么了解考官的姓名及背景资料十分必要。

掌握这些信息的重要性主要在于:

其一,如果你可以把自己正在演讲的这项创业计划与考官参与的一些活动联系起来的话,考官会觉得支持你的计划将会给自己带来更多的益处。举例来说,如果你正向一群天使投资者介绍有关 PAF 的创业计划,并且获悉其中一个投资者在当地一家医学院附属医院担任心脏科医生,你可以在演讲过程中提出健康中心与这家医院合作的可能性,这点可能促使这位医生想到与其自身利益相关的信息。如果你在演讲中与其中一位或更多决策者建立起这种关联的话,可以提升你这项计划在他们头脑中的价值。

其二,掌握相关信息是为了找到与这些决策者之间的个人联系。比如曾就读于同一所大学或拥有共同的兴趣爱好都能够打开话题,拉近关系。你必须在演讲过程中采用合适的方式建立这种关系,他们会把你这种不辞辛苦地"攀关系"看作是对他们本人的一种赞美。

准备演讲,还要好好处理一些琐碎的事情。在演讲前,你务必要弄清楚自己拥有多少时间并提前做好规划。演讲的第一条注意事项就是严格控制时间。同时着装也要得体,如果你不确定选择怎样的衣服,一般情况下应该身着正装而不应随意穿戴。

反复练习演讲也同样重要。许多有经验的创业者会在其他听众面前反复练习,以期准确地掌控演讲的时间以及获得大家有用的反馈。也可以在网上搜索相关商业计划演讲视频及创业计划大赛的视频,观看并学习,以提升自身的演讲能力。

最后,应尽可能多地了解演讲场地的情况。如果场地不大,通常不需要作太大调整,但如果舞台较大,面对更多听众的时候,就需要扩大幻灯片字号或者将文图设计得更加醒目。

2. 竞赛作品的实用演讲技巧

关于怎样演讲的书籍很多。演讲的精彩程度对于竞赛作品能否获胜起着重要的作用,掌握实用演讲技术能够让你在演讲环节抓住评委的心,获得高度认同。

进行演讲的第一步是决定由谁来完成演讲。如果你是单独创业参赛,很显然演讲将由你独立完成。如果你们是一个团队,就必须决定到底派多少成员参与演讲,这个问题需要一定的判断力,但有充分理由让更多的团队成员参与进来。如果你们整个队伍都参与了演讲并且进展十分顺利,说明你们这个团队成员之间合作良好,没有任何一个人因作用过于重要而成为焦点。群体演讲可以激起听众的兴趣与注意力,使得演讲节奏变化有致,也可以使听众对每一个参与演讲的人都有所了解。

演讲的第二步就是要如何利用好手中的幻灯片。这部分是许多演讲者,无论单独演讲或群体演讲,容易失策的地方。PPT并不是要代替你向人们展示创业计划,你和你的伙伴才是关键。PPT的作用只是提供一个总体的框架以及强调你发言内容的重要,这点通常很难做到。因为人们常常为了吸引听众而把PPT制作得尽可能详尽,但这是个误区。PPT的内容应该简明扼要,只包含主要标题和一些解释性语句。听众应该把大部分时间花在听你演讲而非阅读幻灯片上。只有当PPT需要供人审阅而非用作演讲时,才要将其制作得详尽、涵盖你的整个创业计划书内容。在演讲的过程中,PPT只是一个辅助作用,切不可让花哨或者繁琐的PPT在演讲环节喧宾夺主。

最后一步,也是进行精彩演讲最重要的一点,就是要使演讲生动有趣、充满激情。即使面对一个再有潜力的竞赛作品,也没有人愿意去听一个枯燥乏味的演讲。为了让演讲更加精彩,与听众间的互动交流也是必不可少的。这就需要你掌握一些演讲中的小技巧,使你的演说能够生动形象、有血有肉。

总而言之,演讲一个重要的指导思想是,不仅要向你的听众传达信息,关键是要感染和鼓舞他们。以真诚的态度将真实的故事与你的创业计划有机联系起来,使听众产生共鸣,做到共情就成功了一大半。

3. 竞赛作品的演讲内容

注意创业计划书演讲是否精彩的决定性因素,就是演讲的内容。如果演讲的内容考虑欠妥或者遗失了一些关键要点,即使演讲技巧再好,那么也很难取得成功。

很显然,你不可能在一份几十页的创业计划书或者一场二三十分钟的演讲中传递所有的信息。所以你必须要把重点讲出来,重点应该是听众认为最重要的部分。人们在演讲中容易忽略的一点就是听众的感受,人们往往会把演讲的焦点集中在自己感兴趣的地方,而不是能给听众做决策提供参考的地方。

许多商务演讲的专家都给出过一些创业计划书演讲的模板。这些模板清楚地说明了PPT的数目、顺序以及每页应该涵盖的内容。虽然针对不同的演讲者可能有所差异,但一场二三十分钟的创业计划书演讲应包含的内容大体上并无区别。专家建议平均每张幻灯片用时两分钟左右。想必演讲前你的听众已经人手一份你的创业计划书了，如果你不确定，演讲时多带几份计划书备用，这在参加创业计划竞赛时尤为重要，因为有的听众是初次听你的计划，会很想看看整份计划书的内容。

（1）演讲开始时对听众表示致谢，使演讲更具人性化色彩。

（2）概述讲解的时候应当适合地插入一些故事、轶事或者直观的数据，生动地向人们展示这项计划的重要性和创业的意义，如果在这个环节没能使听众"上钩"的话，想吸引听众的注意力就很难办到了，如果你的创业计划中有引人入胜的地方，不妨就在概述中告诉听众。

（3）首先得提出问题，接着说明你的创业就是为了解决这个问题。原始调查非常重要，向听众证明你已通过与潜在客户的对话，了解到他们认同你对问题的看法。这里可以展示你的可行性分析和概念测试结果。向听众传递出问题的严重性，这些问题常常意味着一个巨大的潜力市场因此吸引权益投资人的兴趣。

（4）解决办法：关键是说明你的方案为什么会优于别人，你的解决方案会对顾客的生活产生多大影响，这决定了你的演讲能否吸引到听众的注意力。

（5）十分清楚地说明目标市场的具体定位。表明你对目标市场以及消费者行为已经相当了解。要使听众相信你们对销售额的预期是有高度合理性证据来支撑的，并随时准备解答对于数据的疑问。

（6）技术部分：如果你的产品存在一个可展示的样品，演讲时务必带上。

（7）展示你面临的竞争格局：不要保守地陈述你目前及将来面临的竞争情况，以至于降低可信度。分析竞争者格局，可以从视觉上更加直观地描述你的竞争优势，说明为什么你的竞争优势能够持久。

（8）以描述总体市场营销策略为开端，说明你的销售过程，让听众了解清楚你唤起消费者对产品或服务的注意，以及让产品抵达最终消费者的具体方法，如果你已经开展过消费者购买动机调查，或其他有关消费者对该产品认知的调查，不妨在这里说明给你的听众。

（9）管理团队经常会被看作创业成败的关键，在介绍团队的时候，要让听众了解你的团队是怎么构成的，你可以谈谈你如何向这些成员"推销"企业愿景的。如果听众发现你已经能够把一群出色的员工或顾问招致麾下，他们也会相信你同样能够把产品成功卖给愿意花钱购买的消费者。

（10）财务规划：要对你的数据了如指掌，如果有人对这份规划中的任何数据提出疑问，回答时不能有迟疑或磕绊。

（11）总结：当演讲接近尾声时，总结一下你的企业及创业团队的最大优势（最多为3点），并介绍企业的投资退出战略。参加创业计划书竞赛时，要对裁判的工作给予感谢，并准备好回答关于创业的任何问题。

🍄 小测试

1. 假设你正在为自己的新创企业筹集资金，本地的一个天使投资团体让你在下次的见面会上对此进行演讲，你将如何着手准备这场演讲？答案尽可能列举详细。

2. 假设你是一个投资人,对最近评审的一个创业计划书印象深刻。计划书中提到的产品未来有很广阔的市场,创始人也确实发现了一个亟待解决的好问题,管理团队看起来也不错,财务规划也很理想。你刚刚听取了创始人就这份创业计划书进行的演讲,演讲只能用差来形容。演讲者没有好好组织语言,幻灯片平淡无奇,回答问题也并不出彩。你不知道下一步该怎么办了。计划书写得很不错,演讲却让人大失所望。如果有投资人问你的改进意见,你该如何回答?

拓展阅读
tuo zhan yue du

演讲时应该注意什么

(1)不要紧张。在演讲过程中,如果紧张就会令自己的演讲失色,特别是在演讲时突然忘记了演讲词,更不应紧张,也不可为自己的紧张表现向观众道歉,这会令自己更失去自信。

(2)停顿时突出重点。在演讲中突然停顿没有多大关系,也不会令演讲失去吸引力,不是要每一秒钟都在进行演讲才是最成功的,优秀的演讲者在停顿时,会利用停顿的时间将演讲的重点表达出来。

(3)令演讲像谈话。成功的演讲,是因为演讲者将演讲以谈话的方式进行,你也可以将演讲当成是和你的听众在谈话,这样可以令自己消除紧张,也可令演讲气氛更轻松,用简洁的语句,将思路清晰地表达出来,而谈话的方式也会令听众产生更大的兴趣。

只有了解自己的听众,才能征服听众。

怎样准备即兴演讲

有时,演讲者也可能在毫无思想准备、心理准备的情况下被突然"点将",或者虽有事先准备,中间却突然出现意外,这时就要尽量争取临场准备时间。临场准备的时间虽短暂,却为演讲者提供了宝贵的思考空闲。由于临场准备是以拖延时间为目的的,所以又称为延宕法,主要有以下两种方式:

(1)动作延宕。

动作延宕就是利用某种动作来拖延时间,在施展动作的同时,让大脑快速进行工作,然后再开始讲话。比如,端起茶杯喝口茶水,拉拉椅子,向听众点头或招手致意,等等。这些动作拖延的时间虽然很短,却给了演讲者一个喘息的机会,让大脑去进行紧张快速的思考,同时调整了自己的心理状态。

(2)语言延宕。

语言延宕就是先说些与主题关系不大的、无须深入思考、易于表达的题外话,以便大脑迅速组织材料,确立讲话的主旨、中心等,然后再慢慢切入主题。这样,就可避免演讲中冷场的尴尬。比如,在一次演讲当中,忽然有人向演讲者问了一个挺刁钻古怪的问题,令演讲者一时难以回答,他就用了语言延宕方法解围:"这位听众问了一个很好的问题,我想大家也一定像他一样,很想知道我对这个问题的看法。那我就给大家做一下解答。"这样,在说这段话的同时,演讲者就可以使自己的大脑迅速活动和思考,等这段话说完了,他的答案也就组织得差不多了。

如何克服演讲恐惧

有的人喜欢演讲,也有的人害怕演讲,产生了演讲恐惧症,那么如何克服演讲恐惧症呢?下面分享一些演讲中克服恐惧的小技巧,希望对大家有所帮助。

演讲是需要天赋也需要锻炼的一种能力,有的人在演讲时能够侃侃而谈,带给众人精彩的表演。也有的人害怕演讲,在众目睽睽之下紧张得冒汗,头脑一片空白,这是演讲恐惧症的一种表现。

有的人之所以会患上演讲恐惧症是因为害怕演讲出错,所以心情越来越紧张,结果越紧张出错越多,久而久之便形成了恶性循环,只要是在公开场合面对多人讲话就会患上演讲恐惧症。再有一个原因就是过于追求完美,演讲者对自身演讲质量的要求过于完美。这种想要在公众面前充分展现自己的心态,会转化成巨大的心理压力,干扰了演讲者的正常思想和行为表达。

(1) 做最坏的打算,向最好的方向努力。

要想到自己的失败,要允许自己失败,才能放松自己,灵活自如地表现,才能有失败了再来的勇气和信念。

中国人大多是被人打着分数长大的,"99 分不够,只求 100 分"的环境已经让许许多多的人有完美主义倾向,一方面容易对自己评价偏低,另一方面,对理想目标的设定又偏高。其实完美主义者最好经常给自己当头一棒:十全十美?开玩笑!我不是来竞选世界小姐或全球演讲家的,只要大部分人能理解我的诚意就好了。

一次失败的经历可能是许多人害怕当众说话的起因,一个女生在演讲后,发现自己的口红被擦成了"香肠嘴",自此每次演讲都战战兢兢,这其实就是回避。回避只会加重问题,不如横下心洋相出到底。妆花了?干脆走到听众中和他们零距离地互动,真实和坦然反而会带来久违的放松和信心。

(2) 自我勉励。

会产生演讲恐惧症的人可能会因其容貌、身材、地位、能力等产生自卑心理。克服这种心理障碍的方法是做强烈的、鼓励自己的暗示,如心中暗示自己"我已做好充分的准备,不会出错的""我已走到了最恶劣的地步,不会再有更糟的事了"等。

(3) 别太在意听众的反应。

演讲者认为听众在高度地关心和注意他,因此在心中造成无比的压力,担心出错有负众望,常常为严重的紧张情绪所困扰,以至有时心跳急速、喉咙干涩、全身冒汗。其实,你在面对众多的听众侃侃而谈时,认真的听众不是很多的,有些是心不在焉的,可能是在想丰盛的晚餐、想假日的安排等。有时你的演讲使听众发笑,但并不是所有听众都知道笑的原因,有些听众是看见别人在笑也才跟着笑几下。

人数众多、互不相识、众口难调、意义重大这些观众因素似乎都透露一个信息:你这次表现就像一锤子买卖,不成功则成仁。这难免让人腿软。如果是受不了听众带来的焦点感,不妨把注意力转移到听众身上,你会发现最专心的考官其实是你自己:左边摆弄手机的女士可能在通报今晚的菜谱,后边写写画画的男士可能在筹划工作。实在害怕,还可以把他们想象成憨态可掬的大南瓜。

(4) 摆正心态、加强锻炼。

患有演讲恐惧症的朋友,摆正心态,客观面对公众演讲这件事,平时多听多练,通过在镜前、家人朋友面前的预先演练,熟悉演讲内容,做足充分准备,剩下的就是勇敢地上台、自由地发挥了。

如何提高演讲能力

如何提高演讲能力? 怎样能让你的演讲陈述更富有吸引力? 下面是六个非常实用的方法。

(1) 舍弃 PPT。

用 PPT 来做演讲报告实属普遍,但这真的是表达你自己想法的最好方式吗? 用 PPT 的最大弊端是它将你紧紧束缚住了——你不得不按着屏幕上写好的来说。听众们看着幻灯片,根本不需要听你在讲什么。大多数用 PPT 的陈述报告总是有大量的幻灯片,幻灯片上的信息也过多,这实在枯燥无聊。试着将你的想法压缩成几个点,然后直接表达出来。看着你的听众,对着他们讲话,用少数几张甚至完全不用幻灯片。用你的直接和热情来代替 PPT。

(2) 发自内心的表达。

没有什么比激情更能说服人了——所以,对于你的想法持有激情吧。个人经历和强烈的情感总是比干巴巴的事实和数据更能吸引你的听众。当然,你也可以将你的个人情感赋予数据支持,这样会更好。但是,从你个人开始,你要注意的是怎样将这个经历跟自己产生联系的同时还要跟你的听众产生联系。从个人经历延伸到跟听众的生活与职业息息相关的报告,是有趣而富有力量的,也最能吸引他们的注意。

(3) 富有幽默感。

许多演讲者对讲笑话总是感到害羞,觉得自己的笑话会得不到任何回应,不过这确实值得一试。听众一般会比较欣赏那些愿意去取悦他们的演讲者,而不是那个在台上做简单陈述的人。仔细选择好你笑话的台词,多排演几次,记个时间,这样你再讲时就能满怀信心了。自嘲性质的笑话总是保险的。开开会场上有名气的几个人的玩笑也是不错的选择,但是之前要先问过他们。还有,跟种族、性有关或富有攻击性的笑话则要回避。

(4) 边走边讲。

不使用 PPT 的另一个好处就是你不用一直待在讲台上,不停地按着鼠标。你可以在讲台上来回走动。当你走动时,一定要直视台下的听众,确保与他们有眼神接触。这种方式可以传送出的活力和说服力是躲在讲台后怎样也不可能做到的。

(5) 变换你的音调。

许多演讲者在讲话时都很单调——从头到尾一模一样的节奏,一模一样的声量,一模一样的音调。要是你能在演讲过程中变换你的声音,听众们一定更感兴趣。你的音调一定要丰富而清晰——时而大声时而轻柔都是必要的。有时候,最有力的观点可以用非常轻柔的声音表达出来的,伴随着听众的呼吸声让他们接收。而一个演讲者最有力的却又常常未被充分利用的武器,就是暂停。适时的运用暂停可以使关键信息达到预期的效果,给听众以冲击力且让他们印象持久。

(6) 保持简单。

告诉听众他们将会听到什么,以及听到的内容为什么很重要。比如,"我将给出四个要点,这可以帮助你们今年的市场份额翻一番"。接着你就可以开始说了,最后再总结和重复你的主要观点,结尾时的总结要富有力量和激发性。冗长、复杂的报告看起来很尖端,但往往引不起听众的兴趣,说完了听众也没什么可以记住的。优秀的报告会向听众呈现清晰的观点,而这往往富有启发性,富有力量,同时容易让人记住。

三、路演

1. 竞赛作品路演及原则

大学生创新创业竞赛中需要做项目展示,路演是最主要的展示方式之一。竞赛作品路演就是参赛者在讲台上向台下众多评委讲解自己的企业产品、发展规划、融资计划。

竞赛作品路演主要是在竞赛现场进行面对面的演讲及交流。正式路演一般需要通过几分钟的 PPT 宣讲和互动问答,将评委与观众视为投资人,从而让听众了解你的项目,达成包括投资、资源对接、人才输送等方面的合作意向。

很多人抱怨说路演时间太短(一般是 5 分钟的宣讲加 5 分钟的互动问答),项目的情况根本来不及讲清楚。但如果你能把项目情况都梳理好,用电梯测试的标准要求自己,一句句准备进行发言的话,10 分钟进行项目路演绰绰有余。

针对"一分钟路演"的形式,给大家提供一个模板法试试。

"在领域,用户普通的痛点是……为了解决这个痛点,市场上已经有的产品是……我们的项目和市场上的产品的区别是(1)……(2)……(3)……我们之所以能凭借这个项目赢得市场,是因为我们拥有别人不具备的三个优势(1)……(2)……(3)……我们已经在×月内做到了的规模,我们相信这是一个能迅速发展到年收入×规模的市场,我们有希望成为这个领域的一只独角兽,我们希望能得到投资人……换取的股份……"

在模板法里,我们借鉴了三个重要的表达技巧。

(1)无三不成文。演讲中观众一般只能记住三条信息。古希腊先哲亚里士多德在其著作《修辞学》中就提出了演讲的技巧"三的法则",人们总是很容易记住三件事情。把路演内容提炼为三点,使整个演讲围绕这三点展开,这样观众会更容易记住。

(2)对比法则。选取一个成功的对手为对比的标准。在好莱坞大片里面,英雄都需要一个强大的对手。在讲述你的项目时,你可以对标一个强大的对手,这反而会激发投资人对你的热情,相得益彰就是这个道理。如果你选择一个"我们是唯一的"演讲策略,会让人担忧你的市场前景,因为没有可预估的市场衡量;如果你选择"我们挑战最强的"演讲策略,会让人更容易认同你对市场前景、市场规模的判断。因此,对标一个强大的对手,选择多个成功品牌与模式的组合,这样讲述自己的创业项目能够让人更容易理解,也更容易获得他人的认同与信服。

(3)借用比方。学会用评委或者投资人喜欢的概念来包装自己。在讲述创业计划的时候,一个好故事能打动很多人,所以很多人会花费大量时间准备一个有情怀的创业故事,谈自己的创业初心、创业梦想和创业情怀。其实在比赛过程中,参赛者还要学会用评委或者投资人喜欢的概念来定位自己的格局,用客观的数据阐述观点。对于一个投资人来说,回报率的确是需要看重的,但更关键的是能够预料到企业在成长中是否会很快遇到天花板,这就要求参赛者结合自己的项目类型来设计及介绍项目内容。比如,你的公司如果成长空间很大,你可以定位你的项目是某个领域的独角兽,并努力在这个细分领域内做到领先的地位,解决所有人问题的项目是不存在的,在竞赛中"小而精"的创业项目才是目标明确,有可预见性的成功项目。

在竞赛的短短时间内,评委要接触各种创业路演,也许不一定记得住创业者讲的所有东西,但是至少能记得他讲的故事。

总之,路演过程中应该讲述一个有吸引力的故事,而不是晒给投资人几十页的 PPT 图表或几十项产品特征描述给评委们看,这只会让他们犯晕。创业者参加路演的目的更多的是要与投资人"对上眼",获得与投资者面对面的沟通与交流,有吸引力的故事恰恰是路演这个场合最需要的设计。

2. 竞赛作品路演的应对策略

创业路演一般只有短短几分钟,而创业者的项目往往包含了大量的信息,所以必须要有一些针对路演的战术策略,从而使得项目得到最大限度的展示。

策略一:不要什么卖点都讲。

在路演之前,很多创业者为了能够让自己的创业项目在竞赛中凸显,经常将自己的创业产品总结出"十大卖点",然后训练自己在 5 分钟之内将十大卖点讲完。这样做的结果就是,竞赛中评委一个卖点也记不住!

按照人的思维模式和记忆方式,如果只讲 1—3 个卖点,他基本上都能记住;如果讲 5—7 个卖点,他会记住 2—3 个;如果讲 7 个以上的卖点,可能他会把所有的卖点都忘光。因此,当你把"十大卖点"总结出来后,路演过程中一定要懂得取舍,根据路演的实际情况,讲清楚 3—5 个卖点即可。

策略二:有的卖点可以留一手。

事实上在 5 分钟内说清楚 5 个卖点也是很难做到的,这就需要继续做减法,对于卖点我们可以做如下的分类:

(1)你不说他人也知道的卖点和常识,尽量少讲,节省时间;

(2)你不说他人就不知道,并且是很重要的卖点,就要主动讲;

(3)不是两句话就能讲清楚的卖点,那就先只讲结论,等到提问环节再细说;

(4)涉及敏感信息、敏感话题的卖点,台上不方便说的就不说。

经过上述分类之后,5 个"很重要"的卖点只剩下 2—3 个必须在前 5 分钟讲清楚的,剩下的等到提问环节再从容应对。这样一来,整个路演的时间就完全在自己的掌控中了。

策略三:引导提问方向。

我们选择性不讲某些卖点的时候,是可以分析这些卖点是不是评委会感兴趣会提问的,如果是,我们可以在展示时少讲,在问答时再从容展示。

比如说,在前 5 分钟内,你说:"我们的产品短时间内无法仿制",评委很可能会问"凭什么说无法仿制",你在后面的提问环节里就能够将产品"无法仿制"的核心竞争力充分地展示出来。

比如说,在前 5 分钟的展示中,你给出一个结论:"我们的项目未来的全国市场容量能够达到每年 1 万亿",评委在提问环节就会很犀利地提出"这 1 万亿的市场容量是怎么得出来的",你可以在答辩的环节中将自己的计算方法展现出来。如此一来,你的项目路演就会从容不迫了。

3. 竞赛作品路演中的常见问题

在竞赛中要在路演现场靠急智回答所有的问题是很难的，路演经验丰富的人，在路演过程中也会出现难以应对的情况。不打无准备之仗，与其靠路演中的急智，倒不如在路演前就对常见问题进行提前备课，而且几乎80％的竞赛问题可以提前预判。以下就是路演中遇到的常见问题：

（1）关于公司整体运营方面的问题。

你们公司为什么叫这个名字？

你们公司要在某地注册，而不是选择其他地点的原因是什么？

你们注册资本是真实的吗？你们公司的股权结构是什么？

你们股东参与公司运营吗？你在项目中投入了多少？

你们团队构成结构是怎样的？

作为大学生，你们有时间和精力兼顾这个公司运营吗？

你们如何保证创业团队的稳定性？

如果学校不提供场地优惠或取得融资，你们还能生存吗？

你们目前的真实业绩如何？

你们提出的目标如果达不到会怎样？

你们公司发展过程中面临的最大的风险是什么？你们有什么准备？

你们公司的发展战略是什么？

（2）关于产品或服务方面的问题。

你们的产品最大的卖点是什么？（对客户价值是什么？）

你们凭什么打败对手或者替换现有的产品？

你们产品的核心竞争力是什么？

你们的技术真的投入商业化使用了吗？

项目有成功案例吗？

你们的产品质量靠什么保证？

你们的服务成本如何得到控制？

你们最大的竞争对手是谁？

如果竞争对手推出和你们一样的产品，你们有什么办法应对？

（3）关于市场和推广方面的问题。

你们要进入的市场规模到底有多大？是怎样判断出来的？

你们对未来市场乐观判断的依据是什么？

为什么你断定某某渠道会选择与你们合作？

除了既定的渠道，你们还有哪些销售渠道？

你们的产品销售渠道具体运营措施是什么？

为什么你能做成这件事（技术、团队、市场营销、销售、竞争）？

（4）关于财务方面的问题。

你们对未来收入的预期是基于怎样的分析得到的？

你们提到的政府扶持或者免税政策真的能争取到吗？

创始资本里面的银行贷款部分如何确保能申请到？

预计什么时候公司账上开始有收入进来？什么时候公司能达到盈亏持平？

你们项目的投资回报周期是怎样的？什么时候能收回投入？

为什么你们需要投资？投资进入后你们准备怎样花这笔钱？

你们计划如何让风险投资退出？

你们目前每个月的运营成本是多少？

小测试

其实项目路演要达到的最好效果并不是面面俱到，而是意犹未尽。下面 10 个问题，你觉得还能如何改进？评委可能会继续问什么问题？

（问答案例来自大学生在线教育创业项目——"武汉幻方科技有限公司"。）

1. 你们公司为什么叫这个名字？

答：公司的全称为"武汉幻方科技有限公司"，"幻方"的含义就是用幻灯片破解在线教育的魔方。

2. 你们公司为什么要在武汉光谷注册，而不是选择北京这种更有互联网氛围的城市？

答：我们选择武汉是因为武汉光谷的创业政策越来越好，而创业成本显著低于北上广深。我们公司的成本主要是人力成本，在人才上武汉是非常有竞争力的。

3. 你们要进入的市场规模到底有多大？

答：Office 软件是职场人的标配，职场新人和大学生群体就是我们的主要市场。现在 5 年以下工龄的白领和在读大学生人数约为 1 亿人，这些人每天会有超过 2 小时使用 Office 软件，但是大多数人却只会简单的基础操作，并不会熟练有效地运用。所以这个市场发展空间很大。

4. 你们对未来市场乐观判断的依据是什么？

答：现在各大高校都有相关课程，就已经很好地说明了其市场前景。但目前对于 Office 软件使用的培训，大多是停留在简单基础操作阶段，我们调查过，Office 软件线下内训市场每年就超过 2 个亿，市场足够容纳我们课程发展。

5. 为什么有经验的老师要选择与你们合作？

答：大部分有经验的老师最擅长的是课程开发，但可能还有三方面的不足：不知道怎样才能使用互联网开发课程；不会利用新媒体去推广课程；没有那么多时间答疑。但我们有能力整合大学生，提供低成本、标准化的服务能力。这三个方面正是我们 90 后大学生擅长的，并且付诸实践，已有成效，所以我们和很多老师是一拍即合的。

6. 作为大学生，你们有时间和精力兼顾这个公司的运营吗？

答：作为大学生创业者，这也是我们曾头痛过的问题，所以我们一开始就非常注意把课程开发、运营、服务的经验梳理出来，把整个开发推广运营的流程规范化，外包给更多大学生来执行。其实我们几个核心成员主要的工作是负责各种工作、活动的策划、组织，考虑整个公司发展的大方向，而整个课程开发、推广以及运营都是由我们的小伙伴来执行的。

7. 如果你们的老师不准备提供技术支持或者场地优惠给你们,你们还能生存吗?

答:我们是一家轻公司,提供的是线上服务。我们所有的工作人员和老师是利用自己的资源工作的,所以我们对场地没有太高要求,我们只需要一个一个月仅需三四千的租用办公室场所就能很好解决办公问题,如果合适,我们就是选择在家办公也不影响业务开展。

8. 你们如何保证创业团队的稳定性?

答:我们其实本身工资并不高,但是核心成员都有股份,所以我们的利益是与公司的利益挂钩的。另外,我们核心团队成员很少,彼此很熟悉,价值观也一致,也不会因为股权分红而闹矛盾。

9. 你们的产品最大的卖点是什么?(核心竞争力是什么?)

答:我们的课程体系真正适应了在线学习;我们把课程服务成本变成了课程口碑推广的机会;我们充分利用90后大学生熟悉新媒体和低成本优势,打通各类社交口碑传播渠道。

10. 如果竞争对手推出和你们一样的产品,你们有什么办法应对?

答:这个问题是正式线下培训的一个症结,因为在同等条件下,大家更可能以就近原则来选择培训班。但线上就不存在这个问题了。网上学习没有地点和时间的限制,所以大家更可能像按照客户口碑选择淘宝网店买东西一样,去选择课程。而我们有先入优势,现在已经有了4 000多学员的口碑——我们不担心竞争对手的产品,只要我们进化速度和他们一样快,他们就很难超越了。

拓展阅读 luo zhan yue du

名人讲解路演演讲及答辩技巧:"如何自信地惊艳全场"

沈怡育:广西电视台主任播音员、中国主持人专业委员会广西分会会长、广西演讲协会副会长

part 1.路演中应注意的仪表、仪容和仪态

▶演讲者服装颜色搭配不超过三种。

▶注意自身整洁,没有体味,举止得体。

▶语言表达要有自信、有激情。

part 2.演讲要有激情,富有创意和感染力

▶上台行步途中目视台下,不要过于拘谨。

▶鞠躬问好时不要同步说话。

▶开场打招呼要有感染力、有活力。

▶不同的语音语调呈现的效果也不一样,例如每个人说"我爱你""我恨你"时的情绪表达也不同。

part 3.不要过分依赖 PPT,要让 PPT 为你服务

▶演讲不要像背书,可随时与评委眼神交流,善于捕捉评委兴趣点。

▶如果不是充分自信或强大,不要随意走动。

▶路演方式不应太单一,在评委问答环节可以让团队分工解说。

▶不要在评委和观众面前展现出不自信的样子,不要主动暴露演讲的缺点。

赵春来:浙江赛伯乐宁波基金常务副总、宁波创业创新学院常务副院长、浙江赛创未来创业投资管理有限公司常务副总

part 1.了解投资人想要听到哪些方面的内容

每个投资人都有自己的投资偏好,追求的是高额的投资回报,参赛者要在短短的 8 分钟之内把帮助投资人赚钱的蓝图说清楚。

▶顺应市场趋势:目前市场上大数据、VR、共享经济等最火热,在展示项目时应注意联结相关内容。

▶优选创业团队:团队的互补性、磨合性、合作融洽度是最重要的!

a. 投资人看重的是一个团队中是否有出色的领头羊,其他人物可以慢慢增补。

b. 如果你是一个配备不够完善的团队,那就看你的领头羊能否带领这个团队升值。

▶创新商业模式(技术):好的项目要有核心技术的突破,如果没有,就是商业模式的突破! 参赛者们应好好思考自己是属于哪一类的企业——

第一类:可以盈利的中小企业(SME)。

第二类:创新驱动的企业(IDE),往往可以诞生伟大的企业,投资人最爱,比赛晋级率高。

▶持续的业绩增长:参赛者在路演中应充分展现自身的业绩实力、现状和财务预测,有数据才是硬道理。

part 2.一份精炼的 BP 包含哪些内容

why 为什么要做。

who 谁来做。

How 做什么,怎么做,怎么赚钱。

which 竞争分析。

which 运营现状。

where 未来计划(财务预测)。

what 融资计划。

part 3.大赛路演 BP 制作最容易犯的错误

▶页数太多,舍不得删减。

▶文字表达不精炼,图文过于复杂。

▶宏观市场描述过多,现实成绩和下步计划业绩预测内容缺失。

▶竞争对手分析不客观,自己差异化特点和优势总结不到位。

▶融资方案和估值拍脑袋随便写。

▶排版混乱不美观。

邓超:宁波聚卓投资管理有限公司副总裁、资深创新创业大赛评委

part 1.明确融资演示的目标

▶教育、吸引、激发兴趣。

▶获得下一次会面的机会。

part 2.融资演示 PPT 的要点

▶遵循 3C 原则:

a. 清晰(Clear)、简洁(Concise)、能激发兴趣(Compelling)。

b. 易于吸收和理解。

▶要回答下面的问题:

a. 为什么做这个?(而不是别的?)

b. 为什么我们可以做?(而不是别人?)

c. 为什么现在可以做?(而不是以后?)

▶再问问自己:

a."那又怎么样?"

b."谁在乎?"

▶目标:

a. 深入探讨。

b. 转入尽职调查。

part 3.PPT 制作注意事项及赛前准备工作

▶提前抵达参赛场地,调试电脑、投影仪和视频播放(如有),熟悉激光笔操作。

▶PPT 中应多用可验证的数字、事实、公司、人名等来辅助说明,做好探讨一些重要假设条件的准备。

▶这是参赛 PPT,不是完整的商业计划书,控制在 15—20 页为最佳。

▶封面:联系方式必不可少。

本章小结

1. 详细介绍了"挑战杯"、"创青春"、"三创赛"等目前我国大学生创新创业竞赛的主要类别及规则等。

2. 介绍了创新创业竞赛作品 PPT 的制作技巧,列举了如何制作竞赛 PPT 的范例。

3. 列举了实用演讲技能,讲解了演讲的核心内容及注意事项。

4. 讲述了路演的流程及原则,并分析列举了常见问题及如何应答。

参考文献及材料

1. 布鲁斯·R·巴林杰. 创业计划书:从创意到方案[M]. 陈忠卫,等,译. 北京:机械工业出版社,2016.

2. 张志,乔辉. 大学生创新创业入门教程[M]. 北京:人民邮电出版社,2016.

教学过程

章节	内容	时间	授课方法	教具
课程导入	案例分析	10 分钟	讨论	PPT
第一节 大学生创新创业竞赛介绍	"挑战杯"、"创青春"、"互联网＋"、"三创赛"、其他类	35 分钟	讲授	PPT
第二节 竞赛准备与展示	PPT 制作	45 分钟	讲授、练习	PPT
	陈述与演讲	30 分钟	讲授、练习	PPT
	路演	15 分钟	讲授	PPT

后 记

经过全体编委共同努力,《大学生创业教育实践教程》终于出版了。本书由葛昕明副教授担任主编,他不仅对全书的理念创新、宏观布局、内容安排以及体例风格进行了整体设计,还就编写的具体内容等方面与编委会成员进行深入研讨,以期这本教材呈现得更加完美。陈银担任副主编,在本书编写过程中付出了艰辛劳动。本书的写作分工如下:

第一章:葛昕明、付龙海;第二章:高权、陈银;第三章:林峰、葛昕明;第四章:刘影;第五章:陆连军;第六章:马超俊;第七章:孙卓、陈银;第八章:王娟、葛昕明;第九章:郑晓坤、葛昕明。林峰、张毅、王明杰和刘洁参与文字校对工作。本书最后的修校和统稿由葛昕明、陈银完成。

在编写过程中,我们参考、借鉴和引用了众多国内外专家、学者和科研机构的研究成果,从中汲取了国内外最新、最有价值的研究理论和理念。在此,我们向所有文献作者表示深切的敬意和谢意! 本书在编写和出版过程中,得到了南京大学出版社的大力支持,编辑吴华女士为本书出版付出了艰辛劳动,特此致谢!

由于水平有限,难免会有疏漏和不当之处,恳请各位专家、同行和读者批评指正,我们将努力完善。

本书编写组
2018 年 5 月